体育院校专业教材

运动训练管理教程

刘青　主编

人民体育出版社

图书在版编目（CIP）数据

运动训练管理教程 / 刘青主编. -- 北京：人民体育出版社，2007（2022.2重印）
体育院校专业教材
ISBN 978-7-5009-3219-2

Ⅰ. ①运… Ⅱ. ①刘… Ⅲ. ①运动训练－管理学－高等学校－教材 Ⅳ. ①G808.1

中国版本图书馆CIP数据核字(2007)第090167号

*

人 民 体 育 出 版 社 出 版 发 行
环球东方（北京）印务有限公司印刷
新　华　书　店　经　销

*

787×960　16开本　15.75印张　268千字
2007年9月第1版　2022年2月第11次印刷
印数：35,001—38,000册

*

ISBN 978-7-5009-3219-2
定价：39.00元

社址：北京市东城区体育馆路8号（天坛公园东门）
电话：67151482（发行部）　邮编：100061
传真：67151483　邮购：67118491
网址：www.sportspublish.cn
（购买本社图书，如遇有缺损页可与邮购部联系）

编写组成员

主　　编：刘　青

编写人员（按撰写章节顺序排列）：

刘　青　艾斌发

郭新艳　柳伯力

陈林会　易　琳

郑　宇　李建中

邵　强　夏成生

辛双双

前言

运动训练是更高层次的竞技体育活动的一个组成部分。随着运动训练实践的发展，人们对运动训练内涵与外延认识的深化，越来越多的人认识到，现代运动训练也是一个专门化的管理过程，在这个过程中，虽然以不断提高竞技能力为主要目的，但队伍管理与思想教育、作风养成与运动素质提高、管理方式与运动技能形成、职业能力发展与心理品质培养等等，都是有机地结合在一起的。因此，运动训练是一个复杂而细致的专门组织的管理过程。运动员要自觉而积极地投入训练，教练员要科学而严格地管理训练，只有两方面的积极性都充分调动起来，协调配合，且措施得当，才能取得良好的训练效果。

随着2008年北京奥运会的临近，我国运动训练体制改革与机制创新、高水平运动队管理模式与选择、新形势下我国专业运动队管理工作的特点和对策、教练员在现代运动训练及管理中的作用、我国政府在实现运动员培养社会化方面的作用、现代竞技的备战与训练管理成效等相关问题，正日益受到重视，成为各方面积极备战奥运、提高竞技水平必须认真思考和深入研究的重要内容。

我国作为一个从计划经济向市场经济转轨的国家，随着体育体制改革的不断深入和竞技运动竞争的日趋激烈，运动队主管部门、教练员及各类管理者正经历一场深刻的变革，即面对职业化、商业化及社会化浪潮，不得不对传统训练管理方式、运动员教育方式、培养模式进行必要的改革和调整，其焦点便在于如何适应转型中的中国竞技体育发展要求，建立一种更能体现现代竞技体育特征的运动训练管理体系。

运动训练管理是指体育管理者遵循运动训练的客观规律，运用有效的管理手段，为不断提高训练的功效，实现运动训练工作目标，而对运动训练系统进行计划、组织、控制、协调、创新的综合活动过程。

运动训练管理是体育管理的一个重要分支，《运动训练管理教程》立足于现代运动训练管理活动实践，力求比较全面地对运动训练管理的基本理论、原理、方法，运动训练管理体制、类型与创新，运动队的管理模式与特征，高水平运动员的培养方式及社会化路径，运动项目协会制基本形式及实体化，运动项目合理布局、设立及管理，运动训练管理绩效及评价，基层业余训练的组织形式、特点与管理，以及现代竞技的备战与训练管理成效等业务知识和特点进行介绍和阐述。与原体育院校《运动训练管理学》（孙汉超等，1995）教材相比，新编写的《运动训练管理教程》根据当前高等体育院校运动训练专业的特点以及教练员培训的需要，注重以“实用、够用”为原则，在内容上力求更好地总结和归纳现代运动训练管理实践的新经验，力求更加充分和准确地吸收和反映国内外运动训练管理理论及相关学科新的研究成果。在体系安排上各章均有一定的独立性，在讲授中可根据教学对象的需要有效组合章节内容（见附录），照顾了现代运动训练活动中高、中各层次的管理者和教练员所应具备的知识结构和操作技能的掌握。它既可作为高等体育院校全日制运动训练专业教材，又可作为函授运动训练专业和各类非学历教育的教练员及运动队管理干部、体育俱乐部经理培训的教材，也可作为研究生辅助教材和其他体育工作者的自学教材和读物。

本教程由成都体育学院组织编写。特邀西安体育学院邵强副教授撰写了有关章节。全书框架由刘青教授提出并统稿。各章初稿编写分工是：绪论刘青、艾斌发，第一章郭新艳，第二章柳伯力，第三章刘青、陈林会，第四章易琳，第五章郑宇，第六章李建中，第七章邵强、夏成生，第八章李建中，第九章辛双双。

本教程在编写及出版过程中得到了成都体育学院教材委员会及有关部门、人民体育出版社的大力支持和帮助，在此表示衷心的感谢！

编者

2007年3月30日于成都武侯祠旁

目 录

绪 论

【学习目标】

- 掌握管理的定义、本质和目的，运动训练管理的概念，以及运动训练管理的构成要素
- 深刻理解运动训练管理过程、内容及衡量其科学性的指标
- 认识和了解我国运动训练管理的成功经验

第一节　管理概述

一、管理的定义

管理活动始于人类社会生活中的共同劳动，至今已有上万年的历史，管理思想源远流长，中外历史上有文字记载达数千年之久。所谓“管理”（Management），一般可理解为“管辖”“处理”的意思。马克思在《资本论》里对管理作过精辟的论述：“一切规模较大的直接社会劳动或共同劳动，都或多或少地需要指挥，以协调个人的活动，并执行生产总体的运动——不同于这一总体的独立器官的运动——所产生的各种一般职能。”[1] 即凡许多人在一起劳动，都需要“指挥”“协调”，总体活动过程中所产生的各种“一般职能”就是管理。他还以形象、简明的语言，把管理比作一个乐队的演奏要有“一个乐队指挥”。

什么是管理？目前学术界对此还存在一定的争议，管理学家们从不同的角度对“管理”下了不同的定义。以下是国内外学者具有代表性的几种观点：

科学管理之父美国人泰勒（Frederick Winslow Taylor）认为：“管理就是确切地了解你希望工人干些什么，然后设法使他们用最好、最节约的方法完成它。”（泰勒所认为的管理就是指挥他人能用最好的工作方法去工作，提高工作的效率）

亨利·法约尔（Henri.Fayol）在《工业管理和一般管理》中将管理定义为：“管理就是实行计划、组织、指挥、协调和控制。”（法约尔对管理的定义中只是强调了管理的职能，但并没有给管理明确的概念）

赫伯特·西蒙（Herber.A.Simon）认为：“管理就是决策。”即作为管理者所做的一切工作是面对各种情况作出不同的决策，使组织中的一切工作顺利运行，实现组织工作目标。

美国管理大师彼得·德鲁克（Peter.F.Drucker）认为：“管理就是实践而不是实施。管理不是了解而是行为。”

哈罗德·孔茨给管理下的定义是："管理就是设计并保持一种良好环境，使人在群体里高效率地完成既定目标的过程。"

《现代管理词典》对管理定义是：一定组织中的管理者通过实施计划、组织、人员配备、指导与领导、控制等职能来协调他人的活动，使别人同自己一起实现既定的活动过程。[2]

周三多认为：管理是社会组织中，为了实现预期的目标，以人为中心进行的协调活动。[3]

戚安邦认为：管理是人类社会中决定在特定情况下做"正确的事情"和"正确地做事"这样一种工作，该工作包括"发现特定情况下事物的客观规律"和"按客观规律进行办事并实现既定目标"两个方面的工作。[4]

《现代体育管理》一书作者肖林鹏认为："现代意义上的管理（亦即现代管理）是指通过一定方式整合资源，以实现组织目标的活动。"[5]

综上所述，从这些定义中，我们可以概括出"管理"概念具有以下几个基本含义：

(1) 管理总表现为一种活动，是人类社会产生以来就存在的一种社会现象。

(2) 这种活动是综合性的，表现为计划、组织、控制、协调等一系列活动。

(3) 这种活动是有组织、有计划进行的。

(4) 这种活动是管理者经过正确决策，指使被管理者所进行的。

(5) 这种活动是一种有目的的活动，其目的就是为了不断提高管理系统的功效。

(6) 这种活动需要管理者不断地创新。

因此，我们认为：所谓的管理是为了实现系统目标，不断提高系统的功效所进行的计划、组织、控制、协调、创新等一系列的综合活动。

二、管理与经营、行政、领导的区别

前面已经对管理的定义进行了界定，然而，在现实生活中，我们通常比较容易把管理与经营、行政、领导混淆。事实上，管理与它们之间既有联系，又有区别。

管理与经营。经营是以营利为目的的一种特定条件下的管理活动。在现代汉语字典中，经营被解释为“筹划并管理”，可见经营的外延比管理狭窄。通常意义上，经营是一种对外职能，而管理是一种对内职能。

管理与行政。行政是为了有效地推行政令所进行的组织领导和管理活动。任何管理都有行政管理，行政存在于各种管理之中。但行政的外延比管理窄，一般限于政府部门管理。

管理与领导。领导是指领导者为了实现预定目标所进行的决策、指挥和控制活动，它实质上也是一种管理活动。但是，它与一般管理活动的区别在于，它是进行总体行为指挥和控制的活动，具体表现为：领导是高层次的管理，是战略性管理，是“超前”的管理，是“超脱”的管理。[6] 从本质上来说，管理是建立在合法的、有报酬的和强制性权力的基础上对下属下达命令的行为。但是，领导更多的是建立在个人影响权和专长权以及模范作用的基础之上。因此，一个人可能既是管理者，也是领导者。但是，管理者和领导者两者分离的情况也是有的。一个人可能是领导者但并不是管理者，一个人也可能是管理者但并不是领导者。

三、管理的本质和目的

（一）管理的本质

任何管理，总是对某一具体系统的管理。系统理论告诉我们，系统的功能相对于各子系统的功能之和，是不守恒的。有效的管理，可以使系统的功效扩大，使之大于各子系统功效之和。管理便是联系各子系统的纽带，使各子系统高度协调，达到巧妙组合，成为具有更高功效的整体。

杜拉克在《有效的管理者》一书中指出：“管理者的本分，在于追求工作之有效。”所谓“有效”，就是提高工作效率，扩大管理的功效，这就是管理的本质。

（二）管理的目的

管理的根本目的就是要创造出更多更好的社会效益和经济效益。我们知道，任何子系统的目的必须服从于高层次系统的目的，管理子系统的目的应最大限度地满足高层次管理系统的需要。

同时，管理的过程中，要处理好两个基本关系。一是效率和效益的关系。效率和效益是紧密联系的，通常效率高，效益好。但是效率和效益不是经常一致的，效率高，效益不一定好。二是社会效益与经济效益的关系。一般来说，社会效益与经济效益是一致的，有经济效益的也会有相应的社会效益。但是，许多管理者都把经济效益放在第一位，忽视社会效益。社会效益处理不好容易引发矛盾。体育管理的目的不仅要注重经济效益，更要重视社会效益。

第二节 运动训练管理概述

一、对运动训练的认识

运动员在赛场表现出来的高水平竞技能力以及优异运动成绩的取得，不是他先天就具有的，而是在运动训练过程中经过长年累月的艰苦拼搏得来的。

那么什么是运动训练呢？不同的专家、学者对它的理解各有不同，站在不同的角度去阐述都有其合理性。运动训练主要有狭义和广义之分，狭义的运动训练是指“最大限度地挖掘和提高人的体力和智力，以获得更好的运动成绩的一种有组织的教育过程”；广义的运动训练是指“运动员为创造或保持专项运动最高成绩所准备的全过程”。目前，在国内被普遍接受的定义是：“为了提高运动员的竞技能力和运动成绩，在教练员的指导下，专门组织的有目的、有计划的体育活动。”[7]

从该定义看出，教练员和运动员是运动训练的主体。由于教练员是运动训练计划的制定者，同时也是运动训练活动的组织者与指导者，说明教练员在运动训练活动中起着主导作用。

运动训练是更高层次的竞技体育活动的一个组成部分。随着运动训练实践的发展，人们对运动训练内涵与外延认识的深化，越来越多的人认识到，现代运动训练已经不是原来理解的仅仅局限于运动场上所进行的那种运动训练。现代运动训练，除了运动场上进行的训练以外，还应包括运动员选材、运动竞赛以及竞技运动管理等。这四个各自独立而又相互紧密联系并在一定程度上彼此交叉的分支学科，组成了竞技体育活动的完整体系。因此，当代运动训练理论的研究可以明显地分为两大流派：一派以俄罗斯、德国和中国为代表，学者们注重理论研究的严谨与理论体系的完整，偏宏观层面的研究；另一派以美国为代表，学者们把注意力更多地投向单学科研究的深入以及具体运动项目训练方法的实用性，偏微观层面的研究。

本教程将运动训练界定为：为了提高运动员的竞技能力和运动成绩，以教练员为主、以相关人员配合为辅，专门组织的有目的、有计划的运动训练实践活动和日常班队管理活动。

由此可见，运动训练也是一个专门化的管理过程，在这个过程中，虽然以不断提高竞技能力为主要目的，但管理与思想教育、作风养成与运动素质提高、管理方式与运动技能形成、职业能力发展与心理品质培养等等，都是有机结合在一起的。因此，运动训练是一个复杂而细致的专门组织的管理过程。运动员要自觉而积极地投入训练，教练员（及运动队管理者）要科学而严格地管理训练，只有两方面的积极性都充分调动起来，协调配合且措施得当，才能取得良好的训练效果。

二、运动训练管理的概念

对于运动训练管理的概念，国内体育界许多专家和学者在研究运动训练管理的过程中，都对其进行过明确的界定，下面是一些比较具有代表性的观点。

1. 运动训练管理旨在遵循运动训练的客观规律，紧密围绕运动训练的过程，不断改进运动训练的组织方法和工作方法，为提高运动训练水平服务。[8]

2. 运动训练管理就是指管理者遵循运动训练的客观规律，运用有效的方法和手段，对运动训练系统进行计划、组织、控制、协调，以不断提高效率，实现运动训练目标的综合活动过程。[9]

3. 运动训练管理是指在运动训练过程中，为了实现运动训练的预期目标，以教练员和运动员为核心所进行的各种协调活动。[10]

4. 所谓运动训练管理就是运动训练系统的管理者通过一定方式调控资源，实现运动训练目标的活动。[11]

从上述的观点来看，我们认为：运动训练管理是指体育管理者遵循运动训练的客观规律，运用有效的管理手段，为不断提高训练的功效，实现运动训练工作目标，而对运动训练系统进行计划、组织、控制、协调、创新的综合活动过程。

运动训练管理应包括以下含义：

1. 运动训练的目的是实现运动训练工作目标，使竞技能力转化为竞技成绩。

2. 运动训练的本质是体育管理者对运动管理过程中存在的各种因素进行计划、组织、协调的综合活动。

3. 运动训练管理工作要求体育管理者必须遵循运动训练的客观规律。

4. 运动训练管理的中心环节是教练员对运动员的管理活动。

5. 运动训练管理工作需要体育管理者不断创新。

三、运动训练管理系统的构成要素

根据管理学的基本原理和运动训练管理的具体特点，一个比较完整的运动训练系统主要由三大要素构成：运动训练的管理者、运动训练的管理对象和信息。

（一）运动训练的管理者

运动训练的管理者主要包括各级行政体育部门管理干部和各运动队（俱乐部）的管理者、教练员、领队等，而最基本的是教练员。运动训练管理活动中的教练员，是运动训练的直接组织者和管理者，他们担负着培养（训）运动员的重任，对促进运动员的全面发展，提高运动员的运动技术水平，实现运动队的目标起着主导作用，是运动训练管理的最重要环节。随着科学技术的发展，运动训练水平的提高不再是单纯地依靠刻苦训练，而更多的是运用科技手段提高运动技术，这就对运动员的文化教育、科学指导、医学监督以及物质技术保障的要求逐渐提高，因此，运动训练管理在教练员的主导下，必须依靠有关科研人员、领队、文化教师、队医及其他人员（如经纪人）的密切配合，由此形成现代运动训练管理的完整队伍。

（二）运动训练的管理对象

从狭义而言，如果从运动训练管理最直接、最基本的作用目标来看，运动员是最重要的管理对象。这是因为，所有的运动训练及其管理的一切效果最终都要通过运动员反映出来。

从广义而言，运动训练管理系统所包含的诸多因素都是相对意义上的管理对象，运动训练所需要的资金投入和运动场馆、器材、服装以及时间、信息、训练体制、机制等也都是运动训练极其重要的管理对象。另外，运动项目也是运动训练管理一个不可忽视的重要内容。

（三）信息

从哲学的角度来看，事物（系统）间的一切联系或相互作用都可以概括为信息。因此，运动训练管理的信息，即为训练系统内外的各种相互作用或联系。信息在运动训练管理中扮演双重角色，既是管理对象的内容之一，又是不可缺少的管理手段。运动训练管理系统的目标和发展受外部信息作用的影响，而运动训练管理的机制运行要取决于内部信息的畅通。

四、运动训练管理的过程

运动训练管理系统中诸多要素并非孤立静止的，而是相互作用、相互影响，处于运动状态。正是这种运动才推动了管理工作的进行，使管理过程成为一种动态过程。因此，改革训练管理的结构和方法，必须熟悉运动训练管理工作的全过程，认真分析和思考这一过程的各个环节，发现和找出运动训练管理中的规律，从而更好地指导和控制训练管理工作。

（一）运动训练管理过程的基本模式设计

运动训练管理的基本过程，就是运动训练的管理者选拔具有适合专项素质的优秀运动员苗子，利用已有的体育器材和设施，在投入一定资金的前提条件下，运用掌握的运动技术，经过一定时间，将优秀运动员苗子培养（训练）成为优秀运动员的过程。这一过程可以简化为如下基本模式（图1）。

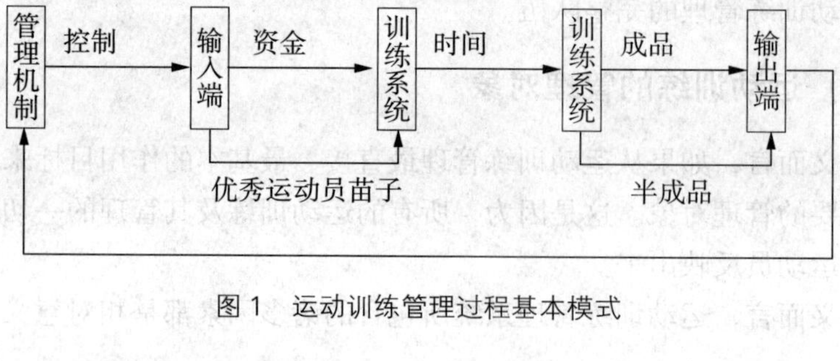

图1　运动训练管理过程基本模式

运动训练管理过程，是由教练员、管理人员利用设备器材、训练手段等一定的组合方式合成的一个专门系统。这个系统的对象是优秀运动员苗子，在对这些苗子进行训练的过程中需要消耗较多的资金。这个系统生产的产品有两种：一种是成品，即被培养成优秀运动员；一种是“半成品”，即中途退役的运动员。从运动技术水平提高的角度来说，后者是“不合格”产品。

从抽象的模式看，最佳训练方案，就是投入尽可能少的经费，选出尽可能多的苗子，即训练系统的输入要尽可能小；反之，要求半成品尽可能少，即保证有效产出尽可能大，也即尽可能降低训练淘汰率，提高成功率。这个过程也称为最佳控制过程。

（二）衡量运动训练管理科学性的指标

如图1所示，运动训练管理过程分为两大部分：一是从输出端的显示中收集整理数据。这种显示数据有三种主要指标：显示训练成效的指标，即运动成绩指标；显示运动训练成功率的指标；显示运动训练系统消耗的指标，即经费投入指标。二是收集整理的数据通过计算分析，对输入端进行控制（主要控制经费投入和训练淘汰率），以求改善运动训练系统的输出状况。

目前，我国对运动训练管理评价的主要指标是成绩指标、淘汰率、成功率和成才率指标。

1. 成绩指标

运动成绩是反映运动训练系统水平的最主要最敏感的指标，其直接表现为运动员在比赛中获得的名次。目前惯用金牌名次、奖牌名次和总分名次来反映。比如，奥运会比赛，我国是以金牌名次和奖牌名次作为评价指标；亚运会比赛，我国是以金牌名次及金牌的含金量作为评价指标；全运会比赛，各个省（市、区）和行业体协根据各自的情况以金牌名次、奖牌名次和总分名次作为评价指标。毫无疑问，名次好、金牌多，训练水平就高。因此，管理部门对运动训练系统作出各项决策往往以此项指标为目标。但将此作为衡量运动成绩和训练成效的唯一指标，也会导致不惜代价、重金奖励、不讲效益的弊端。因此，科学的运动成绩指标应该由以下各项指标进行综合评定：

（1）名次指标（奖牌指标）

名次指标=本年度获得名次的累积部分

在公式中必须将名次折算分数，具体折算方法如下：

假设获得金牌的机会是均等的，则第六名得金牌的可能性为 1 / 6。以此类推，第五名得金牌的可能性为 1 / 5，第四名为 1 / 4，第三名为 1 / 3，第二名为 1 / 2，第一名为 1。

因为 1:1 / 2:1 / 3:1 / 4:1 / 5:1 /6=6:3:2:1.5:1.2:1，所以为了计算方便，我们将第六名记为得 1 分。那么第五名即得 1.2 分，第四名为 1.5 分，第三名为 2 分，第二名为 3 分，第一名为 6 分，如表 1 所示。

表 1　　名次、分数折算表

名次 类别	第一名	第二名	第三名	第四名	第五名	第六名	合　计
得金牌的可能性	1	1 / 2	1 / 3	1 / 4	1 / 5	1 / 6	/
分　数	6	3	2	1.5	1.2	1.0	14.7

根据该记分标准，训练管理部门可结合历史上最高成绩分数指标和近几年来取得的分数成绩指标，同时考虑与其他队相互间的差别，制定出切合实际的目标（分数包干制）等措施。

(2) 名次增长幅度指标

$$名次增长幅度指标 = \frac{本年度名次指标—上年度名次指标}{上年度名次指标} \times 100\%$$

计算结果为正值表示增长，负值表示减少。

(3) 球类比赛成功率指标

球类比赛成功率指标是反映频繁比赛的球类运动队成绩的特殊指标。具体计算公式为：

$$球类比赛成功率指标 = \frac{本年度胜球总场数}{本年度总比赛场数} \times 100\%$$

(4) 球类比赛成功率增长指标

$$球类比赛成功率增长指标= \frac{\begin{matrix}本年度球类比赛\\成功率指标\end{matrix} — \begin{matrix}上年度球类比赛\\成功率指标\end{matrix}}{本年度球类比赛成功率指标} \times 100\%$$

注：球类比赛成功率指标和球类比赛成功率增长指标只计算正式比赛场次，其中球队参加的表演赛、练习赛以及商业比赛不列入计算场次。

2. 淘汰率、成功率指标

反映运动训练及其管理水平高低的另一重要指标是淘汰率和成功率。在运动成绩相同的情况下，训练淘汰率越低、成功率越高的项目队，其运动训练水平和管理效率也就越高。

淘汰率、成功率指标的具体规定和计算方法如下：

淘汰率、成功率一般规定为三种：年淘汰率、几年内的总淘汰率和几年内的平均淘汰率。由于运动队由各项目队组成，各项目队又由进队年限不同的各组运动员组成，因此，可以从训练年限的划分来计算淘汰率。

[例] 某田径队同年招收了 8 名队员，第一年淘汰 3 名，第二年淘汰 1 名，第三年未淘汰，第四年淘汰 2 名。试计算：第一年、第二年、第三年、第四年的淘汰率；四年总淘汰率、成功率；四年间的平均淘汰率。

第一年淘汰率为：$3/8\times100\%=37.5\%$

第二年淘汰率为：$1/5\times100\%=20\%$

第三年淘汰率为：$0/4\times100\%=0\%$

第四年淘汰率为：$2/4\times100\%=50\%$

四年内总淘汰率为：$6/8\times100\%=75\%$

四年成功率为：1–总淘汰率=25%

（注：成功率是针对某段时间而言的，这段时间一般为各项目应出成绩所需要的平均年限。一般项目定为四年较为恰当。）

根据平均淘汰率公式

$r=1-(\text{n 年间成功率})^{1/n}$ （n=1，2，3，……）

$r=1-(\text{4 年间成功率})^{1/4}$

$=1-(25\%)^{1/4}$

$=29.3\%$

即四年间平均淘汰率为 29.3%。

由于总淘汰率、成功率、平均淘汰率与各年实际淘汰率是不同概念，所以运动训练的实际中经常会出现某些年的淘汰率很高，而平均淘汰率却控制在一定水平上的情况。如全运会结束那年，年淘汰率通常较高，但其他年度又相应较低。故不能仅用局部淘汰率来判断运动训练水平的高低，而应以几种淘汰率指标进行综合评判，并与运动成绩一起，作为反映教练员训练水平的重要数据指标。由此，训练管理部门还可根据各指标的具体情况，制定出成功率、年平均淘汰率、各年淘汰率等指标，以改善运动训练管理，加强运动训练管理的科学性。

3. 训练成才率指标

所谓成才率是指初级训练单位向上输送的运动员与该队或全校运动员的比率。它可以从一个侧面反映初级训练单位的训练状况和管理绩效。成才率高，说明同样的消耗，成果较大，管理绩效较高。运用成才率指标来评价初级训练单位的训练水平和管理绩效，有助于克服单纯追求训练人数多，而不注重训练实际效果的不良状况。成才率的具体计算方法如下：

$$\text{初级运动队（学校）的训练成才率} = \frac{\text{本队当年向上输送的运动员数}}{\text{全队全年训练的运动员数}} \times 100\%$$

五、运动训练管理的基本内容

从上述训练管理过程的系统构成可看出，运动训练管理系统是从选拔一定的运动员苗子到产生优秀运动员产品，通过投入一定的人、财、物等，运用计划、组织、控制、协调、创新等基本职能，遵循科学的管理原理、原则和方法，以实现投入与产出效益最大化的过程。在这一过程中，运动训练管理所涉及的内容大体包括以下方面：竞技运动的特点与科学管理的必要性；运动训练管理的目标、任务和措施；运动训练管理的原理、原则和方法；运动训练体制及其改革和创新；运动队伍的管理；运动员、教练员的培养；运动训练管理的效果与评价；运动项目的合理布局、立项与管理；运动项目协会的管理以及基层业余训练的组织与管理等。

近年来，运动训练实践有了飞速发展，现代训练管理理论也有了许多新的突破，运动训练管理理论体系也在不断地发展和完善，许多新的管理理论与方法在运动训练管理的实践中得到充分的应用，并逐渐构成比较完整的理论体系(图 2)。

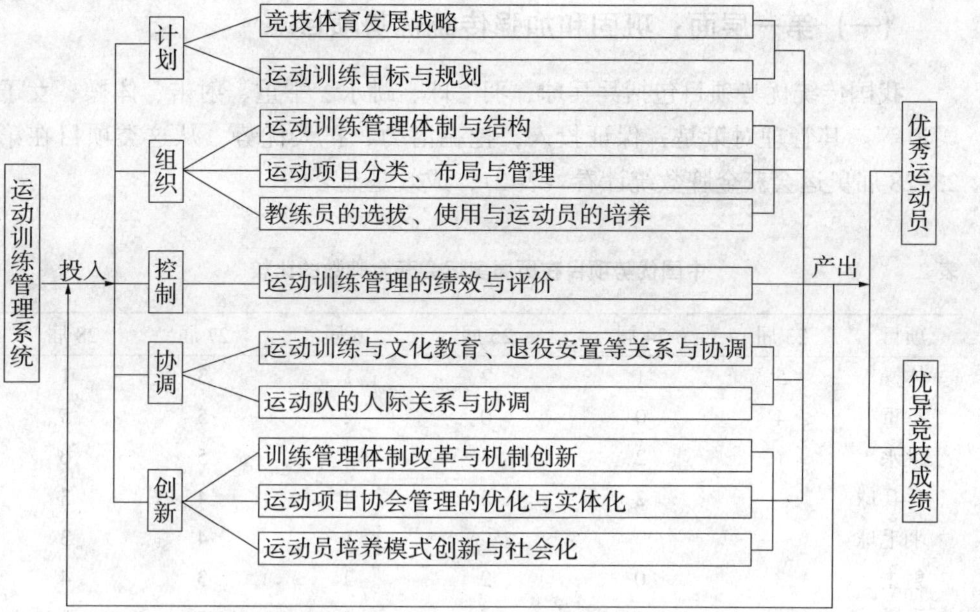

图 2　运动训练管理系统结构

第三节　我国运动训练管理的成功经验

总体上，我国竞技体育在“举国体制”下，充分发挥社会主义制度的优越性，保证国家对竞技体育的统一领导，对竞技体育资源进行优化整合，并注意发挥中央和地方、国家和社会多方面的积极性，取得了巨大进步。我国竞技体育的成功经验主要体现在如下四个方面。

一、项目管理——对竞技体育项目实行合理布局、分类管理

通过近 6 届夏季奥运会的实践，我国根据奥运战略的需要，对竞技体育项目进行了合理划分，确定了由 4 个层面构成的项目布局结构，进行分类管理。[12]

（一）第一层面：巩固和加强传统优势项目

我国传统优势项目包括乒乓球、羽毛球、跳水、举重、射击、体操、女子柔道等。其管理对策是：保证投入，挖掘潜力，扩大优势。从这类项目在第23~28届奥运会获金牌数统计看（表2），成效是显著的。

表2　中国优势项目在历届奥运会获金牌数的比较

项目	23届	24届	25届	26届	27届	28届
体操	5	1	2	1	3	1
举重	4	0	0	2	5	5
跳水	1	2	3	3	5	6
乒乓球		2	3	4	4	3
羽毛球				1	4	3
射击	3	0	2	2	3	4
柔道			1	1	2	1

（二）第二层面：扩大潜优势项目的优势

所谓“潜优势项目”是指我国曾在奥运会取得奖牌或其他国际大赛上取得较好成绩的项目。其管理对策是：着眼长远，精心布局，科学规划，加大投入；以培养尖子选手为重点，促其尽快向金牌冲击，带动整个项目的发展，加速向优势项目的转化。该类项目主要有女子跆拳道、女子摔跤和击剑。它们在第27届奥运会和第28届奥运会上已具有夺金或冲击金牌的实力。

（三）第三层面：大力加强金牌多、影响大的奥运“金牌大户”项目，拓展新的“金牌增长点”

奥运会金牌数目达到30枚以上的项目，我们称之为奥运“金牌大户”项目。它们包括田径、游泳、水上项目（含赛艇、皮划艇、帆船帆板）。其中田径、游泳是基础大项，在历届奥运会中美国是这两个基础大项的最大受益者。我国对这类项目的管理对策是：选择适合我国开展和有较好基础的小项目为重点，加强科研攻关、科学选材和科学训练，力争早日突破。我国在第28届奥运会上，田径首次突破连续三届只有1枚金牌的困境，增加了1枚分量非常重、影响非常大的、由我国年轻选手刘翔夺得的男子 110 米栏的金牌。水上项目我国双人划艇获得了 1 枚十分难得的金牌，实现了这个项目我国多年盼望的金牌“零”的突破。游泳项目也打破了近年来的“沉闷”局面，由罗雪娟获得了 1 枚来之不易的金牌。

（四）第四层面：认真抓好群众基础好、观赏性强的足、篮、排等球类集体项目

其管理对策是：以女排、女足、女垒、女篮、女曲、女手等项目为重点，力争出现好成绩。我国女子排球队相隔 4 届奥运会，在第 28 届奥运会上重新夺回冠军，引起国内外的极大关注。

在第 28 届奥运会我国获金牌的项目进一步扩大（表 3），证明我国运动的整体实力得到进一步增强。第 23 届奥运会上我国获金牌的项目只有 6 项，第 24 届 3 项，第 25 届 7 项，第 26、27 届均为 9 项，第 28 届增加到 13 项（新增女网、皮划艇、摔跤 3 项）。

表 3　中国在历届奥运会获金牌项目统计

届数	项　目	项目合计
23	体操 跳水 射击 击剑 女排 举重	6
24	体操 跳水 乒乓球	3
25	体操 跳水 乒乓球 射击 柔道 田径 游泳	7
26	体操 跳水 乒乓球 射击 柔道 田径 游泳 举重 羽毛球	9
27	体操 跳水 乒乓球 射击 柔道 田径 跆拳道 举重 羽毛球	9
28	体操 跳水 乒乓球 射击 柔道 田径 跆拳道 举重 羽毛球 游泳 网球 女排 皮划艇 摔跤	13

二、运动员选拔——以行政区划为基础的层层选拔制

一个国家或地区运动水平的提高，训练目标的实现，最终都要靠运动员去实现。我国传统计划经济时代，一直沿用三级训练网体制。这是一种酷似“金字塔”式的训练结构（图 3）。这种金字塔式的层层淘汰是社会选拔各类尖端人才的普遍规律，竞技体育人才的选拔也毫不例外。我国的优秀运动员、奥运选手基本上是通过这一人才训练网络培养出来的，竞技体育人才选拔的阶梯基本归属于国家管理的行政区划。

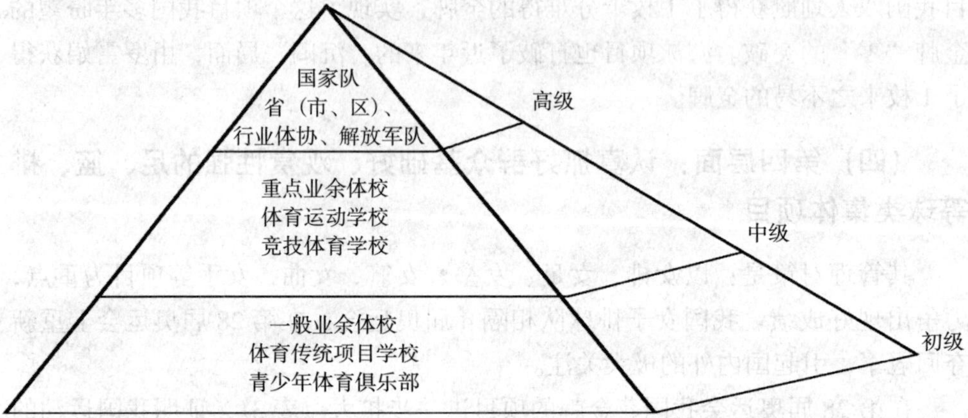

图3 中国“三级人才训练网”

作为主管的政府体育部门，中央政府指挥调动各级地方政府直接参加竞技体育的管理，形成自下而上的输送路线和自上而下的人事任免、经费调拨、计划下达和纪律制裁的管理途径，在一个非商品经济环境里，是一种最容易体现出国家意志的最简捷和有效的管理方式。[13]

三、竞赛管理——以行政区为划分标准，以代表队为基本单位

一般说来，竞赛模式是指政府对运动竞赛的组织管理体系和方法。在我国竞技体育的整体运行中，竞赛模式往往是推动竞技体育方方面面运转的“助推器”，是体育市场运转的“杠杆”和“血液”。在转型时期，在适应市场经济的改革浪潮中，竞赛已经取代传统训练的地位，一跃成为改革的关键和突破口。

我国现行的竞赛模式，主要还是以行政区为划分标准，附之以部属企业、体协及部队为参赛对象，以代表队制为基本单位的。这种模式尽管在一定程度上能够引起各地方政府部门的重视，并予以一定程度上的财力支援，但从总体上，仍然存在一些如条块分割、区域为主、户籍制度等人为屏障和弊端。

从经济发达地区的经验来看，市场机制的引入而引发的众多商业气息的体育赛事，对促进地区经济和文化以及旅游的发展，其社会效益和市场效果都是比较好的。然而，在经济不发达的西部地区，可能就行之困难。

四、运动队管理——从领队负责制到主（总）教练负责制和队委会领导下的分工负责制

新中国成立以来，在运动队管理体制上先后实行过三种体制：一是领队负责制，有些项目在一段时期也叫班主任负责制；二是主（总）教练负责制，少数地方和个别项目曾实行党支部领导下的主（总）教练负责制；三是队委会领导下的分工负责制，这是现阶段我国个别优势项目运动队正实行的管理模式，如中国女排。从时间上划分，新中国成立初期至 1985 年前，从国家队到各地方优秀运动队一般都实行领队负责制；1985 年至今，多数运动队实行的是主（总）教练负责制；而队委会领导下的分工负责制，是 2001 年后开始在一些运动队实行的。

以上三种运动队模式，明显带有时代特征。领队负责制，强调的是领队的政治领导作用，由领队全面向上级机关负责。主（总）教练负责制，突出的是主（总）教练的全面业务指挥权。实行这种模式，在当时的情况下对于进一步调动主（总）教练的积极性，加强他们的责任感有积极的意义，但是也容易在队伍管理、思想政治工作等方面产生不利影响。而队委会领导下的分工负责制，倡导的是充分发挥集体的智慧和作用，即根据目前我国过渡时期的项目管理中心体制，队委会实行由一名中心领导、一名训练业务主管部门负责人、队伍主教练和领队组成的集体领导的运作模式（详见第三章第二节）。

综上所述，计划经济时期的我国竞技体育管理方式发挥了相当的优势，但伴随我国经济和社会转型发生深刻的变化，转型时期竞技体育不断产生新的问题。

【思考题】

1. 你是如何理解运动训练中“三分训练、七分管理”的？试分析现代竞技运动及训练管理中“管理”的作用和功能。

2. 试运用企业管理的理论描述运动训练管理“投入 / 产出”过程，以及提高训练管理科学性的必要性与意义。

3. 联系你所从事（在）的运动项目（队）实际，谈谈我国运动训练管理的成功经验与教训。

【参考文献】

[1] 马克思，恩格斯. 马克思恩格斯全集 [M]. 第23卷. 北京：人民出版社，1982：367.

[2] 编委会（梅朝荣，王海平，等）. 现代管理词典 [M]. 武汉：武汉大学出版社，2006：391.

[3] 周三多，等. 管理学——原理与方法 [M]. 第4版. 上海：复旦大学出版社. 2003：11.

[4] 戚安邦. 管理学 [M]. 北京：电子工业出版社，2006：10.

[5] 肖林鹏. 现代体育管理 [M]. 北京：北京体育大学出版社，2005：6.

[6] 孙汉超，等. 运动训练管理学 [M]. 北京：人民体育出版社，1995：2.

[7] 体育院校通用教材 运动训练学 [M]. 第2版. 北京：人民体育出版社，2000：11-12.

[8] 孙汉超，秦椿林. 体育管理学 [M]. 北京：人民体育出版社，1999：184.

[9] 孙汉超，秦椿林. 体育管理学教程 [M]. 北京：人民体育出版社，1993：311.

[10] 刘兵. 新编体育管理学教程 [M]. 上海：复旦大学出版社，2004：197.

[11] 同 [5]：352.

[12] 孙汉超. 中国竞技体育的巨大进步得益于五大管理对策 [J]. 武汉体育学院学报，2005（1）.

[13] 卢元镇. 社会主义初级阶段竞技体育体制特征的反思 [J]. 体育与科学，1989（1）.

第一章
运动训练管理的基本原理与方法

【学习目标】

- 认识与理解管理活动的基本规律适用于指导运动训练领域以及其他相关领域管理活动的意义
- 掌握运动训练的基本原理及基本方法
- 了解和熟悉现代管理方法在运动训练管理中的运用

第一节　运动训练管理的基本原理

著名管理学家泰罗在他的代表作《科学管理原理》一书中指出："最好的管理确实是一门真正的科学，它是以明确的规律、法则与原理为基础的，科学管理的基本原理适用于人类的一切活动——从最简单的个人行为到需要最繁杂合作的巨型企业的工作。""无论何时何地，只要正确应用这些原理，都会产生十分惊人的效果。"运动训练管理的基本原理主要有反映现代管理对象的系统原理；反映现代管理核心的人本原理；反映现代管理过程的动态原理；反映现代管理目的的效益原理；反映现代管理权责关系的责任原理；反映现代管理环境的竞争原理。

一、系统原理

（一）系统原理的概念

任何管理对象都是一个特定的系统。管理系统的各要素不是孤立的、静止的，而是根据整体目标的要求，按一定的结构动态地组合在一起。为了实现现代科学管理的优化目标，必须运用系统理论对管理对象进行细致的系统分析，这就是现代管理的系统原理。

系统原理的理论依据是系统理论中的整体效应观点。系统的整体效应观点认为：系统的整体功能之和可以大于各要素在孤立状态之和[1]。这是因为系统的诸要素经过合理的排列组合后，构成新的有机整体，具有其要素在孤立状态中所没有的新质（即新的功能、特性、行为等），产生了放大的功能，也就是产生了"1+1>2"的效果。如果系统的规模越大，结构越复杂，这种放大的功能就可能越大。而功能能否放大，主要取决于科学的管理。

（二）系统的特征

掌握系统原理，必须把握系统的三个基本特征：

1. 目的性

任何管理系统都是一个目的系统。每个系统都有自己明确的目的，目的不明确必然导致管理的混乱。要根据系统的目的和功能设置各子系统，建立其结构，各子系统的目的由系统的目的分解而来。一般来说，一个系统只有一个目的。

2. 整体性

整体性是系统的最基本的特征之一。从某种意义上讲，一般系统是关于整体的一般科学。整体性主要揭示了整体与局部、整体效应与个体效能的关系，要素与系统关系十分紧密、不可分割，整体功能要大于部分功能之和。系统的整体功能建立在一定的要素功能基础之上，没有要素的功能，就没有整体功能；但是，如果要素功能不协调，就不能取得整体效应。因此，把握系统的整体，着眼于整体效应，这是我们认识和运用系统原理之精髓。

3. 层次性

凡是系统都有结构，而结构都有层次性，这是系统的又一个重要特征。系统的层次性，要求管理必须分层次进行，建立层层管理、层层负责、各司其职、各负其责的管理秩序。从社会管理系统来说，可以划分为宏观管理、中观管理和微观管理三个不同的层次；从一个部门、一个单位的管理来说，可以划分为决策层的管理、管理层的管理和执行层的管理。各系统的层次之间有着密切的相互关系。

（三）系统管理的应用

根据对系统原理的认识和理解，可以引申出符合该原理思想的管理原则，即整分合原则、优化组合原则和相对封闭原则。

1. 整分合原则

要提高管理的功效，对如何完成整体工作必须有充分细致的了解。在此基础上，再将整体分解为一个个基本要素，进行明确分工，使每项工作规范化，建立责任制，然后进行科学的组织综合。整体把握、科学分解、组织综合，这就是整分合的主要含义。进行“整—分—合”分析应注意以下几点：

（1）树立整体观点。整体观点是大前提，最终目的是扩大整体效应，实现整体目标。

（2）抓住分解这一关键。分解正确，分工就合理，规范才科学、明确。不善于分解，就不会合理分工，无法抓住关键，眉毛胡子一把抓，只能疲于应付，难以成功。

（3）分工与协作相结合。分工固然重要，但它不是目的，还必须进行强有力的组织管理，使各环节同步协调，有计划按比例地综合平衡，既分工又协作才能提高功效。马克思曾经说过："由协作和分工产生的生产力，不费资本分文，这是社会劳动的自然力。"

（4）明确分解的对象。我们所说的分解，是围绕目标对管理工作进行的分解，而不是对管理功能的分解。管理功能要求人、财、物等要素统一，肢解其中任何一个要素，管理都无法进行下去。

2. 优化组合原则

贯彻整分合原则，要求既要搞好分工，也要搞好协作，所以，分工不能随心所欲，分级也不能没有标准，各级更不能任意组合。要想有效实现系统的目标，提高其整体效应，必须使系统的组合达到优化。

优化组合，包括以下几方面内容：

（1）目标优化组合。实行目标管理的单位，要发动群众，民主制定科学的总目标，然后根据优化组合原则，把总目标层层分解到下属组织或个人，发挥各自长处，组成优化的目标体系。在实现目标中，使各个分目标互相促进，互相协调，保证总体目标的完成。

（2）组织优化组合。优化组合，必须贯彻管理跨度原则。管理跨度，是指一个上级能直接有效地领导下属人数的限度。管理跨度的大小，受管理者的素质、能力、精力、知识及管理对象的状况和分布距离等限制，决定组织的管理层次、人员数量，对组织结构的横向划分、纵向联系产生影响。在一个管理三角形中，一般说来，越是上层领导，直接管理的人就越少，越是往下，直接管理的人就越多，形成宝塔状的梯级结构。

（3）人才优化组合。传统管理的领导者中，不少人认为人才越多越好，人才素质越高越好。用现代管理者的眼光看，以上看法欠全面。其实，在一个人才集体中，既要有高、中、低人才的合理搭配和组合，也要有各种特长的人才的互相配合，用人之长，发挥人才组合的整体效应。一个篮球队，只有优秀的前锋、中锋，没有出众的后卫，那不是一个优化组合的球队。要知道，用人要精，要充分发挥其潜能，人多并不好办事，“不用多余的人”这是一条十分重要的管理原则。

(4) 环境优化组合。管理是一种活动，它是由管理者、被管理者和管理环境三个要素组成，所以环境的优化组合也不容忽视。环境优化组合就是要将组织的外部条件（自然的、社会的、生态的）科学合理地组合起来，使管理工作在良好的环境中进行。

3. 相对封闭原则

任何一个系统内的管理手段必须形成一个由连续的相对封闭的回路构成的完整的管理系统，进而形成有效的管理运动，这就是相对封闭原则。

管理系统存在着两大基本方面的关系：一是它与外部相关系统之间的关系。由于管理对象这一系统处在更大的系统之中，必然与外界相关系统发生输入与输出的关系，处于一种开放性状态。对于解决这些外部关系主要是“经营”的任务，属于“领导”的范畴。二是本系统内部各要素之间的关系。系统内部形成有效的管理运动，必须使系统内的管理手段、措施构成一个连续的封闭回路。就像电线一定要形成回路电子才能得以运动而产生电流一样，不封闭的管理，即使某个环节管理得再好，也不能形成管理系统内的正常运转，无法获得系统整体的效应。系统内部关系的解决主要是“管理”的任务。例如，优秀运动队的大队长要通过各职能科室指挥领队（主教练），领队又指挥教练员，教练员指挥、训练运动员，最后通过一定的职工代表大会制度制约大队长。各级之间则以信息反馈相互沟通（图 1–1）。[2]

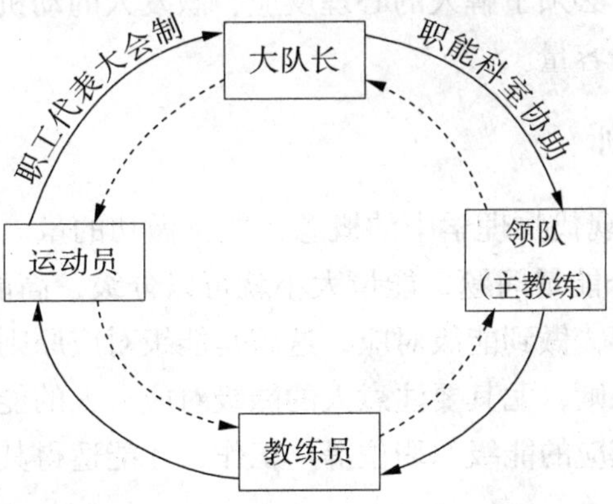

图 1–1　优秀运动队封闭组织系统

二、人本原理

（一）人本原理的概念

人本原理，顾名思义，就是在管理中以人为根本。人本原理是指一切管理活动均应以调动人的积极性，做好人的工作为根本的规律的概括。这是由于在管理系统中，管理的最终目的就是为不断地满足人们的物质需要和精神需要，实现人的全面发展。人不仅是管理的主体，同时也是管理客体中最主要的因素，各项管理措施和管理手段的运用，首先是作用于人，再通过人来发挥其能动作用，最终协调与其他管理要素的关系。

（二）人本原理的应用

在人本原理实践中如何体现以人为本的思想，使人性得到最完善的发展，是人本管理原理所要研究和解决的问题。人本原理的应用体现在由其引申出来的主要管理原则的运用。

1. 行为原则

所谓行为，是指人们表现出来的各种动作，意识是人们的内在行为，动作是人们的外在行为。行为是人们思想、感情、动机、思维能力等因素的综合反映。人的行为是受人的动机支配的，而人的动机是由人的需要决定的。行为原则，就是了解人的需要与动机，根据人的行为规律来进行管理。

贯彻行为原则，必须了解人的心理反应，激发人的动机，提高人的心理适应性，扩大人的心理容量。

2. 能级对应原则

“能级”是一个现代物理学中的概念，能是做功的量。在现代管理中，机构、法和人都有一个能量问题，能量大小就可以分级，高能级办高能级的事，低能级办低能级的事，做到能级对应，这就是能级对应原则。

贯彻能级对应原则，尤其要注意人的能级对应。人的能力有大小，要根据人的能力水平安排相应的能级（职位等）工作，才能适得其所，各尽其能。

3. 动力原则

管理与物质运动一样，必须要有动力，有了动力才能推动管理活动的进行，这就是管理的动力原则。

贯彻动力原则，必须掌握三种动力，即物质动力、精神动力和信息动力。这三种动力，各有持点，要综合运用。

(1) 动力的种类

①物质动力。就是以适量的物质刺激来调动人的积极性。由于物质基础决定上层建筑，决定人们的行为、意识，所以物质动力是最基本的动力。它包括工资、奖金、福利等。要有效地发挥物质动力，就要把工作成果与物质利益有机结合起来，按劳分配。但是我们也应当看到，物质动力不是万能的，使用不当也会产生副作用，因此，使用物质动力时，应与其他动力结合使用。

②精神动力。指用精神的力量来激发人的积极性。人都具有一定的精神支柱，总是受一定思想、信仰的支配。因此，一个人的精神状况如何，对其行为影响很大，在一定程度上可以弥补物质动力的不足。精神动力包括诸如建立远大的理想、宗教信仰、爱国主义、受到尊重、组织关心等。

③信息动力。通过信息的交流而产生的动力。信息动力包括知识性动力、激发性动力和反馈性动力。知识性动力是最基本的动力。掌握知识越多，越有利于管理工作。激发性动力是最重要的动力，如通过体育比赛来了解运动项目的发展动向，比赛对手的训练和技、战术水平，以此来调整自己的训练和比赛方案。运动训练管理的各项工作，也要通过信息交流，不断激发工作的积极性。反馈性动力能使我们随时了解与管理目标的差距，不断地加强控制，以实现管理的目标。

(2) 各种动力综合运用时的要求

①三种动力要综合、协调运用。对任何管理系统来说，三种动力都同时存在，但其比重有所差异。在具体运用过程中，可根据实际情况，有所侧重，即以某种动力为主，结合运用其他动力，优势互补，扬长避短。

②要正确认识和处理好个体动力与集体动力之间的关系。个体动力与集体动力在一定程度上是对立的，个体动力得到最大发展，往往集体动力就要受到损失；集体动力得到最大发展，个体动力就要受到抑制。较为理想的是让个体动力与集体动力在方向基本一致的前提下，得到充分发展，以求获得较大的集体动力。

③要掌握好适宜的动力“刺激量”。刺激量的制定应以能调动人们的积极性为标准：刺激量过大，没有必要，对以后的管理工作也不利；刺激量过小，起不到作用，还不如不刺激。一般来说，刺激量要随着管理环境和管理对象的变化而变化，不断地调动人们的积极性。

三、动态原理

（一）动态原理的概念

动态原理是指在管理活动中，注意把握管理对象的变化情况，不断调节各个环节，以实现整体目标的规律的概括。由于人、财、物、时间、信息等管理对象是处于不断变化、发展的过程之中，相应地，计划、组织、控制、协调等各个环节也必须随着管理对象的变化而变化，动态地适应管理对象的变化，这样才能保证管理目标的实现。[3]

（二）动态原理的应用

1. 运用反馈对管理过程进行有效的抑制

反馈是指系统把信息输送出去，又将其作用结果反送回来，并对信息的再输出起到调节控制的作用。反馈控制原则就是通过信息的反馈，对未来行为进行控制，使行为不断逼近管理目标的过程。管理只有通过不断的反馈，才能促成管理目标的实现。

应用反馈方法进行控制，一般会产生两种不同的效果：一是使系统的输入对输出的影响增大，造成系统偏离目标的运动加剧，导致系统振荡的反馈，我们称之为正反馈；另一种是系统的输入对输出的影响减少，使系统偏离目标的运动收敛，导致系统趋于稳定状态的反馈，我们称之为负反馈。从运动训练管理实践来看，运用较多的是负反馈。

反馈与控制是密不可分的，反馈是控制的前提，控制是实现管理目标的有效手段。反馈与控制，又都离不开信息。控制的基础是信息，一切信息的传递都是为了控制。运用反馈来达到有效的控制，关键在于反馈必须灵敏、正确和有力。

2. 在管理过程中要保持一定的弹性

由于管理环境的不确定性，在管理过程中必须留有余地，保持一定的弹性，以适应客观事物各种可能的变化，这就是弹性原则。在管理中如果弹性较大，其适应能力就较强，就可能较快地适应环境，但相应地其原则性就较差；如果弹性较小，其原则性就较强，但适应能力相对较弱。因此，弹性的大小主要根据不同的管理层次要求、不同的管理对象和不同的管理目标而定，没有一个绝对的标准。

我们在管理工作中，既要注意局部弹性，又要注意整体弹性，要采取遇事“多一手”的积极弹性，避免遇事“留一手”的消极弹性。

四、效益原理

（一）效益原理的概念

现代管理的根本目的，是要创造最佳的社会经济效益，效益原理的实质在于任何管理都要以取得效益为目标。所以，效益原理是指管理的各个环节、各项工作，都要紧紧围绕提高社会经济效益这个中心，科学地、节省地、有效地使用有限的人力、财力、物力、智力和时间信息等资源，以创造最大的社会经济效益。这一原理贯穿于管理的全过程，比如，运动训练管理的目的是提高优秀运动员的利用率和训练成功率，以期用尽可能少的经费投入和物质消耗培养出更多的优秀运动员。

（二）效益原理的应用

1. 效益的评价

效益的评价可以由不同的主体、从不同的角度去进行，因此没有一个绝对的标准。不同的评价标准和方法，得出的结论也会不同，甚至相反。有效的管理首先要求对效益的评价尽可能公正和客观，因为评价的结果直接影响组织对效益的追求。一般来说，首长评价有一定的权威性，全局性掌握得较好，其结果对组织的影响也较大，但可能不够细致和具体；群众评价一般比较公正，但可能要花费较多的时间和费用，才能获得结果；专家评价一般比较细致，技术性较强，但可能只注重直接效益而忽视间接效益。显然，不同的评价都有它自身的长处和不足，应综合运用，以求获得客观公正的评价结果。

2. 效益的追求

效益是管理的根本目的，管理就是对效益的不断追求。这种追求是有规律可循的，实践中应注意以下要求：

(1) 在实际工作中，管理效益的直接形态是通过经济效益而得到表现的。

(2) 影响管理效益的因素很多，其中主题管理思想正确与否，具有相当重要的作用。

(3) 追求局部效益必须与追求全局效益协调一致。

(4) 管理应追求长期稳定的高效益。

(5) 确定管理活动的效益观，即要以提高效益为核心。

五、责任原理

(一) 责任原理的概念

责任原理是指为了实现组织目标、挖掘人的潜能，应在合理分工的基础上明确规定各个部门及个人必须完成的工作任务和必须承担的与此相适应的责任。[4]

遵循责任原理制定的责任制，在运动训练管理中已得到广泛的应用，如目标责任制、风险金等。

(二) 责任原理的应用

1. 明确每个部门和每个人的职责

分工是确定职责的基础，分工明确，职责划分才能明确。如运动训练管理，它是一项系统工程，任务重，头绪多，工作杂，必须明确分工。没有分工，工作无法开展；分工不明，工作必然混乱。但是，分工不等于职责。分工只是对工作范围作了形式上的划分，分工对于工作的数量、质量、完成的时间、效益等要求，还不能完全地体现出来。职责是在分工的基础上，在数量、质量、时间、效益等方面有严格的行为规范。

2. 职位设计和权限委授要合理

列宁指出："管理的基本原则是——一定的人对所管的一定的工作完全负责。"怎样才能做到完全负责，取决于权限、利益、能力等因素。明确了职责，就要授予相应的权力，即一定的人权、物权、财权，否则难以完成已承担的职责。对工作完全负责，仅合理委授权限是不够的，还让其必须承担风险。同时，在职位设计和权限委授的过程中，还要注意每个人承担的职责要与其能力相对应，才能做到人尽其责、物尽其用。[5]

3. 奖惩要分明、公正、及时

不能好坏一个样，要奖优惩劣，引导每个人的行为朝积极的方向发展；同时，要做到奖惩公开、公正、及时，否则奖惩就失去了其本身的作用和意义。

4. 建立一套完善的责任制进行规范管理

建立相应的岗位责任制、考绩制、奖惩制，组成一个环环相扣、相互配合的管理制度体系，以保证责任原理能够有效应用。

六、竞争原理

（一）竞争原理的概念

优胜劣汰是事物发展的一般规律。竞争更是体育运动的突出特征，在体育运动管理中处处存在竞争，时时有竞争。有竞争就有压力，有压力就要奋斗，就要拼搏。实践证明，竞争可以激发工作热情，激发人的进取精神；竞争可以挖掘人的潜能，使其创造性地工作，去克服各式各样的困难；竞争可以促进内部团结，增强团队的凝聚力；竞争可以使组织集体充满生机和活力。

竞争原理，就是指个人与个人之间，团体与团体之间、国家与国家之间，为了各自的目标和利益，相互竞争，以求取胜的理论。

（二）应用竞争原理应注意的问题

1. 竞争的标准、条件要一致

保证竞争条件的一致性，为同级别的运动员提供一致的竞争标准，不仅能够保证运动训练评价体系的公正性，而且可以实现运动训练系统的一致目标，促进运动训练的进一步发展。

2. 评价或制裁要公平、公正

评价或制裁制度是检查、评价运动员的成绩与效率的一项管理制度，因此，评价或制裁的标准应采用定性和定量相结合的方法，尽量采用定量，标准要做到公平、公正、合理、实际。

3. 竞争的目的旨在增进交流、互相提高

任何体育竞争的行为都是为了增进参与人员之间的友谊、团结与合作，并培养其团队精神。竞争原理强调竞争过程中的互相交流和互相提高。

4. 防止投机取巧、不正之风

在运动训练的各个环节中，要按章办事、依法办事，做到既不姑息又不失准，保证其公信度。例如在运动赛事管理环节上，要提高对大型综合赛事的驾驭能力，确保比赛不出问题，使运动员的辛苦训练能得到一个公正的回报，使各个参赛队和观众在比赛结束后能够对比赛结果心悦诚服。

第二节　运动训练管理的基本方法

运动训练管理的基本方法，包括行政方法、法律方法、经济方法、宣传教育方法。科学的管理需要有力的、规范的行政方法和法律方法来支撑，需要灵活、合理的经济方法及思想教育方法来维持。[6]

一、行政方法

运动训练管理的行政方法是指，依靠各级运动训练管理机构和领导者的权力，运用行政手段，按照行政系统规范进行管理活动的方法。它由行政管理系统采用命令、指示、规定、指令性计划和职责条例等行政手段对其各子系统进行调节与控制。由于它是由上级发布命令，下级则要服从上级，上下级之间的关系非常清晰。这就要求在运用行政方法上，上级对下级所下达的命令、指令或指令性计划等，一定要符合本部门的实际和管理活动的规律；更要求上级领导者，.除了要有责有权外，还必须具有较好的领导素质，即有较高的理论政策水平和较强的组织管理能力。否则，就会降低管理的质量，影响管理的功效和目标的实现。

在运动训练管理中，行政方法主要有如下四个特点：

（一）权威性

运用行政方法进行管理，起主要作用的是权威。因为行政方法是否有效，所发出指令的接受率以及上下级之间的沟通，在很大程度上取决于管理者的权威。因此，不断地完善和健全各级运动训练的管理机构，强化职、资、权、利的有机统一，努力提高各级管理组织和管理者的权威性，是有效运用行政方法的基本条件。

（二）强制性

行政方法是通过各种行政指令来对管理对象进行指挥和控制。这些指令是上级组织行使权力的标志，下级必须贯彻执行。因而行政方法就必然具有鲜明的强制性。这种强制并不等于官僚主义的强迫命令，而是指“非执行不可”的意思。它要求人们在思想上和行动上服从统一意志，强调原则上的高度统一。行政方法的强制性一般只对特定的下级部门或待定的所属对象才会生效。

（三）纵向性

也称垂直性。行政方法是通过行政系统对系统进行管理的。行政命令通常是通过垂直纵向逐层传达执行。而且，下级只服从顶头上司，下一层次只听上一层次的指挥，对横向传来的命令、规定等，基本上可以不予理会。所以，在运用行政方法时，上级对下级的指挥和控制，一般强调纵向的自上而下，反对通过横向传达命令。然而，在运动训练管理中，往往会出现一些横向传达指令的情况，产生条块矛盾、多头指挥等问题，从而使行政指令失灵或无效。为此，需通过沟通和协调，来保证管理目标的实现。

（四）针对性

也称具体性。表现为从行政命令发布的对象到命令的内容都是具体的。行政方法在实施的具体方式、方法上是因对象、目的和时间变化而变化的。因此，它往往只对某一特定时间和对象有用。这就告诉我们，在运用行政方法进行管理活动时，既不能把它看成是唯一的方法，也不能不顾对象、目的和时间的不同而滥用。

二、法律方法

运动训练管理的法律方法，是指在运动训练管理过程中，运用法律、法令、条例、决议和章程等各种形式的法规来进行管理的方法。运动训练管理的法律方法具有强制性、普遍性、规范性和阶段性等几大特征。运用法律方法管理运动训练工作，是运动训练管理实行“法治”的重要内容之一。

法律方法在运动训练管理中的主要作用表现在以下几个方面：

（一）建立、健全、保持、维护正常的管理秩序

运动训练管理的目的，是提高竞技运动训练管理系统的功效，实现管理目标。而管理功效提高的关键又在于人、财、物、信息等的合理流通。而把这种合理流通方式通过法律形式规定下来，通过法律规范来调节各种关系，从而建立起正常的管理铁序，使整个竞技体育管理系统按照法律规范正常有效地运转，便形成了一个良性循环的运行机制。

（二）规定和调节各种管理关系

运动训练所涉及的范围是很广泛的，它包括国家、集体、个人之间纵向与横向的各种错综复杂的利益关系。法规是运动训练管理中各种利益关系按照一定规范进行有效调节的依据，尤其是在规定和调节不同行政管理系统、不同管理层次关系等方面，法律方法更具有特殊的制约作用，可有效地管理和消除那

种互不买账、互相推诿、互相扯皮的不良现象。

（三）促进竞技体育发展

竞技体育的发展需要一定的法规作保证。例如运动员的选拔与培养、运动员退役与安置、运动场馆设施的设计及建筑、体育场馆的管理和使用等，应予以法律保护。而对那些有碍竞技体育发展的因素，如对运动训练管理中责、权、利不清，信息不通，人、财、物浪费等应进行必要的法律制裁等。我国竞技体育事业的发展需要充分利用法律保护和发挥制裁功能，因而需要加强对可促进竞技体育发展的有关法律条文的制定。

三、经济方法

经济方法是指按照客观经济规律的要求，运用经济手段，调节各种不同经济主体利益之间的关系，以实现管理目标的方法。这里所说的经济手段主要包括价格、税收、信贷等宏观经济手段和工资、奖金、罚款、经济合同等微观经济手段。不同的经济手段在不同的领域中发挥各自不同的作用。

在社会主义市场经济中，经济方法可以有效地提高运动训练管理的效能，克服体育管理中过去那种单纯依靠行政管理的做法，调动和激发运动员、教练员的积极性、创造性和主动性，使运动训练这一特殊的社会劳动价值得到充分的尊重和体现，从而不断增强管理的活力。具体来讲，经济方法的作用主要体现在以下几个方面：

（一）有利于提高经济效益

提高经济效益，就运动训练管理系统而言，就是要提高运动训练的投资效益。如衡量初级训练投资的经济效益，其主要指标有：培养和训练运动员的数量、输送运动员的数量、运动员的成材率等。高级训练的投资的经济效益，可以通过培养和训练优秀运动员的数量、在国际国内重大比赛中获奖牌的数量等项指标反映出来。正确、适当、科学、合理地运用经济方法，可以有效地提高各层次运动训练投资的经济效益。运动训练管理经济方法的运用直接关系到调动各级训练组织的积极性和提高训练工作的效率，并涉及人、财、物的统筹安排。[7] 因此，必须尽量做到少花钱，多办事、办好事，克服那种大手大脚、铺张浪费的不良作风，不断提高运动训练管理的社会经济效益。

（二）有利于强化管理职能

强化管理职能，主要表现为上级运动训练管理机构能通过各种经济手段来控制下级训练组织和被管理者的工作及训练情况，将他们的经济利益与必须承担的工作任务、本职责任挂起钩来，区别情况进行赏罚。例如，《1984 年中共中央关于进一步发展体育运动的通知》中指出："对做出优异成绩的运动员、教练员等，要给予精神奖励和物质奖励，其中有特殊贡献的应予重奖。"由于采取了这一强化措施，因而大大地调动了广大运动员、教练员的积极性，对迅速提高我国运动技术水平起到很大的推动作用。从另一方面来说，既强化了上级训练管理机构对下级机构和被管理者的指挥、控制等职能，又促使下级机关和被管理者对上级部门指令和管理决策接受率的明显增加。

（三）有利于适当分权

经济方法的经济制约作用，为给基层单位以相应的经济自主权创造了条件。例如实行费用定额管理、经费包干管理，既有利于分析和比较培养运动员的费用消耗和其他各种训练费用消耗的实际情况，又有利于充分发挥下级训练部门的自主权，把管理搞活，使管理的逆向作用得以较好的发挥。

（四）有利于客观地检查评价管理效果

由于运用经济方法是通过具体的经济指标来反映管理效果的，所以具有客观性、可比性的特点。为了充分调动下级训练部门和被管理者的积极性，经济方法所采用的各项经济技术指标和效果，一般也都是公平的、有效的，具有明显的激励效能。此外，运动竞赛中的效益也是将经济收入作为评价效果好坏的依据之一。

四、宣传教育方法

宣传教育方法是指通过宣传和教育等方式，使人们围绕着共同目标而采取行动的方法。宣传教育方法是以人们对思想活动的发展规律的正确认识为客观依据的。在运动训练管理系统中，各项工作的进行都离不开采用灌输、疏导和对比等教育工作方法，激发行政管理人员、教练员、运动员的工作和训练热情，以促进管理目标的实现。另一方面，宣传教育方法对其他管理方法的综合运用起着宣传、解释的优化作用。各种管理方法所具有的优点和缺点，如何兴利除弊、综合运用，如何适应现代运动训练管理的发展而不断完善等问题，都需要应用宣传教育方法，通过多种形式和途径向人们进行宣传、解释，使之能正确认识、客观对待、灵活运用，以便发挥它们的作用，提高运动训练管理整体功效。实践证明，我国运动训练各级管理所应用的各种方法或者所制定的各种法规、方针、政策和规章制度等实施效果的好坏，都同宣传教育方法对其宣传、解释是否有力密切相关。

宣传教育方法与其他管理方法相比较，具有以下特点：

（一）先行性

任何一种管理方法的实行，管理决策的制定，都必须通过宣传和教育。通过宣传教育一方面可以使被管理者对其有充分的了解，同时思考自己如何配合行动；另一方面，在管理过程中实施各项决策之前，通过宣传和教育，还可事先预测到人们可能产生的各种反应，制定相应的宣传教育措施予以预防，从而强化其正面效应，抑制可能产生的不良效应。

（二）滞后性

这一特点在思想教育中表现的尤为突出。由于人们的认识和思想是对客观事物的反映，所以大量的思想教育工作是在事情发生之后或有些苗头的时候开展的。滞后性特点要求管理者对已经发生的问题实事求是地、科学地、正确地进行分析，以理服人，这样才能使思想教育真正落到实处，从根本上激发人们的动机。

（三）疏导性

开展宣传教育，要动之以情、晓之以理，启发人们的自觉性。对思想问题采取回避或捂堵的方式是不能奏效的，甚至会激化矛盾。只有因势利导，才能达到教育的实效。

（四）灵活性

人的思想是复杂多变的，引起人的思想变化的多种因素又往往交织在一起发生作用。不同的时期和不同的管理对象，其思想基础、性格类型、价值观念和需求等也不同，因此宣传教育工作必须根据不同的时期和不同的管理对象，确定宣传教育的内容和重点、形式和手段，保持灵活性和针对性。

此外，宣传教育方法还具有表率性、真理性等特点。在运动训练管理实践中，只有正确地运用思想教育方法，把握思想教育的特点，才能及时地解决管理中的各种问题。思想教育应贯穿于运动训练的全过程。思想教育不仅是领队的事，教练员同样负有思想教育的任务。

第三节　现代管理方法在运动训练管理中的运用

现代管理方法是一个方法体系的概念。它是指在现代管理中所运用的所有方法的总称。对于现代管理方法，从理论上可以进行各种分类，但在实际中则一般要综合运用。本章主要介绍除上述基本管理方法以外的，诸如管理心理学方法、数量分析方法、信息系统管理方法等现代方法的一些基本原理及观点在现代运动训练管理中的运用。

一、管理心理学方法

管理心理学是一门以管理活动中人的心理活动规律为研究对象，以调动人的积极性、开发人的潜能、提高工作效率和管理效率为目的的科学。管理心理学的一系列理论在管理实践中的应用，活跃、发展了管理思想，丰富了管理方法，促进了管理取得最佳成就。

（一）管理心理学方法的内容

1. 量表测试法

量表测试是采用标准化的量表所进行的心理测验，这种方法可以测试被试者的有关心理品质，如智力、个性、性向和运动反应等。心理测验是布置一种刺激的情境，引起被试者反应，然后运用统计学的方法予以量化，求出其结果并对结果加以分析和解释，归纳成为结论。

测量法的运用首先需要有标准化的测量量表，例如卡特尔十六种个性因素的测量量表，这套量表包括测试题、测试用纸、记分套板、剖面图和个性因素常模表。共计 187 道测试题，内容包括有关个人的兴趣与态度等。每一测试题可供被试者选择 A、B、C 三种答案，如题目“我的思想似乎 A. 比较先进，B. 一般，C. 比较保守”。测验用纸是供被试者根据自己选择的答案在相应的方格内打上“×”号。记分套板是用来计分的。十六种个性因素剖面图是经过统计处理后反映出个人的十六种个性因素特征，实际上也就是测量的结果报告。卡特尔十六种个性因素常模包括高中、大学和成人男女常模。

采用标准化测量工具应考虑测验的两个基本要素，即信度与效度。[8] 信度是指测验本身内部的一贯性，也就是无论第一次、第二次以至若干次测试，其结果都不变，这样信度就高。所谓效度就是正确性程度，即测量工具在多大程度上反映了我们想要测量的概念的真实含义。一种测验效度常与一种已被承认的效度指标尤其是相关系数有很大关系，相关系数高表示这种测验预测的正确性高，即效度高，若系数低表示这种测验预测正确性低，即效度低。

2. 调查法（谈话与问卷）

调查法是根据调查目的，主要通过谈话或问卷的方式，以获得材料的方法，它又分为谈话法和问卷法。

谈话法是研究者与有关人员面对面交谈，听取意见，观察其态度和表情等，如研究运动员的个性或他们对运动训练中若干问题的态度，需要向不同类型的运动员调查了解不同类型的材料。其优点是运用灵活，能及时发现新的问题，但谈话运用的基础是彼此信任，研究者切忌有主观偏见。

问卷法是用明确的词句，叙述问题，编写一套问卷题目并规定评定的方法，它是要求被试人填答的。由于问卷是用文字来表达问题的，这些问题是引起被试者反映的动因，可以收到比较统一的效果，它可以同时施用于很多被试者，时间上比较经济。问卷结束所得的材料是比较简明的文字或符号，便于进行数量处理。但是，问卷文字的难度或被试者的阅读程度常会影响本身的效果，往往不会有满意的回答，而出现有些问题模棱两可，有些空着不答，有些甚至不作真实的回答等情况，因此问卷的设计和编制有一定难度。

3. 实验法

实验法依场地以及实施的环节或者步骤不同，可分为实验室实验法和自然实验法。在运动训练管理的研究中，由于对象的心理活动总是受来自组织和团队内外环境及成员间所产生的交互作用等社会因素的影响，因此用实验室实验法来进行研究的可能性不大。

实验法是一种控制一定情境的方法，也就是实验者控制或操纵一种自变量，又称实验变量，然后观察被试者因自变量而产生的因变的情形，利用统计学方法来处理资料，加以分析、归纳，最后得出结论。

4. 经验总结法

经验总结法就是通过对经验的总结，从而提高到科学理论的角度来认识。我们知道，经验不一定就是科学知识，因为它只是一个人在特定条件下实践的结果，因此它多少带有特殊性和局限性。但是通过对个人经验的总结，特别是推广到更广阔的范围，如果也取得好的成效，那么从中就可发现具有普遍意义的规律。因此，我们要重视在运动训练管理过程中管理者、教练员、运动员所积累起来的丰富经验，但又不能停留在经验总结的水平上，而必须努力把它上升到科学理论水平。

（二）管理心理学方法在运动训练管理中的作用

1. 有助于加强以人为中心的管理，充分调动人的积极性、主动性和创造性

组织中的人是多种多样的，人有丰富的感情和不同的能力，有独特的个性和不同的需要。管理心理学可以有效地帮助运动训练系统中的管理者把握人的心理，清晰地意识到处于其中个体的心理特点和组织的报酬体系对其训练效果的重大影响，实现对运动员的合理、优化的配置和管理，实现个体、团体的目标，并使个体获得最大的利益和发展。

2. 有助于知人善任，合理地使用人才

组织中的每一个人都有他各自的个性特征，即有不同的气质、能力、性格和兴趣爱好。现在的年轻人与过去的年轻人对问题的看法有所不同，他们比较敏感，爱发问，具有广泛的兴趣和经验感受。因此教练员必须对运动员在人与人之间的关系，以及动机心理学方面的问题比较敏感。教练员必须在赛季预先了解他要进行训练的运动员所具备的各种不同的个性，只有这样才能有效地采用适合该运动员的不同方法。根据运动员和由这些运动员组成的球队所表现的不同个性和队风的情况，教练员与之交往的形式、手段和所采用的教学方法也应有所不同。管理心理学个性心理及其测定方法的研究，能帮助运动训练管理者全面了解运动员的性格特点和能力所长，做到以事就人，人适其所，人尽其

才，使每个运动员的能力、工作和总体效率都达到最佳水平。

3. 有助于改善人际关系，增强群体的凝聚力与向心力

群体是个体活动的舞台，是管理者管理的基本单位。一个教练员或训练管理者所面临的最困难的任务就是，使全队能够齐心协力。尽管只有少数队员代表球队上场比赛，但是首先它要有几个愿意做出自我牺牲、善于合作和艰苦奋斗的队员为核心。在这种合作和自我牺牲精神的指导下，让队员展开一场争当主力的竞争。为了组成一个齐心协力的球队，每个队员要把自己融化在球队这个集体之中。他不仅要甘当替补队员，而且还要把全队的利益放在个人利益之上。同时，在不损害球队利益的前提下，努力提高自己，使自己成为主力队员。即使他的个人目标未能达到，也不应产生怨恨的情绪。管理心理学对群体心理与行为的研究，能帮助管理者认识个体与群体、群体与群体间的互动关系，协调之间的关系，形成合力。通过建设高水平的群体或团队，有效地提高群体活动的效率。

4. 有助于组织的变革和发展

任何一个管理系统都不是封闭的，需要根据内外部环境的变化而变化，适当的时候还要进行变革和创新，运动训练管理系统也不例外。管理心理学从人本的管理理念出发来研究组织结构的形式对组织成员的心理影响、可塑性组织的能力及其设计、高层管理者在组织变革中的有效思考与行为、组织变革的基本模式与对策等，该研究方法和成果能有助于管理者科学地设计组织、改造组织，促进组织双重目标的实现。

二、数量分析方法

（一）数量分析方法的含义及其构成

数量分析方法是指以定量分析为主的管理方法。对其中的许多内容，目前也称现代管理技术。[9] 一般说，它是指在一定的理论指导下，运用数学原理、数学公式、数学图形等，通过建立数学模型，并对模型进行计算和求解，从而为管理者提供满意选择的一系列方法、技术的总称。

数量分析方法发展到今天，已经包括有非常丰富的内容并形成许多相对独立的分支。但不管是何种类型的数量分析方法，从其构成上看，一般都包括以下四个部分：

1. 理论基础

所有的数量分析方法，都是在一定的理论指导下形成的。指导数量分析方法的理论有两类：一类是基本理论，其中主要是哲学理论、经济理论和管理理论；另一类是方法论，其中主要包括系统论、信息论、控制论以及现代数学理论。各种数量分析方法吸取上述理论的有关思想，作为自己的理论基础，从而回答某种方法从什么目的出发，能够解决什么问题，为什么能够解决这样的问题，以及如何解决等基本问题。

2. 数学模型

数量分析方法，一般都要在定性分析的基础上进行定量分析，而进行定量分析主要是借助于建立数学模型。所以，几乎所有效量分析方法都有自己不同的数学模型。这些模型既符合一定数学原理，又能比较准确地反映客观事物间复杂的数量联系。

3. 方法步骤

所有数量分析方法，都有一定的步骤。步骤体现了某种方法解决问题所必须遵循的一般程序。违背了这些程序，就不能发挥这种方法的作用，问题也不会很好地得到解决。

4. 管理手段

所谓管理手段，主要是指数量分析方法中所运用的现代化的通讯设备和计算工具。如前所述，运用数量分析方法进行大量而复杂的计算，这种计算只有电子计算机才能胜任，而计算机的运用又必须有现代化的通讯设备和信息获取手段相配套，否则计算机也不能充分发挥作用。为此，数量分析方法总是与现代化的管理手段相联系的。

（二）数量分析方法在运动训练管理中的应用

1. 网络计划方法

网络计划技术是 20 世纪 50 年代后期发展起来的一种计划方法。这种方法的基本原理是把一项工作或项目分成各种作业，然后根据作业顺序进行排列，通过网络图对整个工作或项目进行统筹规划和控制，以便用最少的人力、物力、财力资源，用最高的速度完成工作。网络计划技术的基本步骤如图 1–2 所示。

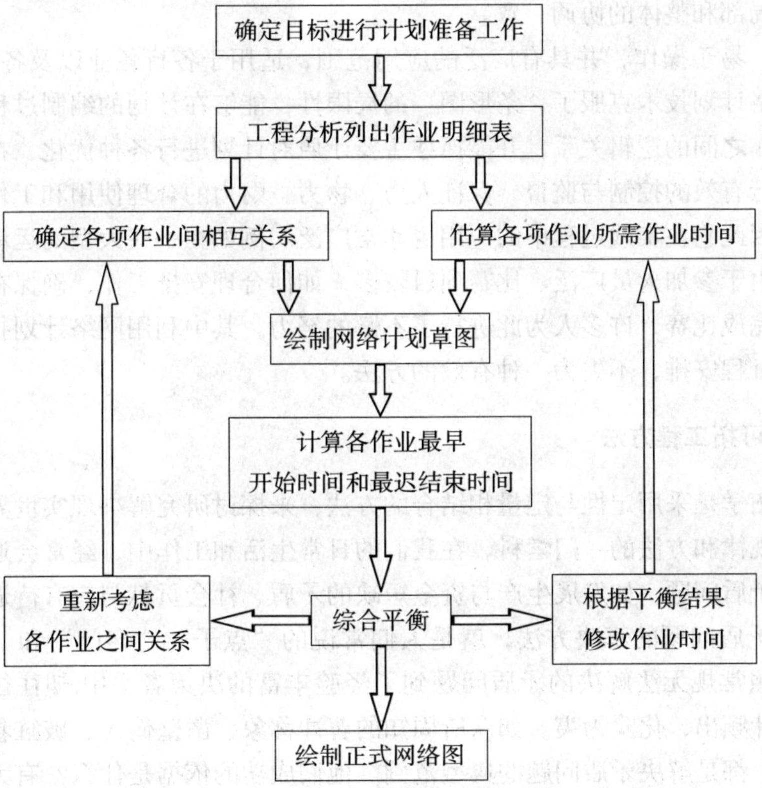

图 1–2　网络计划技术的基本步骤

网络计划技术之所以能被如此广泛的使用，是因为该方法有如下优点：

(1) 该技术能清晰地表明整个工程的各个项目的时间顺序和相互关系，并指出了完成任务的关键环节和路线。因此，管理者在制定计划时可以统筹安排，全面考虑，又不失重点。在实施过程中，管理者可以进行重点管理。

(2) 可对工程的时间进度与资源利用实施优化。在计划实施过程中，管理者调动非关键路线上的人力、物力和财力从事关键作业，进行综合平衡，这样既节省资源又能加快工程进度。

(3) 可事先评价达到目标的可能性。该技术指出了计划实施过程中可能发生的困难点，以及这些困难点对整个任务产生的影响，准备好应急措施，从而减少完不成任务的风险。

(4) 便于组织与控制。管理者可以将工程特别是复杂的大项目，分成许多支持系统来分别组织实施与控制，这种既化整为零又聚零为整的管理方法，可以达到局部和整体的协调一致。

(5) 易于操作，并具有广泛的应用范围，适用于各行各业以及各种任务。由于网络计划技术克服了“条形图”的局限性，能够在计划的编制过程中反映各项工作之间的逻辑关系，并能抓住主要矛盾对计划进行各种优化，在计划执行中进行有效的控制与监督，保证人力、物力、财力的合理使用和工作的科学安排，因此它在实践过程中的应用也非常广泛。例如在一些大型的运动比赛过程中，由于参加人员广泛、比赛项目较多，如何合理安排工作，确保在有限的时间内完成比赛，许多人为此进行了不懈的努力。其中利用网络计划技术，优化比赛日程安排，不失为一种有效的方法。

2. 可拓工程方法

可拓学是采用定性与定量相结合的方法，来探讨研究解决现实世界中矛盾问题的规律和方法的一门学科。在我们的日常生活和工作中，经常会遇到各种各样的矛盾问题，如发展生产与资金短缺的矛盾、社会贡献与应有待遇的矛盾等等。矛盾问题的解决方法，就是人们常说的“点子”“窍门”和“办法”。一些按照常规无法解决的矛盾问题到了经验丰富的决策者手中,却往往巧妙变通，锦计频出，化险为夷。如众所周知的曹冲称象、凿壁偷光、破缸救人、空城计等，都是解决矛盾问题的典型范例。他们成功的依据是什么？有无可循的规律？这就是可拓学试图探讨的问题。[10]

事物发展变化的可能性称为事物的可拓性，事物的发展变化及其过程称为开拓。可拓学研究解决矛盾问题规律和方法，研究事物的可拓性及事物的开拓规律和方法。它是一门系统科学、思维科学和数学交叉的边缘学科，是贯穿于自然科学和社会科学且应用较广的横断学科。可拓学的理论框架有两个支柱，一个是研究物元[1]及其变换的物元理论，一个是建立在可拓集合基础之上的数学工具——可拓数学。可拓学的基本方法——可拓方法包括物元可拓的方法、物元收敛的方法、可拓思维方法及物元变换的方法。可拓方法是可拓学特有的方法，把可拓方法应用于决策、管理、新产品构思、搜索、诊断、识别、控制等领域，便形成了可拓工程方法。

可拓学的应用通过以下路径实现：

(1) 物元模型化的抽象方法。虽然数学模型在当代科学技术各个领域中都发挥着越来越大的作用，但也应当看到，数学建模的抽象过程，只考虑数量关系和空间形式，尤其难以顾及现实问题中的中介状态和质变过程，使得不少实际问题经过数学抽象后，只能用矛盾问题和矛盾不等式来描述，难以进一步求解。但是实际上，这些问题是可以求解的，是因为不恰当的模型造成不能求解的。可拓学中的物元模型是将现实问题给以物元表述的物元关系式，并采用特定的形式化工具和可操作的推理方法，制定开拓方案和评价方案，最终可以求解。可以说，从物元模型的角度看，大量矛盾问题都是伪矛盾问题。在运动选材过程中，要从众多的少年儿童中，准确地选择出各方面条件优越、适合于某一项目所需要的人才。以往我们主要凭经验，用“伯乐相马”的方法或简单的统计方法去选择“苗子”，有较大的盲目性。由于影响少年儿童成为优秀运动员的因素较多，包括形态、机能、素质、发育、心理、环境等，给我们的选材工作带来一定困难。在这种情况下，我们可以运用物元理论，针对不同运动项目的特点，建立其选材的模型，并确定对比的标准比较对象所属的程度，选择符合条件的“苗子”，使我们的选材更加科学合理。

(2) 定性与定量的紧密结合。在利用物元模型解决矛盾问题的过程中，既可以利用物元的可拓性定性地确定解决问题的方向与途径，又可以利用可拓集合论，通过关联函数进行定量计算。可拓方法是能使定性与定量得到较好综合的形式。例如可拓集合中，可拓域描述了元素从是转化为非，或从非转化为是，这是质的改变。而零界元素描述的则是质变的临界点，跨越零界产生质变，不跨越零界则是量变。关联函数能表示事物具有某性质的程度及其变化。在运动训练管理过程中，我们可以应用可拓学理论采用可拓诊断方法，对运动训练技战术水平进行量化诊断。例如，第 28 届奥运会网球女双科技攻关课题

[1]注：物元是指由事物、特征和相应量值构成的三元组作为描述事物的基本元素。

组，在研究中就运用了该理论和方法。它将国外优秀网球女双选手的技术指标作为诊断的标准；然后在物元描述的基础上，计算我国优秀网球女双选手各项技术指标接近标准的程度量化值，接着按照接近程度的大小确定事物改进的策略，差异越大，说明该部分是急需改进的重点；之后对事物进行虚实、潜显、负正的全面分析，以便发现潜在的阻碍因素，制定更准确的改进策略；最后根据上述分析，结合专业知识，综合判断差距所在及差距的程度，从而可采取相应的措施，使差距降低到最小程度。该理论和方法可以有效地对运动员的竞技水平作出客观的评定，从中找出不足，"对症下药"，为提高技战术训练质量和科学决策提供依据。

(3) 思维过程的开放性。可拓学虽然采取了形式化方法和一定的推理过程来解决问题，但是并不像经典数学方法那样僵硬，要求推理贯彻到底，以确保整个过程的严密性，它在有些地方，保留了一定的开放环节，以便人脑充分发挥创造性思维潜力，它也可以随时注意吸取经验成分，以修正不合理的模型，使问题获得更切实的解决。同时，可拓方法具有开放性，它可以也必然和其他的专业方法兼容并用，取长补短，相得益彰。

3. 博弈论方法

"博弈论"译自英文Game Theory，也可以称为对策论、游戏理论、竞赛理论和策略理论，它是研究博弈情境下博弈参与者的理性行为选择的理论，也可以说是竞争者如何根据环境和竞赛对手的情况变化，采取最优策略和行为的理论。博弈思想的发展历史悠久，公认最早的应从《孙子兵法》开始，现代博弈论的研究也都多从《孙子兵法》的辩证思想着手进行。其真正的发展一般从20世纪40年代冯·诺依曼的《博弈论和经济行为》一书开始，直至80年代在数学、逻辑、心理学的基础上建立了完善的博弈理论体系。这一时期，博弈论以其新的思维方式和理论极大地推动了当代经济学的发展[11]。著名的经济学家泰勒尔说过："正如理性预期使宏观经济学发生革命一样,博弈论广泛而深远地改变了经济学家的思维方式。"

定义一个博弈，必须满足四个基本条件。

(1) 博弈的参加者。不管是个人、组织、集团还是国家，不论其大小，只要能独立行动和承担结果的都是博弈中的参加方。而且，博弈的规则确定后，各参加方都是平等的。在博弈理论中，凡博弈中的每个独立参加方都称为一个博弈方。

(2) 博弈的策略，即博弈方可各自选择全部策略或行为的集合。在不同的博弈中，可供博弈方各自选择的策略或行为的数量很不相同；在同一博弈中，不同博弈方可选策略或行为也常有不同，有时仅限几种，甚至只有一种，而有时有许多种。

(3) 博弈的次序。在现实生活中，博弈方有时是必须同时作出选择的，如篮球暂停后，很多情况下是同时选择了策略；而更多的时候是先期作出了选择，这在体育竞赛中是常见的现象。

(4) 博弈方的得益。对应于各博弈方的每一组可能的决策选择，都有一个结果表示各博弈方在该策略组合下的得失。博弈结果的评判分析只能通过对数量大小的比较来进行，其结果必须本身是数量或至少可以量化为数量,不能量化的问题是不能放在博弈论中研究的。通常博弈理论把博弈中各种可能的结果量化，其数值称为得益。得益就是收入、利润、损失等，可以是正值，也可以是负值。在体育竞赛中可以理解为胜与负，或相应的名次。

博弈论常被用来解决运动训练领域中的竞赛环节。最早的应用是“齐威王田忌赛马”的例子。齐王与田忌赛马，双方从各自的上、中、下三类马中各出一匹参加比赛。从实力上看，齐威王的实力绝对在田忌之上，后来田忌的谋士孙膑给田忌出了个主意，改变了这个局面。孙膑让田忌不要用自己的上等马去对齐威王的上等马，而是用自己的下等马去对齐威王的上等马，上等马对齐威王的中等马，中等马对齐威王的下等马。最终田忌以两胜一负胜出。从中可以得知策略的重要，在实力、条件一定的情况下，对己方力量和有利条件的巧妙调度和运用，常常会起到意想不到的效果。当然，这只是单方面运用策略的一面，因为在整个过程当中，只有田忌一方认识到策略的重要性，在安排马的出场次序方面运用策略，而齐威王一方却没有做出相应的反应，没有同样运用策略与田忌的策略相对抗。实际上，一旦齐威王发觉田忌的计谋，明白输的原因，他必将也会改变马的出场次序，变成一个具有策略依存特性的决策较量。

一个运动员（队）的比赛成绩，除了取决于身体训练、技术训练、心理训练、智力训练和思想训练水平外，还取决于战术训练水平。运动员从长期艰苦的训练中获得了竞技能力，而能否在比赛中发挥出正常水平是对运动员训练效果的检验，同时也是对教练员的工作艺术、工作能力以及临场指挥能力的一种考验。在比赛中如果能合理地运用博弈论，结合体育的特殊性，从理性选择的角度出发，应用一般博弈论的研究方法和思想方法，去探索体育博弈行为中博弈各方的最合理的行为方案，并根据环境和竞争对手的情况变化，采取最优的策略，将会使运动训练成果更为理想。

（三）数量分析方法在应用过程中应注意的问题

如前所述，数量分析方法是管理中进行定量分析、系统分析和方案择优的有力工具，但是与任何其他方法一样，数量分析方法既有其特殊功能，也有一定的局限性。为此，在管理中掌握和运用数量分析方法一般应注意以下问题：

1. 必须坚持以定性分析为前提，把定性分析与定量分析有机地结合起来

任何事物都是质和量的统一，而且一定的质决定一定的量。因此，人们认识事物一般总是按照质、量、度的顺序进行，即从质的研究出发，通过量的分析，达到对度的把握。没有质的分析，量的分析就没有界限。没有质的规定标准，也就无所谓量上的“最优”“最佳”。对于运动训练系统也是一样的，离开了定性分析，数量分析方法就只能是一些空洞无物的公式，什么也不能说明。

2. 必须坚持从本国实际情况出发，大胆地引进和吸收国外先进而适用的管理技术

目前我们所说的数量分析方法，大部分产生于西方，并在资本主义国家广泛运用。为此，我们在大胆引进和吸收某些管理技术时，一方面要注意其完整性和系统性；另一方面也要注意我国实际的环境和条件，不能盲目引进。应该看到，目前我国生产力水平还不高，经济管理水平和广大管理干部的文化素质从总体上说也还有一定的差距。在这种情况下，我们一方面要积极提倡引进和推广一些先进的管理方法和管理技术，以加速我国管理现代化的步伐；另一方面也要实事求是，允许有一个由简单到复杂、由局部到整体的逐步学习和推广的过程。总的说，我们的目标应当是，在大胆引进国外先进管理经验和管理技术的基础上，结合我国的国情、国力，努力创建适合于我国实际的数量分析方法和技术。

3. 应当坚持各种数量分析方法的配套应用，发挥其综合功能

推广和应用数量分析方法，一般是由单项开始的。某些管理部门或企业根据外部环境和内部的实际条件，开始总是为了解决一方面的管理问题，选择一种或几种数量分析方法加以应用。但是我们也应看到，在众多的数量分析方法

中，有些是多功能的，有些只是单功能的，而作为每个管理部门或企业来说，其管理工作和管理内容都具有系统性和综合性的特点。在这种情况下，如果只是单项、孤立地应用一种或几种数量分析方法，虽然也能收到一些成效，但也有很大的片面性和局限性。为此，为了适应运动训练管理系统化和整体化的要求，从长远的和高水平的观点来说，应当使各种数量分析方法配套使用，发挥其综合功能，只有这样才能取得整体优化的效益。

三、信息系统管理方法

21 世纪是信息的时代，以多媒体计算机技术和网络通信技术为主要标志的信息技术，作为现代科技革命的基础和核心，已经渗透到社会的各个领域，对当代社会的各个方面都产生着重大的影响，影响和改变了我们的工作方式、学习方式和生活方式乃至思维方式，从而将会大大促进人类社会的发展和进步。

管理信息系统（Management Information System，简称 MIS）是从 20 世纪 60 年代发展起来的。这个概念体系于 20 世纪 70 年代末 80 年代初期进入我国，在国内对 MIS 系统比较一致的看法是：它是一个由人和计算机等组成能进行信息收集、传递、存储、加工、维护和使用的系统。管理信息系统能从全局出发，辅助组织或其他机构进行决策，利用信息，控制机构的行为，并帮助实现其规划目标。它通常有以下一些特征与作用：

1. 以解决组织所面临的问题为目标

管理信息系统指定目标是组织面临的现实问题。它直接以解决该问题为目标，对组织方方面面的信息集中存储、处理、分析作出决策。

2. 以数据库和数据处理技术为基础

管理信息系统主要采用现代化的数据存储理念，对数据进行优化整合，方便各个部门访问所需要的数据，同时采用一定的数学方法进行分析处理数据，获取有用信息；准备和提供同一格式的信息，使各种统计工作简化，从而使信息成本最低；全面地保存大量信息，并能很快地查询和统计综合，为组织的决策提供信息支持；利用数学方法和各种模型处理信息，以期预测未来和科学地进行决策。

3. 大大减轻组织管理人员的工作强度，节省人力和物力

在手工条件下，组织人员需要进行的分类、登记和计算工作，在实现信息化后，只要将原始记录输入计算机，后续的计算、分类、存储等工作，都可以由计算机自动完成。不仅大量的重复计算由计算机完成，而且输入数据后所有的数据处理也可由计算机系统完成，可以避免人工方式许多中间的处理环节，工作人员的工作强度就大大减轻。

4. 提高组织管理的工作效率

计算机进行数据的处理，其速度是人工方式的数量级倍数，将使组织经营信息的提供更加及时。组织单位内部网络的建立，使部门之间的工作衔接更加紧密，大大加快了业务办理速度。

现代科技的飞速发展促进了竞技运动的提高，也使运动训练跨入了崭新的科学时代。运动训练信息管理系统作为一种重要的现代训练辅助手段，在运动训练的科学化和提高训练水平方面，正在发挥着越来越大的作用。以前的一些传统训练思想和训练方法已跟不上时代发展的步伐，迫切地需要现代科学技术的支持。

在高水平的训练过程中，对运动员的训练要求有高度的针对性、精确的定量化、合理的训练节奏和大的负荷。科学的训练计划如同工程项目中施工的蓝图，是对运动员未来训练活动做出的预先理论设计，它表达了训练过程中繁多的训练信息内在的相互联系和变化的规律，是运动员从现实状态向目标状态进行状态转移的科学依据。制定科学的训练计划是教练员实现训练目标的最基本、最重要的工作，是达到训练目标的保证。科学的训练计划能够保证训练卓有成效，较快地提高运动成绩。

运用运动训练信息管理系统进行训练计划的分析、制定和管理，可以对运动员竞技能力的现实状态、竞技潜力进行科学的分析计算，较准确地比较其训练状态并作出科学的预测。同时，该训练系统完整规范地保存训练过程中的文字、数据、图像信息，不仅可以大大提高教练员的工作效率，快速、准确地分析统计出训练中各种数据，还可以帮助教练员避免训练中的盲目性和随意性，为各个训练阶段提供确定适宜的训练量和负荷强度，帮助教练员制定科学的决策。

【思考题】

1. 运动训练管理的基本原理有哪些？它们的含义是什么？

2. 运动训练管理的基本方法各有哪些特点和作用？请举例说明。

3. 请结合身边发生的运动训练管理活动的实例，用现代管理方法进行分析和讨论。

【参考文献】

[1] 周三多，等. 管理学——原理与方法［M］. 第4版. 上海：复旦大学出版社，2003：123–135.

[2] 孙汉超，等. 运动训练管理学［M］. 北京：人民体育出版社，1995：42–44.

[3] 全国体育院校教材委员会 体育院校通用教材 体育管理学［M］. 北京：人民体育出版社，1996：32.

[4] 孙汉超，秦椿林. 体育院校专业教材 实用体育管理学［M］. 北京：人民体育出版社，2003：97–98.

[5] 斯蒂芬.P.罗宾斯. 管理学［M］. 黄卫伟，孙建敏，王凤彬，等，译. 第4版. 北京：中国人民大学出版社，1996：227–247.

[6] 同［2］：45–48.

[7] 体育学院通用教材. 运动训练学［M］. 北京：人民体育出版社，1990：92–98.

[8] 张世林. 体育测量评价理论与方法［M］. 北京：中国社会科学出版社，2001：8–20.

[9] 谭跃进. 定量分析方法［M］. 北京：中国人民大学出版社，2002：11–25.

[10] 蔡文，杨春燕，林伟初. 可拓工程方法［M］. 北京：科学出版社，1997：12–24.

[11] 李益群，谢亚龙. 体育博弈论［M］. 北京：北京体育大学出版社，2002：11–19.

第二章
运动训练管理体制与机制创新

【学习目标】

- 学习和了解现代竞技运动的特征、含义与作用
- 深刻理解和掌握运动训练体制的概念、类型及衡量训练体制优劣的标准
- 了解当前我国运动训练管理体制的改革及趋势
- 认识管理机制创新对于训练体制改革和竞技体育可持续发展的意义

第一节　现代竞技运动

体育是人类社会的一种文化活动，竞技运动则是体育中重要组成部分。现代竞技运动是以古奥林匹克竞技和英国户外竞技为基础，并伴随着现代社会的发展而形成的。在一百多年的发展历程中，现代竞技逐渐形成了以现代奥运会为主要代表形式，以各民族传统竞技项目为重要补充内容的一种全球化的、特殊的文化形态。它在人类的发展历史中起着不可或缺的作用，是推动现代人类社会进步的一个重要形式。在当今社会中，许多国家都把竞技运动的发展放在一个极其重要的位置，竞技运动已融合了政治、经济、文化、外交等多种功能，同时也融入到现代人的生活当中。

一、现代竞技运动述评

（一）竞技运动的含义

竞技运动是以运动竞赛为载体，通过运动训练来创造优异成绩，并在比赛中以获得优胜为目的的活动。竞技运动作为人类社会的一种现象，是社会发展的历史产物，因而在社会发展的不同阶段有其不同的特点。

现代竞技运动是指按照一定规则，最大限度地挖掘和发挥人体运动能力，以创造优异运动成绩、战胜对手，从而显示个人和团体在体育运动方面的实力为目的的人体运动。[1]

现代竞技运动的构成，主要包含了运动员选材、运动训练、运动竞赛和竞技运动管理等方面。运动员选材是竞技运动的初始环节，即选择具有符合某项目要求并具有良好运动天赋和竞技潜力的青少年来从事该项目的训练；运动训练是为提高运动员的竞技能力和运动成绩，在教练员指导下进行的专门的活动，即创造优异运动成绩的准备过程；运动竞赛是按统一规则要求，在比赛组织方和裁判员主持下进行的竞技较量活动，运动员通过这一活动将训练成果表现出来；竞技运动管理则是由专门机构对上述三方面实施的组织、协调与控制活动，其目的是使运动训练达到最理想的效果。

（二）现代竞技运动的特征

现代竞技运动具有以下特征：[2]

1. 激烈的竞争性

竞技运动就是胜负的争夺，激烈的竞争性是竞技运动最本质的特点之一，也是竞技运动与其他体育活动的最大区别。激烈的竞争性既是竞技运动发展的本质要求，也是竞技运动发展的必然。在竞技运动中，参与者总是力图能最大限度地发挥出自己的智力和体能去战胜对手，而战胜对手的强烈欲望使得竞技运动中的竞争体现得尤为激烈。激烈的竞争增加了比赛胜负的不确定性，同时观赏性增强，使得竞技运动更具魅力。

2. 高度的公平性

竞技运动中的竞争是在高度公平、公开和透明的条件下进行的。竞技比赛过程必须合情合理，规则和裁判也不偏袒任何一方。没有公平竞争，比赛便无法正常进行，比赛结果也会不真实。因此，为保证能在公平、公正的环境和条件下进行比赛，竞技运动的组织者需要对比赛项目、时间、地点、场地器材、参与者的资格以及竞赛组织和参与者的行为规范等都作出相应的规定，并在比赛中严格执行，以保证竞技运动及比赛的公正性和公平性。

3. 严格的规则性

规则是竞技运动，特别是竞赛中不可缺少的组成部分。在竞技运动中，各运动项目都制定了各自的竞赛规则，约束和规范了参与者在比赛中的行为，并要求参与者共同遵守。由于竞技比赛是由若干运动员所组成的群体行为，如果参与者无视各运动项目的比赛规则，比赛将无法进行。实际上，不仅比赛必须严格按照相关规则进行，运动员平时也必须根据规则的要求有针对性地进行训练。

4. 高度的技艺性

现代竞技运动的发展要求运动员必须具有高度的技巧与完美的技术，否则在比赛中就难以获得胜利。现代竞技运动中的各项技术日臻完善，技术动作表现出新和难的同时，也日益向艺术性和观赏性方向发展。现代竞技运动的观赏价值越来越高，因而也越来越多地受到广大群众的喜爱。高度的技艺性既是竞技运动本身发展的要求，也是其赖以存在的社会基础。由于竞技运动本身就是从各种娱乐活动发展演变而来的，因此，各运动项目在不断提高技术水平，在比赛中争取获胜时，也要尽量满足观众审美、享受、娱乐等观赏需求。

5. 广泛的国际性

竞技运动是人类共同的文化形式，其科学知识以及运动技术作为一种文化是人类的共同财富，因而是没有国界的。从某种意义上讲，现代竞技运动已成为人类无声的语言，人类通过竞技比赛进行交流，加强了解，增进友谊，从而有利于整个世界的和平与发展。此外，竞技运动的国际性还表现在，凡国际赛事，无论在什么地方举办，其运作都应与国际接轨，并按一致的要求组织与实施。

（三）现代竞技运动的作用

现代竞技作为人类一种特殊的文化形态，在百余年的发展过程中对社会的和谐发展起到了重要的作用。具体表现为：

1. 人类健康全面的发展应当是现代竞技运动所追求的目标

现代竞技运动在一定程度上是对人类生存的运动本能、好奇心、创造性和欲望等人性外在的反映，并通过“竞争”的方式表现出来。当人类在运动本能、攻击性等行为外化到竞技体育活动当中时，就注入了公平、民主、开放、平等等具有后天目的性的行为准则，而这种行为准则的注入，实质上就是在规范和促进着人类全面、和谐的发展。

2. 现代竞技体现了科学精神和人文精神的统一

现代竞技将运动、文化、教育融为一体，崇尚奋斗，推崇榜样作用，尊重并弘扬得到社会承认的伦理和道德。现代竞技始终都突出地体现出求真、求实的科学精神和人道、理解、友谊和团结的人文精神。

3. 现代竞技促进了人类社会的和谐发展

竞争是现代竞技的灵魂，同时它也是现代社会发展的一个重要的内在驱动力。激烈的竞争性督促着每一个参与者要不断地去创新和变革。正是这种激烈的、公平的竞争，塑造了现代社会发展所需要的人才的素质。

4. 人道主义是现代竞技的最高原则

现代竞技运动的人道主义内涵为人类社会的发展创造了良好的人文环境，因为现代竞技中“和平、友谊、自由、民主”等行为品质都是对人道主义在现代社会背景下的具体的解释和反映。

5. 现代竞技优化民族心理，振奋民族精神

一方面，现代竞技要求人们要不断地去挑战、去超越。它是一种对人的意志品质的磨炼，对人的不屈不挠、敢于拼搏、勇于挑战、团结协作等人格精神进行培养和塑造的良好手段。而这种自强不息的人格精神又是一个民族在走向现代化、实现伟大的民族复兴过程中需要着重张扬与塑造的。这种效用会强有力地感染整个社会，从而对社会心理起到巨大的净化作用，对民众激情有极大的激励作用。另一方面，现代竞技运动在国际化发展后，逐渐成为一个国家、一个民族甚至一个地区胜负荣辱感受的释放源，并成为振奋民族精神的一个直接动力。

6. 现代竞技运动加速了社会的现代化进程

现代竞技运动以它具有能够把全世界所有不同国籍、种族、肤色、信仰的人们轻而易举地聚集到一起的魔力，成为商品经济追逐的目标。在其影响和支持下，现代竞技运动逐渐形成了一个庞大的文化和经济实体。现代竞技运动成为一项拉动一个国家国民经济增长的产业，在某些国家甚至成为支柱性的产业。竞技产业成为任何一个国家市场经济中不可缺少的组成部分，加速了一个国家高科技的发展和都市化进程。[3]

然而，按照辩证唯物主义的观点，对任何事物都应该做一分为二的分析，对现代竞技运动也不例外。实际上，在竞技运动发展过程中也出现了不少问题，产生了一定的负面作用，如兴奋剂问题、金钱至上问题、球场内外暴力问题、假球黑哨问题，以及运动员职业素养不高问题，等等，这些问题的出现给现代竞技运动抹了黑，同时也在一定程度上引发了社会公众的不满，给竞技运动正常顺利发展造成了不利的影响。正因为如此，加强对这一领域管理的必要性就体现出来。

二、我国竞技运动发展现状

我国竞技运动的发展主要是在20世纪50年代，到了上世纪末与本世纪初其发展速度明显加快。1959年3月，乒乓球运动员容国团在德国举行的第25届世界乒乓球锦标赛中获得中国体育史上的第一个世界冠军。此后的中国竞技体育硕果累累。自新中国成立以来，截至2006年12月底，我国运动员获得世界冠军数已达2040个，创超世界纪录达1165次。

2004年，中国运动员在奥运会、世界锦标赛、世界杯赛上，共在27个项目中获得106个世界冠军，其中在17个奥运会项目中获得53个冠军。特别是在第28届奥运会上，中国体育代表团共获得32枚金牌、17枚银牌、14枚铜牌，奖牌总数63枚，在金牌榜上排名第二。2005年我国运动员在世界锦标赛、世界杯赛的22个项目中获得106个世界冠军，全年共有8人2队21次创15项世界纪录。

2006年，中国运动员除在多哈亚运会获得164枚金牌外，还在冬季奥运会、世界锦标赛、世界杯总决赛等大赛共24个大项中获得141个世界冠军，它们分别是：游泳18个（跳水13个、短池游泳5个）、射箭1个、羽毛球9个、击剑2个、体操13个（体操12个、蹦床1个）、赛艇3个、帆船3个、射击19个、乒乓球4个、网球1个、举重20个、摔跤2个、滑冰5个（花样滑冰1个、短道速滑3个、速度滑冰1个）、滑雪1个（自由式滑雪1个）、潜水12个（蹼泳12个）、健美操2个、地掷球3个、跳伞1个、航空模型1个（线操纵1个）、航海模型7个（仿真3个、动力艇4个）、围棋1个、国际象棋1个、桥牌1个、武术11个（散打11个）。其中有14个大项获得57个奥运会项目世界冠军，占冠军总数的40%，它们分别是游泳8个（跳水8个）、射箭1个、羽毛球7个、击剑1个、体操12个、赛艇2个、帆船1个、射击6个、乒乓球4个、网球1个、举重7个、摔跤1个、滑冰5个（花样滑冰1个、短道速滑3个、速度滑冰1个）、滑雪1个（自由式滑雪1个）。

2006年共有11人3队25次创21项世界纪录，其中有5人1队8次创6项奥运会项目世界纪录。创世界纪录的项目分别是：田径1人1次创1项（奥运会项目、男子）世界纪录；举重4人11次创9项（其中3人5次3项奥运会项目，女子）世界纪录；射击1人1队2次创2项（奥运会项目1人1次1项，女子）世界纪录；射箭1队1次创1项（奥运会项目，男子）世界纪录；

蹼泳 4 人 1 队 9 次创 7 项（非奥项，女子）世界纪录；航海模型 1 人 1 次创 1 项（非奥项，男子）世界纪录。

此外，全国体育大会是近年来中国竞技体育体制的一项重大改革。2000 年 5 月在浙江省宁波市举行的第一届全国体育大会，是我国首次举办的与全运会相对应的非奥运项目大型综合性运动会，以此作为改革的一个突破口，探索社会承办全国综合性运动会的新模式。第一届全国体育大会共设 17 个项目，分别为：台球、高尔夫球、保龄球、门球、蹼泳、航海模型、航空模型、摩托艇、体育舞蹈、健美操、健美、技巧、中国式摔跤、围棋、中国象棋、国际象棋、桥牌。既体现竞技性、广泛性，又注重其观赏性与娱乐性。

在成功举办了两届之后，从 2002 年开始，全国体育大会每四年举行一次。全国体育大会的推行，其目的在于满足广大群众对体育运动多样化的需求，推动非奥体育项目的普及和提高，促进竞技体育和群众体育的协调发展，并尽快与世界体育大会接轨。而 2008 年奥运会在北京的举办，则标志着中国竞技运动的发展将达到前所未有的高峰。

虽然我国竞技体育在 2000 年悉尼奥运会上取得了历史性突破，但在总体实力上与以美国、俄罗斯为首的第一集团仍有较大差距，基本处于世界竞技体坛第二集团前列水平。在项目结构及布局上存在基础项目薄弱，优势项目不多，篮球、足球、排球等球类集体项目水平不高，后备力量不足；运动员、教练员队伍综合素质和整体水平有待提高；传统的、经验式的训练方法和手段依然占主导地位，科技与训练结合不够，科技投入和科研队伍亟待加强；竞技体育的项目管理、竞赛管理、经费投入、社会保障等关系还需要进一步理顺与加强。

应当指出的是，在我国竞技运动取得了巨大成就时，不应忽视现行体育管理体制中的问题，特别是体制改革滞后于社会发展的问题与矛盾。在巨大的“金牌任务”压力下，各级政府体育行政部门的任务就变成了整合各种社会资源来确保金牌战略的实现，而在全民体育、全民健身方面的政府主导性不强、投入不足，对运动训练方面投入和产出之比，也在相当程度上被忽略。由于对取得金牌数量的要求越来越高，国家和地方财政压力也随之增加，同时各种利益矛盾与冲突也显现出来，无疑又增加了管理难度。而这些问题的解决，必须依赖于管理体制的改革和机制的创新。

第二节　运动训练管理体制

运动训练管理体制是竞技运动发展的产物，也是对其进行管理的基本结构与组织形式。对竞技运动实行科学管理，完善运动训练的管理职能和管理体系，是竞技运动发展的前提条件。

一、运动训练管理体制的概念

运动训练管理体制是为实现运动训练的目标，不断提高运动训练效率而建立的组织机构设置以及相应的职能权限和管理制度的总称。

运动训练管理体制一般包含以下方面：

其一，运动训练的目标以及为实现这一目标而组成的机构、组织和这些组织机构的管理职能与权限范围；

其二，运动队的组成和运动员选拔、培养、输送的层次结构以及各层次结构之间的相互关系；

其三，与运动训练有关的其他人员，如管理人员、教练员、科研人员、医务人员、后勤工作人员等的构成；

其四，为保证运动训练顺利进行所必备的物质条件与经费管理；

其五，相应的规章制度和各项管理措施等。

由此可以看出，所谓运动训练管理体制，就是一个国家对运动员的选拔、培养、输送，以及为保证运动训练系统正常运行所建立的组织机构体系、管理权限范围划分、相关人员的配备和所制定的各项制度的总和。

运动训练管理旨在遵循运动训练的客观规律，紧密围绕运动训练全过程，不断改进运动训练的组织方法和工作方法，为提高运动训练水平服务。运动训练管理体制的建立、健全与否以及科学化程度如何，对运动训练的效果有着直接的影响。[4]

二、运动训练管理体制的类型

对运动训练实行科学的管理，需要建立符合国情的运动训练管理体制。由

于各国政治体制不同，因而不同的国家根据自身的情况和特点建立了不同的运动训练管理体制。归纳起来可作如下分类：[5]

（一）按层次结构划分

运动训练管理体制一般包含了彼此紧密联系的若干层次，并由这些不同层次的衔接形成完整的运动训练结构。如美国的运动训练管理体制就是由中学生代表队、大学生代表队和国家集训队三个层次构成。苏联的运动训练管理体制包括了以少年儿童体育学校、奥林匹克后备力量专项少年体校和运动寄宿学校三种体育运动学校为初级形式，高级运动技术学校和奥林匹克专项训练中心为中级形式，国家代表队为高级形式的三层次体系。此外，日本、德国等国家的运动训练管理体制则相应地划分为四级。

（二）按训练性质划分

按运动训练性质，可将运动训练管理体制划分为以下四种基本类型：

1. 以专业为主的训练管理体制

实行这种运动训练管理体制的国家，运动员由政府相关部门负责培养，其训练经费、训练场地设施等均由国家所提供。运动员从事专业训练后的主要任务就是提高运动技术水平，教练员也多由国家统一安排。这种训练体制能最大限度地整合资源，因而可较快地培养出高水平的运动员，后备运动人才的输送率较高。但是，这种体制需要国家投入较多的资金和组织较为庞大的管理队伍。此外，由于运动员从小把时间和精力过多地投入在运动项目的训练上，文化学习方面不能同步进行，影响运动员的全面发展，也不利于运动员退役后顺利地进入社会。

2. 以业余为主的训练管理体制

实行这种运动训练管理体制的国家，其训练经费主要由个人或家庭支付，训练所需要的场地设施部分来源于政府，部分来源于社会。在训练过程中，教练员一般是由俱乐部或学校聘请并提供相应的费用，但运动员要自己支付训练所需的费用。在这种体制中，参与者的文化教育和学业等能得到保障，因而有利于运动员的全面成长，同时国家政府也无须较大的经费投入。如美国和西欧一些国家在运动员训练的初期和中期阶段基本实行这种体制。

3. 以职业为主的训练管理体制

职业运动员的出现既是高水平竞技运动的要求，也是市场经济发展和社会分工不断完善的产物。职业运动员的训练管理体制，实质上是按照市场经济发展规律和高水平竞技运动发展的需要来经营体育，并具有企业管理的性质，即通过市场运作使竞技运动所创造出的价值得以充分体现。目前实行这种体制的主要是一些具有广泛群众基础、观赏性较强、市场前景好和经济效益比较明显的运动项目。

4. 综合型的训练管理体制

实行综合型运动训练管理体制，是由运动学校聘请教练，国家政府提供场地和训练所需经费。这种训练管理体制在科研与训练的结合上做得比较好，运动员的文化学习也基本上能得到保障，从而既有利于提高运动训练水平和运动成绩，也有利于运动员的全面发展。

三、衡量运动训练管理体制优劣的标准

运动训练管理体制是否完善与科学，是否符合该国的国情，这直接影响到这个国家优秀运动员的不断涌现和运动技术水平的高低。如何衡量一个国家的运动训练管理体制，即对不同训练管理体制如何进行评价，是难以找到某种绝对衡量标准的。但是，从运动训练的规律和管理的基本要求出发，分析运动训练管理的成效，特别是对其经济效益和社会效益方面进行评判，主要应包含以下内容：[6]

（一）能否为出人才和出成绩提供有效保证

竞技运动的目的就是为了提高运动员的运动技术水平，并在比赛中取得优异成绩。因此，对运动训练管理体制优劣进行衡量的一个重要标准就是看其是否能不断地培养出高水平运动员，为运动训练出人才、出成绩提供保证。具体体现在：训练管理体制能否保证各层级训练形式运动人才的衔接，使输送渠道畅通，后备力量源源不断地涌现；能否与运动竞赛管理体制以及其他部门协调配合，促进运动技术水平的快速提高；能否降低投入成本，提高产出比例，使运动训练的效益显著；是否具有明确与合理的管理职责和权

限划分，做到责权分明，使管理收到良好的效果；能否为出人才、出成绩奠定雄厚与坚实的基础，使高水平运动员人才辈出。总之，能否为优秀运动人才的选拔、培养和创造优异成绩提供可靠保证，是衡量运动训练管理体制优劣的集中体现。

（二）能否提高运动训练的科学化程度

科学训练是现代竞技运动中运动员出成绩的保障条件之一，是提高运动技术水平的推动力，因为现代竞技运动的竞争在很大程度上是科技的竞争和科学技术水平高低的体现。衡量运动训练管理水平，还要看其是否有助于提高训练工作的科学化、现代化水平。如果一种运动训练管理体制能为训练工作提供先进的条件，能促进现代科学技术运用于运动训练之中，则该体制是可取的。

（三）能否提高运动员的社会化程度

现代竞技运动要的是将运动员培养成为合格的、对社会有用的人。因此，在训练过程中必须施加全面而有益的影响，使其在不断提高技术水平和运动成绩的同时，在德、智、体各方面都能得到全面发展，成为既有高超运动技术水平，又有适合社会所需的文化知识和道德素养的人才。运动训练管理体制必须为运动员今后的社会生活与自身发展提供基本条件，即训练与文化知识学习同步进行。这既是社会的需要，也是人的全面发展和适应社会的需要。

（四）是否具有较强的社会兼容性

竞技运动存在于社会之中，运动训练是整个社会文化生活的组成部分，也是社会精神文明建设的重要内容之一。因此，运动训练管理体制不可将自身孤立或封闭起来，而是必须与社会这一大系统有机结合。一方面，运动训练管理体制应当与教育、劳动人事等制度相容；另一方面，这一体制不得排斥来自社会各方的参与和协助。此外，该体制下所培养出的竞技运动人才也要对社会负责，在社会中具有良好的示范作用，这样才能有说服力。

四、我国运动训练管理体系结构

我国运动管理体制是近几十年来积累而形成的，是以专业型为主干，在

“思想一盘棋、组织一条龙、训练一贯制”的指导思想下所建立的三级训练管理体制。

从管理形式上看，我国的竞技运动由国务院下属的国家体育总局统一领导与管理，经费来源主要由国家政府财政拨款，属于集中型的管理体制。从政府机构看，各级各地体育局通过专门设立的运动训练管理部门分管运动队和运动员的训练。从运动人才培养的层次上看，分高级运动训练管理形式、中级运动训练管理形式和初级运动训练管理形式三级相互链接的结构（参见图 1–2）。

高级形式主要是指国家集训队和各省（市、区）、解放军、各行业体协优秀运动队以及部分高水平俱乐部队等；中级形式主要是指省（市、区）体育运动学校、体育院校附属竞技体校和各类青少年业余体校等；初级形式包括全国各地的体育传统项目学校和中小学运动队。

各运动训练层次又有各自的任务。高级训练层作为我国竞技运动的一线队伍，承担着培养优秀运动员参加国际重大比赛，取得优异成绩为国争光的任务；中级训练层作为二线队伍，主要任务是培养和输送优秀运动后备力量和为社会培养体育专业人才；初级训练层的主要任务是进行课余训练，给具有运动才能的青少年打好各方面的基础，同时将他们推荐给上一级运动训练单位。

上述训练管理形式的主要优点表现在：其一，便于体现国家意志，政府相关部门可将人、财、物力集中，保证重点投入，为运动训练提供优越的条件；其二，由于该体制层次分明、层层衔接，故可保证运动员不断提高技术水平并在比赛中出成绩；其三，该体制有较强的激励作用，能激发运动员的进取心。

近年来，我国在运动训练管理体制改革方面也做了一些工作，如开始推行“人才链”的训练管理模式。“人才链”共分为 4 级：A 级（国家队）、B 级（省市区队）、C 级（地市州队）、D 级（基层队）。各级之间分别以国家青年队、省市青年队、地市试训队三个环节衔接（图 2–1）。[7]

从运动训练的性质上看，目前我国已基本形成了业余训练体系、专业训练体系和职业训练体系三大板块。业余体制主要是参与者利用学习或工作之余的时间参加某运动项目的训练，从管理角度上讲，这一体制的管理较为松散；专业体制是指为创造优异竞技运动成绩，组织运动员在良好的条件下进行专门严格训练的一种管理方式；职业体制的组织基础是运动项目的职业俱

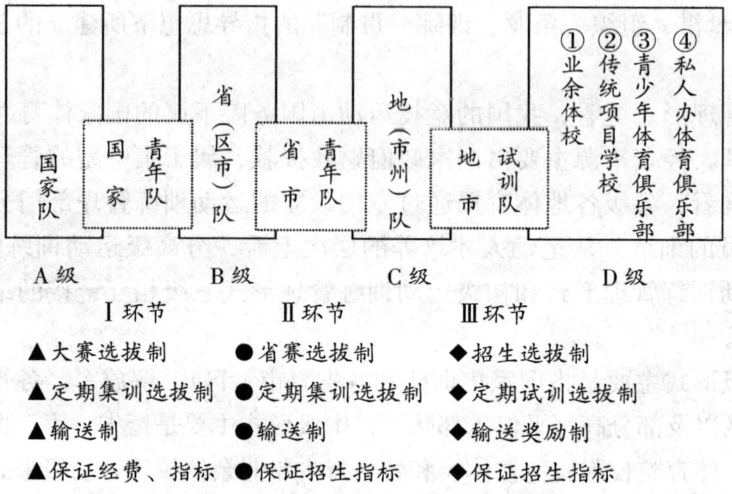

图 2–1　运动项目人才培养“人才链”模式图（转引自孙汉超，2005）

乐部和职业联盟，这是一种借鉴企业组织管理形式而组建起来的组织形式，它是一种既能提高技术水平又可获得较丰厚经济利益的体制形式。

然而，我国运动训练管理体制无论传统“三级体制”还是现行“人才链”四级体制的试行，仍然是一种以政府行政为主体的管理体制。虽然具有一定的特点和优势，但也存在着不少问题，如过多依赖政府投入，对国家财政的压力较大，而社会力量未能充分利用；运动员把较多的时间投入到运动训练上，而文化学习得不到保障，影响到运动员的全面发展，甚至影响其终身；由于机制不灵活，该体制不能与市场经济较好地融合，其发展缺乏动力与活力；管理形式、管理方式和管理手段僵化，难以真正适应社会发展的要求等。为此，训练体制改革和机制创新势在必行。

五、我国运动训练管理体制的改革及趋势

为使运动训练管理体制能更好地适应我国社会经济发展、体制改革以及体育事业发展的需要，促进竞技运动的产业化与社会化发展，进一步提高运动技术水平，实施“奥运争光计划”，就必须坚定、认真、慎重、稳妥地对现行运动训练管理体制加以改革。根据竞技体育发展规律与我国目前的实际，借鉴其他国家的有关经验，目前我国运动训练管理体制已经进行的改革和呈现出的主要趋势如下：[8]

（一）在训练管理体制上，部分运动项目实现了由政府部门管理向政府与社会相结合管理的转变。目前已建立了若干运动项目管理与协会管理相结合的训练管理中心，但最终应向运动项目自主协会转变，此时政府相关部门主要履行监管职能。

（二）在国家队的管理上，按照“稳住一头、放开一片”的原则，由过去高度集中向集中与分散相结合转变，建立组建国家队的多种模式和多强对抗的竞争机制。目前职业俱乐部和各项目联赛制的建立是对这一改革的较好探索，目的还是要使这一机制更加完善。

（三）在项目管理上，管理范围由过去战线长、力量分散向突出重点、分类管理转变。在管理形式上，改变过去单一的管理模式，建立和完善社会管理体系，实施管理主体多元化，充分发挥各项目协会的作用。

（四）在项目布局上，由过去片面追求“大而全、小而全”向统一规划、集中力量、重点发展优势和传统项目转变。要发挥各地方的民族特色与项目优势，全国优势项目和地方优势项目结合，形成结构合理的项目布局。

（五）在训练体制上，由过去单一的以“三级训练网”为标志的“一条龙”训练体制向多元训练体制转化，特点是打破运动训练的政府垄断，发挥社会培训的作用，拓宽人才培养输送渠道，使各项目后备队伍向横向发展，向纵向延伸。

（六）在经费投入上，要与市场经济发展的需要考虑训练资金的投放。除加大社会对项目人才培训的力度外，政府部门所属的运动员训练也应由过去训练经费国家全包向有偿训练转变，因项、因地制宜，推行运动训练收费或部分收费的新办法。

（七）在人才管理上，由过去地区所有、流动僵化，向打破人才地区所有、合理开发、合理流动转化，充分发挥竞技人才的效益。为此，政府部门应开放竞技人才流动的大门，并建立和完备运动员经纪人制度和中介组织，使优秀竞技人才能合理流动。

在上述改革方面，运动训练管理体制的创新与相关政府部门职能的转变最为重要，因为只有当管理体制创新和政府职能转变得以实现后，其他方面的改革才能有效推进。实际上，在市场经济条件下，多数竞技产品可以转化为商品，而对商品的运作则必须按市场规律办，管理体制改革的目的就是要使其符合市场规律的基本要求。

第三节　训练管理机制创新

随着人类社会的进步，竞技运动也在不断地发展和演变，作为一项社会活动，其管理理念和方法也应与时俱进，即竞技运动管理要紧跟时代的发展，这就需要对原有管理体制和运行机制进行改革和创新，使之符合时代发展的要求。

我国目前的体育管理体制改革的当务之急是根据我国建设市场经济体制和社会主义民主政治以及和谐社会的总体目标，对体育行政管理部门的政府职能进行重新定位，真正实现由“办体育”到“管体育”的转变。政府体育行政部门应集中精力搞好服务公众和宏观管理的本职，市场机制内能够解决的问题体育行政部门应尽量不去干预。只有政府的职能实现精简高效，充分发挥市场机制的作用，竞技运动的参与者才能在社会中找到合适的位置，才能够分清各方的权益边界，才能依法维护各方的权益。

一、管理创新的意义与含义

随着政府职能和机构改革逐步深入，使我国社会迅速从以强调集体权威为特征的义务本位社会向以强调公民自决为特征的权利本位社会转化。竞技运动的发展和运动员的培养也无法脱离这样的社会大背景。如果国家体育行政部门也能从直接培养竞技体育人才的事务中脱身，实施宏观管理，鼓励和资助各种社会组织培养竞技体育人才，从他们培养的人才中以购买竞技体育产品的形式代表国家参加各种国际大赛，并对各种体育组织和协会的违法、违规行为进行监督与查处（即实行管办分离），那么目前存在着的许多矛盾可能会趋于缓解。由此，竞技运动管理体制改革和机制创新的意义就显得尤为突出。

党的十六届四中全会《中共中央关于加强党的执政能力建设的决定》中指出，“要牢牢把握先进文化的前进方向，坚持为人民服务、为社会主义服务的方向和百花齐放、百家争鸣的方针，贴近实际、贴近生活、贴近群众，创新内容、创新形式、创新手段，努力铸造中华文化的新辉煌，为激励人民奋勇前进提供强大的精神动力和智力支持。”包括竞技运动在内的体育作为文化的一部分，改革开放二十多年来，在我国经济社会不断发展的同时也取得了显著成就。尽管竞技运动赖以生存和发展的经济基础、体制环境、社会条件发生了深刻变化，但制约我国竞技运动发展的深层次矛盾依然存在，主要表现为：一是计划经济时代遗留下来的体育管理体制和运行机制影响较深；二是政府职能的越位和缺位导致政事不分、事企不分、管办不分，既造成政府不堪重负，又使社会参与的积极性得不到充分发挥；三是对公益性体育事业和经营性体育产业缺乏分类管理和指导，造成大量社会资源处于闲置和浪费状态；四是结构不合理，体育事业部分偏大，体育产业部分偏小；五是体育市场体系尚不健全，公平竞争的市场环境和规范的市场秩序尚未建立起来。因此，要从思想观念、体制改革等方面入手，努力构建运动训练创新体系。

所谓管理创新，就是在科学理论的指导下，对传统的管理制度进行根本性的变革，并重新选择和构建新的管理方法和制度。管理创新是创造一种新的更有效的资源整合范式，这种范式既可以是新的有效整合资源以达到管理目标和责任的全过程式，也可以是新的具体资源整合及目标制定等方面的细节。管理体制创新是一个综合的复杂的系统工程，它既需要全社会创新价值观念的更新，也需要全社会创新能力的增强，更需要建立和完善创新保障体系。创新作为运动训练新体制建设的核心，包含着十分丰富的内涵，主要包括观念创新、结构创新、体制与机制创新、政策创新以及内容、形式、手段等方面的创新。

在现代管理中，管理者要贯彻落实科学发展观，在坚持管理的科学原理的同时，不断更新管理观念，鼓励采用富有创造性的管理方法手段，实行一种开创性管理，即创新管理（或管理创新）。就管理创新本身而言，它是由经济发展、社会进步导致事业生存与发展问题解决的需要而产生的，因而，管理创新在事业发展中有着极为重要的位置。管理创新这一概念至少应包括：

(1) 提出一种新管理思路并加以有效实施；

(2) 创设一个新的组织机构并使之有效运转；

(3) 提出一个新的管理方式方法；

(4) 设计一种新的管理模式；

(5) 进行一项制度的创新。

创新是一种理念，更是事业生存发展的内在要求。只有通过管理创新才能使管理体制和运行机制更加规范合理，实现人、财、物等资源的有效配置。无论从技术创新角度还是从制度创新角度来看，管理创新对于各项事业发展都具有极为重要的作用。

二、机制创新的方法论基础

机制创新包括创新管理机制、创新分配机制、创新发展机制、创新人才机制和创新竞争机制。在机制创新具体操作的过程中，应注意着重把握好以下四个方法论基础。

（一）逻辑和非逻辑的统一

指思维过程既要有常规的逻辑思维，也要勇于突破逻辑，即勇于创新。而创新往往是既有逻辑思维的中断，又有逻辑思维功能的展现。创新思维并不纯粹是一个理性的逻辑的过程，在这个过程中，同时渗透着非逻辑的因素。逻辑方法即形式逻辑、辩证逻辑的方法，为非逻辑方法做支撑和铺垫。非逻辑方法即直觉思维、灵感思维等，担负着攻坚克难、催生创新的重任。非逻辑方法创新成果的确证、完善和展开，还要通过逻辑方法来实现。

（二）模式和非模式的统一

任何事物一旦形成固定的模式，它的局限性就会逐渐增长。机制很大程度上体现为模式，同时机制的发育、完善也要不断地突破现有模式。因此，在机制建设的过程中，既要建立完善模式，又要适时与适度地突破模式。机制创新和完善的过程，就是不断建立、突破、超越模式的过程，就是不断实现模式与非模式统一的过程。如果一种机制，即一种模式不能伴随着历史的进程新陈代谢，或者失去吐故纳新的功能，就会丧失生机与活力，最终必将走向僵化，被历史发展所淘汰。

（三）理论和经验的统一

机制建设一定要有理论的指导，同时也要有经验的参考、借鉴。经验和理论都是智慧、心血换来的，经验和理论形成之时往往就含有新机制的元素，同时它们又是建设机制、创新机制的鲜活营养。机制建设、机制创新，既包含对经验的理性升华，也是对理论运用经验的丰富过程。理论和经验的结合与统一是机制建设、机制创新的必由途径。珍视经验但不能停留在经验上，一定要上升到理性；要注意克服经验主义，但不能轻视经验，经验和理论同样是培育机制、创新机制的宝贵温床。

（四）立意和选择的统一

建立健全机制，立意或理念一定要确定好，要力求高远和符合实际，要符合系统发展的基本方向和功能的基本要求，同时还须通过选择一系列现实的具体内容、具体方式等来实现。立意是对机制建设的理念、原则、要求、意图、观点等的确立或创发；选择是对立意行将建立的机制的构成要素，包括内容、形式、方式、途径、条件等的择取。立意是选择的前提，选择是实现立意的途径，两者相辅相成，缺一不可。立意的思路越宽，创新的实现性就越大；选择的可能性空间越大，创新的机会就越多。

此外，机制创新应注意把握的要点：一是要抓住关键。就是要紧紧抓住系统运行的关键环节来谋划、来推进。二是要把握方向。机制创新一定要符合本国国情，以党的基本路线、基本纲领、基本经验为指导，同时遵循机制建设自身的规律。三是要运用经验。注重总结并运用经验是机制建设的阶梯和便捷途径。四是要勇于创造。要坚持努力创新，大胆创造，积极探索，敢闯、敢试、敢冒险。五是要建设体系。建立健全机制体系最重要的是要抓好制度建设、素质建设和氛围建设。六是要坚持运行。机制的功能在于行为、在于行动，重在运行。

三、训练管理机制创新的途径与原则

运动训练管理创新的途径多种多样，它主要包括了管理观念的创新、管理组织的创新、管理方法的创新和管理制度的创新等几个方面。

（一）观念创新是运动训练管理创新的前提

管理观念创新是一种管理思维和管理理念的综合性创新，它对管理决策、管理执行、管理监督等一系列环节起着指导作用。要使运动训练管理适应我国经济与社会的发展需要，管理者必须解放思想、与时俱进，在管理观念上实现四个转变：

一是从“物本管理”向“人本管理”观念的转变。人力资源是现代社会发展的第一资源，人在物质财富和精神财富的创造体系中占有主体地位，管理者应当顺应时代发展的趋势，将人的因素放在管理的首位。

二是从“封闭管理”向“开放管理”观念的转变。面对市场经济的挑战，运动训练的管理者必须更新管理观念，特别是要树立开放的管理理念，变封闭式管理为开放式管理。

三是从“静态管理”向“动态管理”观念的转变。随着体育事业的发展，运动训练管理的问题会越来越多。管理者不可坐等问题堆积，而必须主动地抓住各个时机，及时发现问题和解决问题，真正实现动态的科学管理。

四是从“命令管理”向“服务管理”观念的转变。服务管理要求运动训练管理部门转变传统管理方式，树立“管理即服务”的基本理念，做到管理必须为竞技运动的全面与可持续发展提供服务。

（二）组织创新是运动训练管理创新的基础

运动训练管理组织与其他管理组织相似，也存在着职权和职责划分、管理幅度选择、管理部门设计等问题，这些都直接影响着管理者管理能力的发挥以及管理效率的高低。运动训练管理组织创新的目的就在于优化资源配置、整合机构、精简人员、提高效率，其重点是：重新界定运动训练管理系统内部各种机构的职责与权限，以平面式、网络型组织模式逐步取代金字塔式、等级型组织模式，从而为实现从垂直管理向水平管理的转变创造条件。

现行运动训练管理组织结构是以垂直控制的金字塔型为主，它容易造成组织结构分工过细，管理幅度过小，从而使组织结构层次重叠，工作效率降低，同时还容易导致部门和人员之间的隔膜，不利于调动和发挥人的积极性、主动性和创造性，更不利于全社会的参与。采用扁平型、网络型的组织结构，管理层次会大为减少，决策层和执行层之间的信息传递会更加快捷，这样能大大提高竞技运动对社会、对市场的反应速度和应变能力。

（三）方法创新是运动训练管理创新的重点

管理方法是一个由多种方法构成的方法体系，同时也是管理者行使管理职能、实现管理目标、落实管理工作的重要环节。管理方法直接联结着管理实践，必须具有科学性和可操作性。运动训练管理方法创新，就是管理者根据运动训练系统的特点，把现代网络技术、预测技术、决策技术、可行性分析技术、统计技术、多媒体计算机技术、全面质量管理技术、目标管理技术等先进管理技术成果引入训练领域，并根据实际情况加以调整和改革。

一般说来，运动训练管理方法不外乎是采用行政方法、经济方法、法律方法、思想教育方法等。为了使管理方法符合时代的要求，管理者必须对现行管理方法的特点、优点和缺点进行认真分析，并根据管理对象的性质和具体情况，对管理方法进行整合和创新，如推行全面质量管理方法、使用目标管理方法以及引进项目管理方法等。把新管理方法引入运动训练管理领域，是创新运动训练管理方法，提高管理水平的一条重要途径。

（四）制度创新是运动训练管理创新的关键

管理制度创新指的是管理者根据管理工作中出现的新情况、新问题制定出新的管理制度，从而保证管理工作有章可循、有法可依。管理制度创新主要有两种形式：一是推陈出新，对过去的规章制度进行修订和完善；二是根据新情况和新需要制定出新的管理制度。

运动训练管理制度创新的要求：一是要重新界定管理部门的职能。加快转变政府职能是深化行政管理体制改革的核心，因此，运动训练管理制度创新首先要求在加快转变相关政府管理部门职能的环节上实现新突破。二是要完善管理机构的设置制度。要综合考虑体育事业的特点，对包括行政制度、干部人事制度、运动员选拔培养制度、工资福利制度、社会保障制度、财务监督制度、后勤服务制度在内的整个管理制度系统都要作出新的制度安排，使机构设置更加科学化和高效化。三是要完善管理行为的监督制约制度。管理创新对建立一个体系完备、监管有力的监督制约制度提出了越来越高的要求，完善监督制约制度本身就是运动训练管理创新的一个重要范畴。四是要完善管理资源的优化配置制度。整合各种体育资源和社会资源，提高资源配置效率，是挖掘运动训练潜能和增强竞争力的重要一环。要通过制度创新将各种管理要素充分组织、协调、调动起来，以最低的管理成本求得最大的管理成效和最强的综合竞争实力。

机制创新必须坚持的基本原则有：

(1) 以人为本原则。要把一切可以团结的力量都团结起来，把一切可以调动的积极因素都调动起来，形成各尽其能、各得其所而又和谐相处的局面。

(2) 注重市场经济原则。要尽可能减少行政对市场的配置资源的干预，凡市场能做到的让市场去做。要创造良好的发展环境，努力培育多元的市场主体，完善优化资源配置的市场体系，充分发挥市场机制的作用。

(3) 公平、公正、公开和诚实守信的原则。建立和强化公平、公正、公开的管理秩序，要使诚实守信成为全社会共同的价值取向和行为规范。

(4) 统筹兼顾、可持续发展的原则。正确处理好经济建设和事业发展的关系，国家、集体和个人的利益关系，当前利益和长远利益的关系，局部利益和全局利益的关系，速度和质量的关系，规模和效益的关系，加快发展和夯实基础的关系等。

(5) 成本和效益相统一原则。政府是体制和机制改革的主体，要善于把成本和效益的观念引进政府管理中，一些可以市场化的、社会化的行政职能要从政府中分离出去，由中介组织承担。

【思考题】

1. 对运动训练管理体制的概念如何理解？

2. 衡量运动训练管理体制优劣的标准是什么？

3. 运动训练管理机制创新的原则有哪些？在运动训练管理实践中，你是如何理解管理机制创新的？

4. 分析我国运动训练管理体制的改革及发展趋势。

【参考文献】

[1][2] 徐本力，等. 运动训练学 [M]. 北京：人民体育出版社，1999: 12，16–18.

[3] 宋亨国，周爱光. 现代竞技运动应以人为本 [EB/OL]. http://www.sport.org.cn.2004–12–13.

[4][5] 孙汉超，秦椿林，等. 体育管理学 [M]. 北京：人民体育出版社，1999：184，185–186.

[6] 孙汉超，等. 运动训练管理学 [M]. 北京：人民体育出版社，1995: 94，106.

[7] 孙汉超. 中国竞技体育的巨大进步得益于五大管理对策 [J]. 武汉体育学院学报，2005（1）.

[8] 同[6]：107.

第三章　运动队的管理

【学习目标】

- 了解运动队管理、高水平运动队管理的含义，学习我国高水平运动队管理模式的概念与特征、各类高水平运动队管理模式的优势与不足
- 了解西方职业体育组织管理体制的历史渊源、发展现状及趋势，我国职业体育俱乐部运行机制特征，新形势下我国专业运动队管理工作的特点和对策
- 掌握现代运动训练及运动队管理中，教练员在提高运动训练质量、培养高水平运动员等方面的作用和功能

第一节 运动队管理概述

一、运动队管理

运动队是当前我国竞技体育组织系统重要的基本单位，是组织实施运动训练的基层组织形式。

《中华人民共和国国民经济和社会发展“九五”计划和2010年远景目标纲要》提出，“进一步改革体育管理体制，有条件的运动项目要推进协会制和俱乐部制，形成国家与社会共同兴办体育事业的格局，走社会化、产业化道路”。随着我国政治体制和经济体制改革的深化，竞技体育的管理体制也发生了巨大的变化。竞技体育社会化、产业化进程促使各运动训练管理体制、运行机制和竞赛制度以及经费来源有了重大的改变，因而运动队的组织建设也就呈现出多元化的格局。运动队的隶属关系由原来单一的行政区划组队，发展为以行政区划、行业协会、企业、学校、个人和家庭等多种隶属关系共存的局面。运动队的服务职能正由单一的对国家、地方利益负责向社会其他方面延伸。[1]

竞技体育的发展随着社会转型期变革所产生的变化而变化，这一变化不仅使我国竞技体育的发展遇到新的矛盾与问题，更是深刻地影响着参与运动训练管理的各种人员的思想、意识和观念，这就使运动队的管理面临许多较之以往更为复杂的困难与挑战。

运动队管理的重要目标是创造优异的运动成绩。管理工作的一切都应围绕着这一目标而进行。在科学、合理的管理体制下，遵循运动规律，不断改进组织管理工作，从而最大限度地为提高运动技术水平服务。运动队管理的主要内容包括：运动训练目标确定后训练与比赛的组织与保证工作；教练员和运动员的教育与培养；与训练活动有关的各种事务，各种人员的教育、监督和协调；运动队多种效益的获得与评价等等。

二、高水平运动队的管理

高水平运动队（High-Level Sports Team），一般系指在学习、训练、比赛等方面全面发展，在竞技体育领域内具备较普通运动员更强的学习和领悟能力、更优竞技能力，具有在各种竞赛上“争金夺银”实力，并为国家“奥运争光计划”和竞技体育可持续发展作贡献的运动队伍。在我国运动训练传统三级管理系统中，高水平运动队一般指省级集训队（包括自治区、解放军及其他行业系统运动队）和国家集训队，也称为“高层次”运动队或“优秀运动队”。它是按照国家统一布局和各地区、各单位需要设置运动项目，由国家统一拨款，积极为国家培养和输送运动人才的运动队。它们是传统“三级训练网”的高级形式，是我国竞技体育训练工作的重点，是我国攀登世界体育高峰的主力军。

高水平运动队的管理是指，为了保证运动员（队）能夺取运动最佳成绩所进行管理的全过程，包括运动专项和身体素质训练、保健恢复和医务监督、思想道德素养和作风的培养、文化科学和业务知识的学习、营养与服装和出行交通等生活管理的各个方面。[2]

按照目前运动训练管理的“多元化”格局，出现了由政府与社会各种力量共同举办的多种类型的运动队。因此，高水平运动队既包括了各政府体育部门直接主导下的专业运动队和各行业部门主导下的行业体协运动队，以及社会、企业参与或主导下的各种职业队（如足球、篮球、网球、斯诺克、拳击等），还有由部分高校建立的各项目高水平运动队以及原直属于国家体育总局的六所附属竞技体校运动队。

管理高水平运动队的最高职能机构是国家体育总局竞技体育司及相关职能部门等。国家队目前主要由各运动项目管理中心管理。省（市、区）高水平运动队则由各省（市、区）体育局的竞训处及其他有关处室等职能部门管理，具体管理工作则由有关体工队、运动技术学院、训练基地（训练中心）或运动项目管理中心负责。解放军运动队由中国人民解放军总政治部、总参谋部管理。六所体育院校附属竞技体育学校运动队，由该院校自行管理。各行业体协运动队是由各行业体协分管。部分高校高水平运动队是由教育部相关职能部门管理。

进入高水平运动队的运动员都是经过系统的业余训练，然后多方考察、反复筛选，是攀登竞技体育高峰的生力军。高水平运动队属于特殊人群，其成员由领队、教练员、运动员及其他相关人员组成。高水平运动队伍的最终目标是通过严格的管理，科学的训练，挖掘运动员的最大潜力，在各级各类比赛中创造优异成绩，为地方乃至国家争光。高水平运动队的各项工作必须服务于这个中心任务和主要目标。但这一目标，并非让运动员训练1~2年就能实现的，运动员从小就必须开始进行系统的成年累月的艰苦训练，顽强拼搏，忍耐常人无法想象的身体和意志品质的考验，才可能获得成功。此外，还需要领队、教练员以及其他工作人员的通力合作。

第二节　我国高水平运动队的管理模式

一、高水平运动队管理模式的概念

模式（pattern），是指某事物生存和发展的标准形式，或使人们可以仿照着去做的标准样式。《辞海》的解释是：模式，一般可指以作为范本、模本、变本的式样。作术语时，在不同学科有不同的含义。在社会学中，是研究自然现象或社会现象的理论图式或解释方案，同时，也是一种思想体系和思维方式。[3]《当代现代汉语新词词典》的解释是：理论的一种简化形式。即对现实事件的内在机制和事件之间关系的直观、简洁的描述，能够向人们表明事物结构或过程的主要组成部分及其相互关系。[4]

把解决某类问题的方法总结归纳到理论高度，那就是模式。Alexander给出的经典定义是：每个模式都描述了一个在我们的环境中不断出现的问题，然后描述了该问题的解决方案的核心。因此，模式是一种指导，在一个良好的指导下，有助于完成任务，有助于做出一个优良的设计方案，达到事半功倍的效果，而且会得到解决问题的最佳办法。

高水平运动队管理模式是指，各高水平运动队以提高运动员训练水平、竞赛成绩为目标，优化运动队资源配置，保证运动队各项工作顺利进行的实施范式。

管理模式是以追求效率为目标，运动队采用何种管理模式，直接关系到运动队的管理绩效。近年来，世界竞技体育的市场化、商业化和职业化发展趋势与要求，各竞技体育强国为加速本国竞技体育的发展，竞相探讨和建立适应于世界竞技体育市场改革和发展，以及竞技水平不断提高需要的运动队管理模式。

二、我国高水平运动队管理模式的分类

新中国成立以来，我国竞技体育事业取得了长足发展，并已初步形成了较具特色的管理模式。

我国的高水平运动队在管理体制上先后实行过以下三种体制：一是领队负责制（有些项目在一段时间也叫班主任负责制）；二是主（总）教练负责制〔个别项目曾实行党支部领导下的主（总）教练负责制〕；三是队委会制度。

从时间上划分，新中国成立初期至1985年前各项目高水平运动队一般都实行领队负责制；1985年至今多数高水平运动队实行的是主（总）教练负责制；2001年后一些项目开始实行队委会制度。

以上三种管理体制，均带有明显的时代特征，三种管理模式都有各自明显的特点。

（一）领队负责制

领队负责制，强调的是领队的政治领导作用，由领队全面向上级机关负责。

该模式便于建立运动队的团队文化氛围。便于运动员养成热爱祖国、献身体育；刻苦训练、顽强拼搏；热爱人民、无私奉献；团结一致、维护大局；遵纪守法、相互尊重；胜而不骄、败而不馁；文明礼貌、学习科学文化知识、刻苦钻研技术、养成良好生活习惯等道德规范。

加强优秀运动队的思想政治工作，继承和发扬优良传统，努力培育有理想、有道德、有文化、有纪律的“四有”运动员，是社会主义现代化建设的需要，是社会主义精神文明建设的需要，是社会主义体育事业持续、稳定、健康发展的需要。根据时代的需要，该模式强调运动员要树立忠诚于党和国家的体育事业，在自己的运动训练中，刻苦训练，勇攀体育高峰，为把我国建设成世界体育强国而努力拼搏的信念和理想。

得益于该模式，在运动训练中，绝大多数运动员都严格要求自己，忠诚于党和人民的体育事业，立志在自己从事的运动项目上创造优异成绩，为祖国、为人民争光而刻苦训练、在赛场上顽强拼搏。

但该模式也有其弊端与不足。首先，它容易削弱主教练的主导性作用，影响主教练业务工作的积极性。它要求领队必须把握本项目的发展方向，能与教练员和运动员共同研究本队的发展新动态，探讨项目的内在规律，寻找提高运动技术水平的最佳途径，不断攀登新的高峰。另外，它容易受到领队个人素质的局限。它对领队个人能力、素质的要求相当严格。领队必须按照运动队新陈代谢的特点，根据各时期的竞赛任务的需要，及时调整教练员、运动员队伍，充实后备力量，抓好队伍建设，做到在专项、年龄、素质、能力等方面选好材，用好材。

（二）主（总）教练负责制

主（总）教练负责制，突出的是主（总）教练的全面业务指挥权。实行这种体制，在当时的情况下对于进一步调动主（总）教练的积极性，加强他们的责任感有积极的意义。教练员是运动训练过程的主要控制者，是教与学、训与练矛盾中的主要方面，在实现运动训练目标中起主导作用。该模式强调主（总）教练的地位，便于开展业务工作；利于主教练在听取科研和医务人员合理化建议的基础上，围绕重点运动员制定科学的工作计划、训练计划和目标任务，保证计划的顺利实施和任务的圆满完成；利于控制训练过程，抓好每堂课的训练，改进和创新训练方法和手段，保质保量完成训练计划；利于主教练了解和分析主要对手的信息，根据本项目的规律和运动员的特点，与科研人员共同研究克敌制胜的绝招并使运动员熟练掌握之；利于主教练参与专项课题的研究，及时提出本项目运动员需科研、业务人员配合解决的问题，对训练中的重点难题，主动寻求有关人员帮助，共同研究解决办法等。它是运动队创造良好的运动成绩的保证。

但该模式也有其弊端与不足，突出表现在：主教练除了要安排队伍的训练之外，还要把部分精力投入到协调各方面关系中去，导致训练质量可能降低；一味地注重业务，注重训练，可能会忽视对队员的思想政治教育和爱国主义教育，对队员要求和管理不严。此外，要求主教练兼顾各方面工作，可能因主教练本人的知识结构、预见能力、设计能力等原因，导致运动成绩的下滑。

（三）队委会制

现代竞技运动朝着高、精、尖的方向发展，对竞技运动人才提出了新的更高的要求。竞技体育已不再是单纯的体力上的较量，而是运动技能、智力水平、全面素质的综合竞争。要在各类比赛中取得优异成绩，仅靠某个领队、教练的能力是不够的，还需要科研、教练组、队医等多个部门的通力合作。目前，我国高水平运动队的管理也开始采用队委会制的模式，如图 3-1 所示。

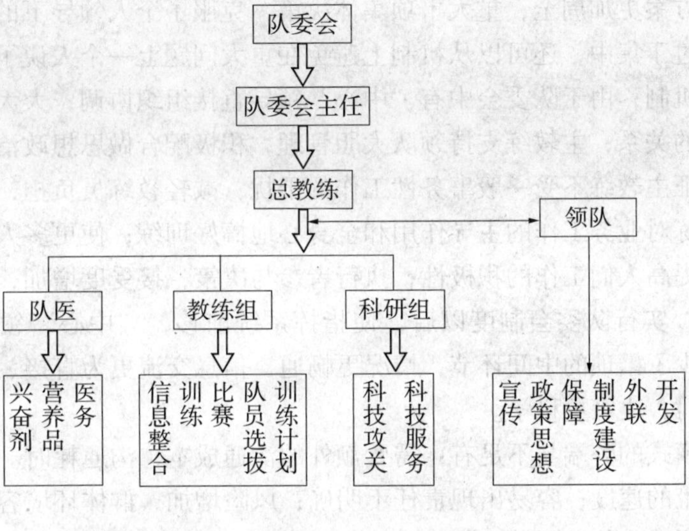

图 3-1 队委会制模式结构

2001 年中国女排组队之时，排球中心就确立了中国女排管理模式和管理体制为队委会领导下的分工负责制。[5]

队委会制包括三种具体模式：队委会领导下的分工负责制、队委会领导下的总（主）教练负责制、队委会领导下的领队负责制。

这三种模式的共同特点是：运动队的成员主要包括领队、教练员和运动员、一般管理人员、后勤人员等，队委会制模式中，项目中心领导兼任队委会主任，业务部门负责人、教练员、领队、运动员、队医、队干事、科研人员等各司其职。队委会主任的作用就是领导、鼓动、教育、协调和督察。重大问题在尊重主管人员合理意见的基础上集体研究。该制度模式明确了每个人的工作范围、应负的责任以及相应的权利，能做到人人有职、有责、有权，把权利和义务紧密联系在一起。

1. 队委会领导下的分工负责制

根据 2005 年 10 月国家体育总局竞技体育司对 40 个国家队的调查结果表

明，目前国家队中，采用队委会（集体）领导下的分工负责制模式的比例最大，占47.5%。其中，我国所有优势项目都采用了领导集体决策的方式，可见复合型团队是优势项目保持优异成绩的基础。[6]

该模式的优点在于能汇集更多的知识与信息，集思广益，提高决策质量，使最终方案更加周全；重大事项集体决策，克服了个人领导下的局限性，避免了权力过于集中，还可以从机制上避免在重大问题上一个人说了算，完善了组织监督机制；由于队委会中有"中心"领导直接组织协调，大大密切了主教练和领队的关系；主教练支持领队大胆管理，积极配合做思想政治工作，最大限度地保证主教练不受一般事务性工作的干扰，减轻教练员负担，能更充分地保障主教练对业务工作的主导作用和全身心地搞好训练；使更多人感到负有重大责任，提高人们工作的积极性；执行者参与决策，接受度增加，使贯彻执行更加顺利；实行队委会制度以后，使指挥系统前移，"中心"领导经常深入一线，减少了繁琐的中间环节，情况更畅通，信息交流更为直接、快捷，处理问题更及时，决策更科学。

该模式的弊端与不足有：需要额外的沟通成本，沟通耗时、效率低，容易影响决策的速度；容易出现责任不明确；风险增加，群体环境容易冲淡个人的自我暴露感，使成员敢于作出更加冒险的决策；当意见不一致时，容易出现妥协和折中性方案。

2. 队委会领导下的主（总）教练负责制

目前，在我国高水平运动队中（以国家队为例），采用该管理模式占15%。高水平运动队主要是从事业务工作的组织，不是行政组织，因而与其相对应的管理方法和手段就要侧重于业务管理，尤其是突出训练、竞赛管理工作。该模式突出主（总）教练的地位，强调了教练员的主导地位，便于开展业务工作。但其不足主要体现在主（总）教练责任重，压力大，个人素质的欠缺会影响全局工作；主（总）教练职责扩大化，易影响业务工作；权力过于集中，不利于发挥其他成员的作用；领队和主（总）教练的关系较难协调，会造成内耗，影响训练工作等方面。

3. 队委会领导下的领队负责制

目前，在我国高水平运动队中（以国家队为例），采用该管理模式占12.50%。该模式中，领队在行政管理上具备优势；能强调思想政治工作的重要性；便于建立运动队的团队文化氛围。但其不足就在于会削弱教练员的主导作用，影响业务工作的积极性。另外，个人素质的局限性难以避免。

三、我国高水平运动队管理模式的选择

由于人的不同、运动项目的不同、竞技水平的高低等差异，同一管理方式会有不同的反应，没有一套管理模式适合任何组织机构，没有特定的管理方式对任何组织都适用，但每个组织机构都应有一套适合自己的管理模式。因此，应通过研究找出不同项目背景下更加适用的管理模式。

（一）影响高水平运动队选择管理模式的因素

在高水平运动队管理中，许多运动队根据本队所处的内外条件选择适合自己的管理模式，各队有相似之处，但没有绝对相同的模式。管理者的资历、学识、经验、价值观、目标、期望，运动项目的特点、水平、成绩、目标和期望，高水平运动队内外部环境的复杂程度、组织氛围、金牌、运动成绩压力、工作本质等都对运动队管理模式的选择产生影响。所以，高水平运动队究竟采用何种管理模式通常要考虑多方面的综合影响因素。

（二）高水平运动队选择管理模式的原则

1. 实事求是的原则

没有一成不变、普遍适用的“最好的”管理方法和模式，运动队必须根据各自所处的内外条件实事求是、随机应变，选择适合的管理模式。运动队具体采用哪种管理模式受到多方面综合因素的影响，比如人的因素（领导者的自身素质、运动员的兴趣、爱好、年龄等）、项目特点、运动队环境等因素。有些高水平运动队某个周期拥有专业或科研权威性极高的教练员或领队，该周期可能就要实行队委会领导下的教练员或领队负责制，没有权威核心人员可能就会选择队委会领导下的分工负责制；集体项目更多地选择队委会领导下的分工负责制，一些小项目高水平运动队（如田径项目中的短跑、跨栏、跳高、跳远等）可能更适宜选择教练员负责制。

2. 低成本、高效率运转的原则

我国的基本国情决定了用于竞技体育事业的人力、财力、物力都十分有限，所以，高水平运动队运行要坚持低成本运作、高效率运转。充分发挥行政领导的作用，队委会领导（主任）要真正担起责任，但决策过程要充分发挥队委会的作用，尽可能避免不利因素的影响。另外，还需要明确团队的具体及长远目标，逐步优化管理机构的设置、明细分工、明确权责；加强管理人员、工作人员自身素质的提高；注重成员间的相互沟通、协调，相互支持、默契配合，以提高机构运转的效率。

（三）高水平运动队选择管理模式的建议

1. 集体项目

由于成员的不同角色要求采取不同的训练方法，教练员既要考虑技术训练又要抓好战术训练，因此，集体项目更应选择队委会领导下的分工负责制，发挥复合型团队的优势，充分利用各自的优点和长处，利用集体的力量解决问题。

2. 普及度低的项目

对于群众普及度低的项目，也可以选择采用队委会领导下的分工负责制，使项目指挥工作前移，降低管理重心，形成多方面合力。

3. 强势领导类运动队

如果运动队管理层有具备综合素质较高的领队或主（总）教练，聘请了外籍教练员，运动队的管理工作可以在队委会的领导下实行领队或主（总）教练负责制，重点围绕强势领导展开，充分发挥高水平领队或主（总）教练的人才优势。

高水平运动队不同的管理模式有其各自的优势与不足，要明确目标、明细分工、明确责权，加强沟通、协调，充分发挥队委会领导下的分工负责制的集体决策高效性的特点；对于强势领导类运动队，要注意各方面的协调，避免矛盾，充分发挥核心成员的领导、强势作用。选择管理模式时要坚持实事求是和低成本、高效率运转的原则，逐步优化运行机制。

第三节 西方职业体育与运动队的管理

一、世界职业体育发展概况

(一) 世界职业体育联盟体制的历史渊源

西方学者一般认为，体育作为一项产业起源于英国。从现代体育运动项目的产生和大多数体育团体和协会的成立时间来看，英国确实可以称得上是现代体育的发源地，而把体育作为一种产业方式来经营的组织最早也出现在英国。[7] 1650年英国成立了著名的“赛马俱乐部”（The Jockey Club），由于该俱乐部采用了法人治理与法人制定规章制度的管理体制和运行机制，所以它一直被人们称为现代体育俱乐部的“开山老祖”。赛马俱乐部的这一模式很快被推广到英国的其他运动项目，如板球、拳击、足球、体操、田径、自行车、游泳、划船和网球等，并进一步在欧洲大陆的许多国家流行。18世纪中叶，欧洲的许多国家已经先后建立了多个运动项目协会。至此，职业俱乐部模式在欧洲推广、流行开来。

19世纪初叶，英国“赛马俱乐部”的模式开始在美国流行，许多年青人纷纷按照英国人的传统建立了体育俱乐部。为了能找到一种适合美国社会历史发展的体育组织管理体制和市场运行机制，美国人开始探索营利性体育俱乐部的运作方式，按商业化的方式进行操作。

19世纪60年代美国内战之后，棒球成为美国当时最为流行的体育运动。1859年，棒球成为美国高校校际运动竞赛开展的继划船后的第二个项目。1871年，部分职业棒球队联合成立了全美棒球协会。1876年，有“棒球沙皇”之誉的赫尔特担任全美棒球协会（不久更名为全美棒球联盟）主席，并马不停蹄地开始制定联盟的各种规章制度，开始有计划、有步骤地按商业运行方式开发棒球的联赛市场，进行联盟的垄断经营。美国人在引进英国体育俱乐部体制的基础上，又发明创造了现代体育职业化、产业化操作中必不可少的另一种非常先进的市场化体育管理体制和运行机制——联盟体制（League system）。

(二)世界职业体育发展的现状与趋势

职业体育作为一种产业，随着世界经济一体化趋势的迅速发展，越来越呈现出旺盛的生命力。目前，世界上已经有 1 / 3 的国家开展了职业体育，尤其是西方发达国家职业体育的蓬勃发展，让世人看到职业体育对一个国家的政治、经济、文化会产生巨大的作用，它已经远远超越了体育，不再仅仅是一种体育现象，更是一种“独特的经济”现象，同时它也是一种社会文化现象。职业体育生存手段是向社会提供体育竞赛与表演，是依靠运动员在竞技场上激烈的竞争与对抗，以及高超的运动技能，吸引观众，立足于社会。

近几十年来，越来越多的体育项目加快了职业化的步伐，职业体育项目不断增多，发展日趋加快。目前，最为普及的职业体育项目有篮球、棒球、拳击、摔跤、自行车、高尔夫、网球、花样滑冰、足球、冰球等。各个项目因其不同的历史发展背景在世界不同地区表现出了各异的发展态势。

随着项目的发展，职业体育组织也日益壮大，这些组织既有世界级的，也有洲及国家级的。它因各职业体育俱乐部之间的竞赛活动的计划、组织、协调的需要而自发产生，它的基本任务是维护各职业俱乐部的共同利益，协调彼此间的各种矛盾和关系，形成自我约束，克服盲目竞争，处理违纪行为，促进该项目的健康发展。某些项目的体育组织既负责业余项目的发展，也管理着职业项目的运行。而某些职业体育项目则由专门的职业体育组织机构进行管理，它们是介于政府和俱乐部之间的自治性民间社团机构，具有独立的法人资格，如世界拳击协会（WBA，1920 年）、世界拳击理事会（WBC，1963 年）、世界拳击组织（WBO，1983 年）、国际足球联合会（FIFA，1904 年）、国际篮球联合会（FIBA，1986 年）、职业网球运动员（女子）联合会（WTA，1972 年）、职业网球联合会（ATP，1973 年）、国际冰球联合会（IIHF，1908 年）、国际自行车联合会（FIC，1900 年）等。职业体育的管理机构通常采用委员会的组织形式，其成员由各俱乐部业主或代表组成，并成为最高决策机构。委员会推选或聘任主席（或称总裁、总干事等）作为代表，负责处理涉及俱乐部的各项事务，根据其管理职责下设若干职能部门或办事机构。

西方职业体育发展过程中，政府通过政策、法律的调控来规范职业体育，使职业体育的发展建立在法制的基础之上。职业体育政策是政府管理、调节和发展职业体育的准则与手段。美国政府通过三个机构实施对美国职业体育的约束与管理：由国会颁布各种涉及或适用于职业体育的法律、法规；由司法系统监督法律、法规的实施；行政机构负责调查。[8] 从 1951 年至 1995 年，美国国会颁布的四百多项法规中，与职业体育最为密切的有《反垄断法》《劳工法》《纳税法》和版权法。在欧洲，欧盟及各成员国职业体育政策是保证欧洲职业体育顺利发展的前提。1992 年通过的《欧洲体育运动宪章》确定了体育运动的政治框架和社会准则，其中就有为从事职业体育运动确定的基本原则。近年来，各国更是通过不断制定和完善有关法规，实现对职业体育的宏观管理，使职业体育沿着法制化的轨道不断前进。

（三）我国与西方职业体育制度的比较

我国以往实行的是计划经济体制，其体育制度是专业体育体制，即由政府负责兴办和管理体育事业。[9] 西方国家基本上都实行建立在私有制基础上的资本主义市场经济制度。中国和西方经济发达国家的政治制度和经济制度具有很大差异性，这使得中西方职业体育制度变迁的起点完全不同，中西方职业体育初始制度表现出了很大的差异性（表 3–1）。

表 3–1 中西方职业体育初始制度差异性比较

类别	计划经济体制条件下专业体育特征	市场经济体制条件下职业体育特征
制度起源	政府强制性安排	市场自然演化
制度发展历史	五十余年	一百余年
体制属性	专业体育	职业体育
组织属性	事业单位、财政单位	私营或股份企业
制度绩效主要目标	奖牌	经济利益
组织特征	政府垄断	职业联盟卡特尔垄断
经济特征	国家财政	私人投资
工作人员人事关系	事业单位编制	自由签约
工资水平	一般或偏低（优秀运动员津贴）	比较高
管理方式	行政命令	合同权威
运行机制	行政机制	市场机制
退役安排	政府负责	个人负责
运动员和组织之间的关系	人身依附型关系	雇佣与被雇佣关系

西方的职业体育联盟组织的形成是市场竞争的结果，市场自然演化的结果。中国的职业体育制度不能脱离中国的政治和经济制度的规定和制约，也不可能照搬西方职业体育制度模式。中国的职业体育制度变迁必须依据具体国情，借鉴西方经济发达国家职业体育制度发展的成功经验，探索和建立具有中国特色的职业体育制度模式。

二、我国职业体育俱乐部的运行

职业俱乐部是职业体育条件下管理运动队的最基本组织形式。从职业体育的起源来看，俱乐部为了在竞赛中获胜，让运动员有更多的时间、精力投入训练竞赛，向运动员支付一定的报酬，以解除他们的后顾之忧。由支薪运动员组成的俱乐部就是实际意义上的职业俱乐部。[10]

与国外职业体育俱乐部一百多年的发展历史相比较，中国职业体育俱乐部尚属刚刚出现的新生事物。中国目前的职业体育俱乐部，均是在竞技体育“举国体制”的基本框架下运行和演变的结果。1992 年 6 月，足球项目率先进入以“体制改革与机制转换为核心，以协会实体化、俱乐部制和产业开发为重点”的历史阶段，并成为整个体育改革的突破口。我国足球这个观众市场较大的项目，已经酝酿产生具有联盟性质的联赛——中国足球协会超级联赛。之后，在足球俱乐部改革的影响下，篮球、排球、乒乓球、网球、羽毛球、围棋等也建立或酝酿建立职业俱乐部并开展职业俱乐部联赛。

从总体上看，以职业足球俱乐部为代表的职业俱乐部制度正以惊人的速度向前推进，它对引入市场机制运作竞技体育进行了有价值的尝试，在一定程度上解放了生产力，为之注入活力，促进了竞技体育的发展。在短短的十余年时间里，我国职业体育俱乐部从计划经济体制下的专业运动队模式中脱胎出来，经过具有启蒙和实验性质的探索阶段，打破了传统竞技体育体制的完整性。同时还看到，在这一变革时期，传统体制与新体制的运动队管理矛盾与摩擦加剧，新体制的构建速度放慢，在整体上推进阻力加大，俱乐部的运行机制在结构上失衡，功能上不协调。但可以预见，随着我国社会主义市场经济体制的完善，体育改革的不断深化，我国职业俱乐部与市场经济相适应的新体制、新机制将不断生长并占据主导地位，最终建立现代职业体育俱乐部的运行机制。

三、新形势下我国专业运动队管理工作的特点与对策

专业竞技运动员和职业运动员的使命是有很大区别的，真正认识到区别并在思想深处完成角色的转换可不像变更工作关系那样简单。专业运动员的主要使命是取得比赛的胜利，职业运动员的使命则主要是吸引更多的球迷，处处爱护自己的公众形象，时时记得对球迷负责就是对自己的饭碗和前程负责。

（一）专业运动队在新形势下管理工作的特点

新形势下，我国专业运动队的管理工作出现了一些新的问题、特点及趋势，需要我们认真研究和对待。

1. 运动员的主体意识和利益诉求意识已经觉醒

计划经济时代，并没有产生太多分化的利益机制，很多事情是模糊处理或笼统评价的，包括那时下级向上级运动队输送运动员也是本职工作，大家都是为一个共同的国家的事业——提高运动技术水平做贡献。改革开放以前，国家对体育的奖励十分有限，大家都是拿着各自的津贴等从事自己的工作，而且各级别之间的收入差距很有限。运动员和教练员都是在为国争光，完成组织或上级的任务就是运动员和教练员们的职责。

老百姓有句土话：不为三分利，谁起早五更。在人们的市场意识如此强烈的今天，无利可图的生意又有谁做？当国家队队员参加国际比赛的奖金和广告等收入已经比较严格地制定了分配规定时，当运动员逐渐有了对生活的憧憬、有了对自己生涯的设计时，当运动员把自己的付出与获得的经济回报看得越来越重要时，那种试图通过运动场上教练员角色的先赋权威、军阀作风、家长式管理，全面控制运动员的想法和做法，显得霸道和尴尬。当人与人之间的关系逐渐把利益视为重要纽带时，传统的仅靠人情、奉献思想来管理的做法显然落伍了。

2. 市场经济条件下的社会分工及其角色定位成为常态

当任何事情必须树立角色明晰的概念时，市场经济条件下的社会分工及其角色定位就成为常态。此时，再由教练员几乎包揽运动员的一切已经不合时宜，也不富于效率了。领队、翻译、队医、科研人员等也必然分割掉运动员管

理的部分权限。

3. 建立职业化、市场化的训练体制已是大势所趋

推行职业化的发展道路，是我国篮球、足球、排球、网球等项目适应国际职业大环境的必然选择。因此，建立职业化、市场化的训练体制已是大势所趋。

20世纪90年代，随着竞技体育商业化、职业化的发展，在原有的世界杯、世锦赛、奥运会等大赛的基础上，不少项目又增加了大奖赛、巡回赛、排名赛、积分赛等，此外各洲、各地区乃至国家内部，还举办了大量的俱乐部职业联赛。随着现代职业比赛数量的急剧增加及比赛水平的不断提高，传统的周期训练模式已难以适应现代竞技比赛的要求。因为在一个相对集中的周期内同时发展多方面的身体素质，对高水平运动员来说目标不明确、重点不突出，另外在时间上也明显跟不上竞赛时间表的节奏。

（二）专业运动队在新形势下管理工作的对策

训练出成绩，管理出人才。运动队的管理是指为了保证运动员（队）能夺取运动最佳成绩所进行管理的全过程。新形势下，根据专业运动队管理工作的特点与规律，采取相应对策，辩证、综合、全面地协调处理好各方面关系，主要是教练员与领队、教练员与队员和领队与运动员的关系，将直接影响专业运动队管理的成效。

1. 运动队管理制度化

职业体育俱乐部是市场经济的产物，而市场经济的实质是法制经济。职业体育俱乐部市场化、法制化、产业化的运作方式，要求改革原有专业运动队的有关制度，以适应职业体育俱乐部活动范围广、独立性强、经济色彩明显的要求。

体育发展的历史过程中，较少受到法律的关照，更多地是依靠自律和传统的道德规范调整体育组织和个人之间的关系。随着职业体育的发展，其所涉及的社会关系日益复杂，必须运用法律手段进行调整。规章制度既是正面教育的补充，又是管理取得实效的保证。因此必须加强体育立法，对运动队的各项工作进行规范。为了达到既要管好又不管死的目的，应该花大力气进行调查、研究，在广泛征求意见的基础上，制定出一系列配套的科学管理办法和操作程

序，广为宣传并根据实践情况适时加以完善和改进。

避免处理各种利益冲突与矛盾时，以政府行政手段代替法律手段的现象；运动队管理要克服教练员军阀作风、家长式管理；遏止克扣队员收入和体罚队员的现象发生。建议各运动队健全严格的管理机制和条例，对教练员的权力和职责有所规范和限定，对外训的项目组加强管理和监督。

2. 完善监管机制

主管上级必须加强对运动队的监管工作，不能只重金牌、缺乏监督。一方面要确保教练员严格执行训练任务；另一方面，不能下了奖牌指标就大撒把，放纵金牌教练，使其失控，依靠权力不教而诛，任意体罚运动员。另外，还要派专人对运动队内的资金、财物等的使用情况进行监督。

3. 坚持以人为本

理解和区分运动员心理的共性和个性特征，在管理中贯彻人本思想。管理者要从根本上坚持重在管人，在实际工作中尊重人、相信人、关心人、培养人，用发展的眼光看待人，才能抓住训练中管理教育的根本。

管理者要从根本上改变仅仅将运动员视作管理对象的传统观念，树立运动员是人才，管理就是育人、就是服务的观念，怀着爱才之深情，努力改善领队、教练员和运动员三者的关系。要根据运动队管理的复杂性，实施弹性和刚性相结合的管理办法，既严格要求、又耐心帮教。采用有针对性的说服教育和心理疏导的手段，塑造运动员的思想品德和人格个性，在统一思想和强调纪律的同时，也给运动员以适度自由，以便进行更符合人性化的教育和管理。

4. 坚持以情为基础

感情因素在运动队的管理中起着非常重要的作用，绝大多数运动员、教练员是崇尚情义的。在实际调查中发现：教练员对运动员付出的感情越多，运动员对教练员的信赖度越高。[11] 只有“晓之以理，动之以情”，才能达到最佳的管理、教育、训练效果。

5. 管理、训练科学化

新时期，运动队的训练、管理工作要开拓创新，不能完全沿用过去的训练、管理体制和机制。现代的训练是高科技、多学科的训练，凭经验训练的模式已不能满足需要。教练员要掌握更多的知识，由经验型向知识型转变。[12]提高训练工作的科技含量，建议组建各项目的科研攻关课题组，开展训练监控、营养与疲劳后的恢复的研究、主要对手技战术打法研究、体能训练理论与方法研究。提高训练的科学化程度，并且为科学的大运动量训练提供可靠的保证。另一方面，强调运动队管理的制度化、规范化和科学化。

6. 高度重视职业化导向前提下的运动员作风培养

当代竞技体育的发展和国际竞技体育实战表明，运动员只有具备了很强的综合竞技实力，才能在国际大赛中夺取最终的胜利。一般认为：综合竞技实力=技术、战术、体能等硬实力+作风、心理、临场应变能力+指挥能力、后勤保障能力等方面的软实力。[13]因此，在备战过程中要十分重视运动员综合竞技实力的提高，不仅要狠抓运动员技战术和体能等方面硬实力的提高，也应该同等重视运动员的作风、心理等软实力的培养。随着我国体育职业化步伐的不断加快，运动员职业排名的不断提升，高额奖金和巨大商业利益的诱惑随之而来，与此同时竞争的压力也随之加大。面对这样突如其来的变化，运动员因为心理储备的不足和知识结构上的欠缺，容易导致竞技水平与思想境界失衡的状况。这种“非技战术素质”的培养，在职业化趋势下不仅是当务之急，也是中国高水平运动员培养过程中必须解决的长远大计。

7. 正确处理新形势下运动队管理工作中的几个关系

(1) 正确处理运动员与教练员的关系。目前，运动员与教练员的关系呈现出多元化的态势，逐步向制度化的趋势发展。长期以来，教练员就是运动员的主导，充当保姆的角色。那种“以教练员为中心”“保姆式”“警察式”“裁判式”的管理模式，那种习惯采取强制性、体罚性办法管理、限制运动员的做法正逐步退出历史的舞台。新时期要处理好教练员与运动员的关系，应该以说服教育和人文关怀为主，而不应该以惩罚为主。反对简单粗暴、依靠权力不教而诛；反对见钱不见人，以罚代教的做法。坚持以正面教育为主，运用物质动力、精神动力和信息动力的手段，调动运动员的积极性。

(2) 齐抓共管，正确处理领队和教练员管理的关系。领队管理和教练员管理是点与面不同层次的管理，两者是一致的，也是互相制约和影响的，必须同步实施。

(3) 正确处理严格管理和人文关怀的关系，在严格的管理中注入“人文关怀”。在当今社会竞争激烈、物质生活水平比较好的情况下，运动队的管理一方面要严格，另一方面也要结合现实，充分注意到运动员的各种需求。给运动员以“人文关怀”是实施严格管理的基础。这也是新时期做好优秀运动员管理工作最值得关注的一个问题。

(4) 正确认识运动员与同龄青少年的异同，确保优秀运动员管理工作的独特性。运动队中，运动员因长时间参加训练，不同程度地耽误了文化课程的学习，所以，文化水平较同龄青少年低。另外，青少年运动员还受到竞赛任务、压力、伤病等因素的影响。运动队管理工作要取得成效，要求管理者必须站在时代发展的角度看待运动队管理工作。时代在发展，管理对象在变化，管理方法也应相应变化，赋予新的内容。

第四节　现代运动训练及运动队管理中的教练员

一个国家运动技术水平的高低，与这个国家教练员的数量和质量有很大关系。在运动训练及运动队管理过程中，教练员起着主导作用，是提高运动训练质量、培养优秀运动员的关键，训练的科学化首先在于教练员的水平。运动队管理系现代运动训练管理中的重要核心内容，教练员的工作主要包括组建队伍、制订训练和比赛计划、具体组织和指导训练过程与比赛活动、对运动员进行全面教育和管理等。其核心任务就是全面提高每个运动员乃至全队的技战术水平，在比赛中取得优异成绩。

一、教练员的重要理念

作为一名优秀的教练员，具有明确的理念是非常重要的。理念就是教练员观察其工作和生活中的境遇和经历的方法。它蕴涵了教练员对过去的看法，对现在的见解和对将来的期望，能对教练员的每一种思维、每一个行动和作出的每一抉择产生直接的影响。

教练员为了获得一种明确的理念，必须审视他对自己了解的深度，对他执教的运动员了解的深度，对这项运动了解的深度以及作为一名教练员的目的、角色等等。[14]

（一）了解自己、运动员和这项运动

1. 对自己的了解

对自己的了解，要求具有客观地观察自己的能力。可按下列内容提问：

——我为什么要做教练员？

——我为什么要投入训练？

——我做教练员的理由充分吗？

——我作为一名教练员的目的是什么？

——我是一名好教练员吗？

——什么能使我成为一名优秀的教练员？

——我做得怎样？

教练员应该通过从同事、朋友、家人那里收集得到的反馈信息和对自己的留心来增加其对自我的了解，以便理解对责任的感受和反应。

2. 对运动员的了解

为了了解运动员，教练员应该弄清楚他们的责任感、追求和期望、背景、技战术能力、体能和心理状态等。在这个过程中，教练员应设法把他们当做普通人来了解，理解他们的思想和感情，考虑影响他们的外界因素（朋友、家庭、其他运动员等）。

3. 对运动的了解

一名优秀的教练员必须了解所从事的项目作为一项运动的基本特征。应该了解其技术、战术、规则（规程和行为准则）和该项运动的组织结构、管理方式与决策方式等内容。

（二）教练员的目的

作为一名教练员，除了许多可能有的目的以外，以下哪一项最重要？

——帮助运动员像普通人一样成长。

——帮助运动员取胜。

——帮助运动员过得愉快和对该项目有兴趣。

一名优秀的教练员必须考虑以上所有三个目的，但是这三个目的均受对胜负重视程度和“金牌”价值观的影响。“不惜一切取胜”的理念是置运动员的发育和健康于不顾，当坚持“运动员第一，胜负第二”的理念时，所有运动员就会对参赛、公平竞争、竞赛和公正持均衡的见解。强调运动员发育和健康的这一理念更可能使运动员发挥得更好、更稳定，从而使运动员和教练员更感满足。同时，这很可能还会在运动员和教练员之间，在作为普通人的相互尊重的基础上建立一种牢固的关系。

“运动员第一，胜负第二”理念的具体含义是：

——项目运动只是一个人生活中的一个方面，而并非其生活的全部；

——运动员对教练员工作的尊重和赞赏，以及教练员对运动员训练和比赛的尊重和赞赏；

——运动员与教练员一起评定比赛的重要性，并力求满足他们共同的期望；

——对公平竞争的规则和精神的尊重；

——发挥运动员的潜力是评价其成功的首要标准；

——对对手、观众和官员的尊重。

（三）教练员的角色

“角色”是指社会成员在一定的社会关系中所处的社会地位及其所要求的行为模式。[15] 管理者的角色实际上是指作为一般的管理者在组织体系内从事各种活动时的立场、行为表现等的一种特征归纳。[16] 显然，教练员的角色与教练员的性质、地位、权力、功能、职能、任务等密切相关，涉及教练员的权力范围、功能范围和行为方式。本教材使用“角色”的概念，以求能更加科学、全面地定位教练员的任务和职责，树立正确的理念。作为一名教练员，其角色具有多样性和多功能性，包含着有许多任务和职责，所有这些任务和职责将促使和帮助教练员不断成长和进步。按照运动项目的一般规律，教练员的角色包括了教、练、指导和帮助运动员学会运动技能，提高运动成绩和发挥竞技潜力。同时，也涉及认识、理解和提供运动员的社交、感情和个人的需求等。具体角色应当是：

(1) 指导员。即对运动（技术、战术）进行指导。

(2) 教员。即传授新的知识和思想。

(3) 导师。即让运动员学会积极、高质量地处理问题。

(4) 训导员。即赏罚分明。

(5) 领队。即负责并指导比赛。

(6) 管理员。即有效地处理文书档案和组织工作。

(7) 广告代理。即同新闻媒体和观众保持接触。

(8) 社会福利工作者。即在训练过程中对运动员生活中遇到的问题提供咨询、建议和帮助。

(9) 朋友。即与运动员建立良好的关系和友谊。

(10) 科学工作者。即分析、评估训练和比赛，提出科学的对策措施与方案。

(11) 学生。即倾听各方面意见，不断反省自我和对新知识的学习，为自我完善而不断探索。

二、教练员在现代运动训练及运动队管理中的作用

从各国对竞技运动的发展所采取的不同措施和方法的总体上看，较为突出的一点就是加强教练员的职业化教育，提高教练员的职业素质，完善教练员的知识结构。这是因为现代运动训练仍是一项生物和生化的改造与提高的过程，在此过程中运动员仍是各项实践活动的中心，而教练员则在运动训练过程的各项实践活动中起主导和决策作用。教练员对训练所肩负的主导和决策作用是训练的客观规律和教练员自身的职业性质所决定的。从总体上讲，运动员运动成绩的提高受多种因素的影响，而决定性因素则反映在教练员指导下的训练质量。所以，教练员在训练过程中的主导作用是毋庸置疑的。具体体现在选材、训练、管理及临场指挥等方面。[17]

(一) 在运动员选材方面的作用

在现代训练过程中，运动员的科学选材是训练科学化的重要组成部分。随着现代科学技术的发展和对训练强有力的渗透，运动员的选材工作更加深入，理论研究也更加广泛。因此，运动员选材工作从客观上讲对教练员的要求也就越高，教练员在此过程中的作用更加显得突出。具体表现在以下三个方面：

1. 对运动员选材的指导作用

运动员的科学选材是一项多因素的细致的系统工作。从这项工作的程序上

讲，应在科学诊断和科学预测的基础上，对选材对象进行多因素的分析和最优化的选择，确定那些与这项成绩关系最为密切、遗传率又较高的指标作为主要条件，从而建立运动员选材的定量化模式，并确立运动员选材的方法（在经验选材的基础上结合科学的选材方法）。从这些工作的意义上讲，其目的就是要密切结合专项实际，确定对运动成绩提高关系最为密切、影响最大的选材因素，以保证能将真正符合运动专项训练的要求以及具备专项训练天赋的运动员选拔出来。对此，教练员由于长期从事运动训练，对专项训练过程中的客观规律以及运动员的身体形态、机能、素质等方面与运动专项训练成绩的关系的认识最为深刻，所以在同有关专家实施运动员选材的过程中，对确立影响运动成绩的各种选材因素，确立运动选材的各种因素的量化模式以及选择合理的选材方法，起着重要的指导作用。

2. 对运动员选材的控制作用

运动员的选材是一项系统工作，在此过程中各项措施的制订与实施都应有相对优化和完善的目标控制，以保证选材过程中各项工作的顺利进行，达到优胜劣汰的目的。教练员在运动选材过程中的控制作用表现在：

(1) 选材目标的优化控制。

(2) 对选材模式的优化控制。

(3) 对选材整体效应的优化控制。

(4) 对选材序向的优化控制。

3. 对运动员的评判作用

对运动员选材的评判，是运动员选材过程中的关键，它是体现教练员的战略指导思想和职业能力的重要标志。教练员选材的评判作用主要集中表现在三个方面：

(1) 对选材对象的原始数据的优劣与取舍的评判。

(2) 对选材对象的各种因素之间的相互关系的评判。

(3) 对选材对象整体水平的评判。

(二) 在训练中的作用

教练员在训练方面的作用，其表现是深刻而广泛的。概括起来讲主要反映在四个方面：

1. 确立训练的目标模型

训练的目标模型是在科学的诊断和预测的基础上，对训练的预期效果在质上作出规定，以限定训练的宏观方向；同时在量上对训练的预期效果指出所要达到的发展指标。二者有机地统一，相互作用，从而构成一个完整的训练目标模型。因此，教练员在此过程中的作用表现在两个方面：

(1) 拟定训练目标方向。

(2) 拟定训练目标水平。

2. 对训练过程实施有效的监控

训练过程是一个复杂的动态系统，所涉及的内容不仅广泛，而且各因素之间相互影响、相互作用。教练员必须具有科学的指导思想、周密的计划安排、合理的训练手段和对训练过程实施有效的监控。所以，教练员在此过程中的主要作用表现在：

(1) 确立训练任务，科学制订训练计划。

(2) 建立最佳训练模式，合理选择训练手段。

(3) 科学安排比赛序列。

3. 调整与控制影响训练的多因素干扰

影响训练的因素是多方面的，概括起来讲主要来自于四个方面：即来自于训练方面的因素、管理方面的因素、信息方面的因素以及环境方面的因素。

(1) 训练方面的因素。一是来自于运动员本身的身体形态、运动素质、技术、战术、心理和智力等方面的主观因素；二是来自于在教练员指导下的各项措施与方法的制订和实施情况。

(2) 管理方面的因素。一方面来自于训练的管理体制建设与完善情况；另一方面则来自于对训练进行管理的方法和措施。

(3) 信息方面的因素。一是训练信息系统建设与完善的程度，以及训练的信息部门所提供的训练信息的真实性和实效性；二是教练员自身对训练信息的搜集意识和倾向性。

(4) 环境方面的因素。一是来自于人为造成的因素，如训练的场地、器材和设备等；二是来自于生态环境的自然因素，如气温、时差、地理条件等；三是来自训练的生活环境和社会环境等方面的因素。

4. 对训练过程实施科学评价

所谓训练科学评价，是指根据运动项目训练目标和不同训练阶段的任务和基本特征，以及所制定的各种计划文件等，对所实施的各种训练活动的效果、完成训练任务的情况以及运动员成绩和发展水平进行科学判定的过程。其作用在于保证训练目标的实现，以及使训练系统中的各个环节的变化和发展处于令人满意的状态。同时，通过评价过程的实施调动各方面的积极性，以提高训练的质量。

（三）在训练管理中的作用

训练管理工作是在科研人员、医务人员、营养保健人员、心理专家等专业人员的协同努力下，由教练员去具体实行的。因此，教练员是训练的主要管理者。教练员在训练管理方面的作用集中表现在四个方面：

1. 对训练过程的各种实践活动的科学管理

教练员对各项训练活动的管理作用体现在以下几个方面：

（1）规划目标，确立训练任务，制订切实可行的训练计划。

（2）提出组队方案，选拔运动员。

（3）正确认识与被管理者（运动员）的关系，处理好运动员的各种思想变化和认识发展过程，发挥管理对象的主观能动作用，保质保量地完成各项训练任务。

（4）对训练的各项内容实施最佳的调控。

（5）及时反馈、修订和调整各种形式的训练计划。

2. 对运动员思想的管理

加强思想政治工作，是我国运动队伍建设的根本任务之一。由于教练员与运动员朝夕相处，接触最多，了解最深刻，因此，教练员对运动员的思想管理工作负有重要责任。在此过程中，教练员的作用体现在自身的思想建设和对运动员的正面教育与言行过程的潜移默化之中。

3. 对运动员文化学习和生活的管理

运动员文化和生活水平的高低，与其训练水平的提高有着密切的关系。运动员文化学习和生活的管理范围比较广泛，需要各方面管理人员的协调配合，共同完成。但是作为教练员，由于与运动员的特定关系，对运动员文化学习和生活的管理负有重要责任。

教练员对运动员文化学习的管理起着协调、组织安排、监督检查的作用。而对运动员的生活管理则起着与有关人员（如医务人员、营养保健人员等）密切配合、积极参与、监督检查、敦促执行等作用。

4. 对尖子运动员的管理

尖子运动员在运动队中具有特殊的作用，加强对他们的管理，注重调动他们的积极性，发挥他们在集体中的特殊作用，无疑对比赛、训练等都将产生积极的影响。因此，教练员对尖子运动员加强管理的作用，就在于充分发挥尖子运动员在运动队中的楷模作用，避免搞特殊化和自满思想的滋长，以及培养尖子运动员的组织能力和训练能力。

（四）在临场指挥方面的作用

比赛，不仅是双方实力的对抗，也是运动员智慧的角逐，而教练员则是双方较量的场外谋师。虽然他不是竞技场上双方角逐的直接参与者，但他运筹帷幄，驾驭着整个比赛过程，调整并控制着比赛中运动员战术的运用和心理变化，对比赛的胜负起着关键性的作用。比赛，是受一定时间制约的，通常教练员的临场指挥表现在比赛前的准备期间和比赛之中。在此过程中教练员的作用集中体现在两个方面，即战术方案的选择和调控、运动员竞技状态的调整。

1. 战术方案的选择和调控

（1）战术方案的选择。在此过程中教练员的作用反映在：

——赛前信息分析与决策目标；

——拟定战术方案；

——战术方案的分析和评估；

——选择战术方案。

（2）战术方案的调控。在此过程中教练员的作用体现在：

①捕捉收集临场信息。

——对方的战略意图，战术打法特点及防守技术、战术特点，其主要威胁所在；

——对手出场的情况与我方的赛前预测，和战术方案是否相吻合；

——根据对手的实际情况，我方运动员在技战术的应用上是否适应，哪些环节上需要调整；

——我方运动员的心理状态能否充分适应场上的竞争，哪些原因表现出限制了运动员正常技战术水平的发挥；

——对方是否已适应了我方的技战术打法，以及我方运动员在体力、技术思想作风或其他哪些方面不能达到预期的要求，是否需要调整。

②临场作战方案的调整与决策。

教练员通过临场的各种信息渠道的观察与分析，紧紧抓住矛盾的主要方面，不失时机迅速决断，对原定作战方案进行调整或更进一步充实，扩大我方的优势，变被动为主动。教练员对临场作战方案的调整或新的决策，通常是利用交换场地时间或其他的一些特殊信息传递方法告知运动员的。

2. 运动员竞技状态的调控

教练员对运动员竞技状态的调控作用反映在比赛前和比赛之中。

(1) 教练员对运动员赛前的竞技状态的调控作用。它包括：

——赛前“紧张”控制，实施“放松”练习；

——赛前思想控制，实施意象演练；

——引导运动员自我调控，加强赛前集中注意力的训练；

——能量控制，调整赛前运动训练的负荷量。

(2) 教练员对运动员比赛中竞技状态的调控作用。体现在下列情形下：

——对方顺利，我方被动，原定方案不适应比赛的客观实际；

——我方运动员心理状态不适应，影响技术和战术的正常发挥；

——我方运动员受伤或体力不支，影响竞技水平的发挥；

——运动员作风不好，影响较坏，妨碍了技战术水平的发挥。

三、教练员应具备的基本素质与技能

(一) 教练员应具备的基本素质

教练员是一支运动队的组织者和领导者，在训练和比赛、教育和管理过程中起着主导作用。一支运动队运动水平的高低与教练员的指导和管理水平有着密切的关系。一个优秀的教练员在工作中表现出的能力是多方面的，并具有各自突出的个性和特点，但一般应具备以下基本素质：

1. 牢固的事业心和良好的道德品质

教练员应热爱所从事的运动，有为该项事业献身的精神，有为提高我国竞技运动水平和为国争光的责任感；要有良好的职业道德，以身作则，为人师表；要正直诚实，有团结协作的精神，尊重运动员和其他教练员，善于调动大家的积极性。

2. 精通业务知识和具有创新的精神

教练员要精通运动的专项理论，充分认识运动的性质和特征，掌握运动的客观规律。由于训练的对象和比赛的对手都是身体和思维在不断变化着的运动员，教练员只有在不断总结经验的基础上，大胆实践，勇于创新，不断探索新的训练方法和理论，才能有所突破、有所发展。

3. 全面的基础知识

教练员应掌握选材、营养、恢复、医务监督、心理训练、思想教育、管理、体育经纪以及外语等与教练员工作有关的基础知识。

4. 较强的教育管理能力

教练员要善于了解运动员的思想活动，协调处理好队内队外的各种关系。既要严格要求、大胆管理，又要关心和爱护运动员，教育和帮助他们解决思想和训练、生活中遇到的问题，以保证主要任务的完成。

5. 良好的心理素质

教练员要具有敏锐的观察能力，善于发现问题；要有丰富的想象力和思维能力，能够及时找出解决问题的有效办法；要善于控制自己的情绪，客观、理智地处理问题；要有坚强的意志，经得起困难和失败的考验。

（二）教练员应具备的基本技能

1. 制订训练计划的能力

教练员要具有根据比赛周期和赛制的特点，结合本队的目标，科学制订训练计划的能力。制订出切实可行的训练计划，才能保证训练任务的顺利完成。

2. 正确的示范、讲解和组织、指导训练的能力

具有正确的示范和讲解能力，以利于帮助运动员加深理解、迅速建立起正确概念。教练员要具有落实训练计划的组织和指导能力，在训练过程中能够科学掌握运动负荷、注意区别对待和变换练习方法，提高运动员的训练积极性并保证训练质量。

3. 掌握收集和分析资料的方法

教练员要掌握运动员身体素质、技战术特点和个性心理特征等各项指标的测试方法和比赛临场统计方法，善于收集和积累有关资料，并能进行统计处理和科学分析，以提高训练的针对性。

4. 掌握一定的生理、生化指标的测试方法

教练员应掌握常规的生理、生化指标测试方法和运动员生理负荷的有效数据，以利于科学安排运动负荷。

5. 掌握科学选材的方法

教练员要通过对运动专项特征的把握，掌握对运动员身体形态、生理机能、身体素质、心理品质的测试方法，并能够对其技战术的发展具有预测能力，进行科学选材。

6. 高超的临场指挥能力

教练员在复杂多变的比赛中，应具有综合分析、当机立断、灵活执行比赛方案的指挥能力，帮助运动员对场上情况作出正确判断，合理运用技战术，充分发挥优势，取得最佳效果。

7. 善于总结经验

教练员对训练和比赛都应善于总结，具有积累经验和发现问题的能力，以利于不断进步和发展。

8. 一定的经纪能力

根据现代竞技运动职业化、商业化的特点，教练员不仅应具有专项本身所具有的各种技能，还应具有为运动员联系广告赞助商、策划商务活动等经纪能力，使运动员在训练过程中获得良好的经济支持与形象包装，有益于取得更好的运动成绩。

【思考题】

1. 试描述我国高水平运动队领队负责制、主（总）教练负责制和队委会制度的时代特征，三种管理模式都有哪些明显的特点？

2. 职业体育和商业体育的不断发展，我国专业运动队管理将面临哪些问题和挑战？根据你所从事的运动项目（队），应当采取哪些措施进行应对？

3. 你是如何理解教练员的“运动员第一，胜负第二”理念的？试谈谈在新的形势和条件下教练员的“角色”应当如何转变和定位？

【参考文献】

[1] 体育院校通用教材 运动训练学［M］. 第2版，北京：人民体育出版社，2000：442–443.

[2] 杜秀华. 我国运动队管理的体制和方法［J］. 南京体育学院学报，2004（12）：99–100.

[3] 夏征农. 辞海［M］. 上海：上海辞书出版社，2002：1185.

[4] 曲伟，韩明安. 当代汉语新词词典［M］. 北京：中国大百科全书出版社，2004：574.

[5] 李全强. 思想政治工作出战斗力［J］. 竞技体育信息，2006（7）.

[6] 王凯珍，等. 国家队管理模式的研究［J］. 北京体育大学学报，2006（10）：1297–1300.

[7] 凌平. 美国职业体育管理体制初探［J］. 体育与科学，2003（1）：5–7.

[8] 张林，李明. 国外职业体育俱乐部运行机制的特点［J］. 上海体育学院学报，2001（2）：1–5.

[9] 张林.职业体育俱乐部运行机制［M］. 北京：人民体育出版社，2001：1，85.

[10] 王庆伟，王庆锋. 西方职业体育制度变迁的比较研究 [J]. 体育与科学，2006 (1)：42-51.

[11] 龙斌. 优秀运动队在新形势下管理工作的特点、问题和对策研究 [J]. 武汉体育学院学报，2006 (1)：87-90.

[12] 崔大林. 现代训练大发展趋势及赛前训练 [J]. 竞技体育信息，2006 (9).

[13] 梁晓龙，等.举国体制 [M]. 北京：人民体育出版社，2006：84-88.

[14] 米格尔·克雷斯波，戴维·米勒. 国际网球联合会. 高级教练员手册 [M]. 王正夫，译. 中国网球协会审定，2000：35-38.

[15] 刘青.体育行政管理新论 [M]. 北京：人民体育出版社，2006：42.

[16] 芮明杰. 管理学——现代的观点 [M]. 上海：上海人民出版社，1999：56.

[17] 周西宽，吴亚初，等. 教练员学 [M]. 成都：四川教育出版社，1993：64-78.

第四章　高水平运动员的培养

【学习目标】

- 了解“职业、专业、业余”运动员称谓、高水平运动员的培养路径及高水平竞技人才来源模式及类型
- 比较中、西方高水平运动员培养方式，思考新形势下我国高水平运动员培养方式改革的机遇与挑战
- 理解和掌握我国高水平运动员培养社会化的必要性、路径与障碍，探讨政府在实现高水平运动员培养社会化进程中的作用与功能

第一节 高水平运动员的培养概述

近年来，我国竞技体育水平飞速提高，特别是在2000年悉尼奥运会和2004年雅典奥运会上，分别以28枚和32枚金牌名列金牌榜第3和第2位。取得这样的成绩，高水平运动员的培养起到了至关重要的作用。

一、"职业、专业、业余"运动员称谓

按照不同的竞技体育管理模式，可以将运动员划分为职业运动员、专业运动员和业余运动员，这三者都是随着世界竞技体育的不断发展而产生的不同性质的运动员类型，分别对应了三种不同的竞技体育管理模式，即职业体育、专业体育和业余体育。其中，职业体育和业余体育是自古希腊以来就普遍存在的形式，而专业体育是20世纪初以来随着社会主义制度的出现而产生的一种较为特殊的竞技体育管理模式。

（一）职业运动员

1. 职业运动员的含义

《现代汉语词典》中将"职业"一词释义为"个人在社会中所从事的作为主要生活来源的工作。"[1] 根据职业运动员的职业特点，本教材将其定义为：职业运动员是将某一竞技体育项目作为自身谋生的手段，并将这种竞技技能作为商品来换取劳务报酬的一种特定人群。

2. 职业运动员的产生

职业运动员作为职业体育的产物，是现代体育的重要组成部分。在竞技体育发展史上，最早的职业运动员出现在工业化水平最高的英国。1823年，在英国牛津举行的划船比赛中首次出现了"职业选手"和"业余选手"的概念；1968年美国成立了第一支职业棒球队，人们开始接受体育也能作为一种社会

职业的观念。但当时的奥林匹克运动会还不允许职业运动员参加，因此出现过获得奖牌的运动员因参加过职业比赛而被取消成绩的情况，一批优秀的职业运动员被拒斥在奥运赛场之外，这使得奥运会的发展一度陷入了困境。20 世纪 80 年代初，国际奥委会对《奥林匹克宪章》中的“业余原则”作了修改，允许职业运动员参加奥运会比赛。为了在奥运会上取得好成绩，各参赛国纷纷推出了各类职业联赛，这大大加快了体育职业化和职业运动员队伍发展的进程。

职业运动员和职业体育一度曾是中国体育的禁区，在中国只是近 20 年才开始产生和发展的。改革开放以来，伴随着经济体制和政治体制的改革，也开始了对体育职业化的积极研究和探索。1992 年 6 月的“红山口会议”，确定了以足协实体化、组建国内职业足球联赛和成立职业足球俱乐部为中心的足球改革构想。1993 年始，中国足协制定和公布了《中国足协俱乐部章程》以及关于球员转会、俱乐部体制等文件，全国多个城市完成了对足协实体化改造，建立了带职业性质的足球俱乐部。1994 年，我国的足球率先推出职业联赛。足球职业化改革的空前活力与成功运作，有力地推动了其他竞技体育项目的职业化发展，也为中国体育的改革进行必要的探索积累了有益的经验。时至今日，篮球、排球、乒乓球、网球、羽毛球甚至围棋的职业联赛都已全面展开，“职业运动员”也孕育而生，并初具规模。

（二）专业运动员

1. 专业运动员的含义

专业运动员特指以我国改革开放前培养的运动员为典型代表的一种类型，与其相联系的是专业体育体制的概念，“专业体育体制既不是职业体育，也不是业余体育，而是一种特殊的国家意志化和政治功能化的体育模式”。[2] 在此基础上，可以认为，专业运动员就是在计划经济体制下专门从事体育运动竞赛的人员。与职业运动员不同，专业运动员与特定的体育管理体制相联系，其主要特征就是专业运动员的整个培养过程中无时无刻不体现着国家意志和政府行为，专业运动员的培养成为政府统包统揽的一部分。

2. 专业运动员的产生

如果说职业运动员是市场经济发展的产物，那么专业运动员就是计划经济时代竞技体育领域的典型代表。此类型运动员仅仅存在于 20 世纪以来的苏联、东欧、古巴和中国等一些社会主义国家中，是社会主义国家在一定历史时期所特有的体育现象。以中国为例，从20世纪中后半叶以来，由于我国体育事业发展在很大程度上是照抄照搬苏联模式，体现在运动员培养方式上便是专业运动员的出现。专业运动员的选材、培养、参赛、福利待遇等方面全部纳入政府的工作计划，由政府部门统包统揽。此种情况下，国家、民族和阶级的意志等同于竞技体育的意志，专业运动员的唯一目的也是全部目的就是为国争光，力求通过体育这个窗口来向外界展示国家形象和实力。我国体育界长期提出的“国内练兵，一致对外”口号就是专业运动员政治使命的集中体现。

（三）业余运动员

1. 业余运动员的含义

同职业运动员和专业运动员相区别的是业余运动员，其主要特征在于：首先，业余运动员都有自身固定的职业；其次，业余运动员从事体育运动是以兴趣作为主要驱动力，而非金钱或其他。

2. 业余运动员的产生

业余运动员的产生伴随着体育运动发展的整个过程，与群众体育联系最为密切，体现了体育最基本的功能和作用。人们在排除商业利益和政治因素干扰的前提下，出于对体育运动的热爱和强身健体的要求，自发、主动地投入到这一过程当中，这也是与最早顾拜旦发起的奥林匹克运动的初衷相一致的。

必须指出的是，随着市场经济的不断发展，真正意义上的业余运动员只能停留在体育社团和群众体育活动之中，在由商业组织运作的各类重大国际比赛当中，已经越来越难以看到业余运动员的身影了。

二、高水平运动员的培养路径

随着我国竞技体育事业的不断发展，在不同性质和特点运动项目的人才培养方面，必然要求采取一种更加灵活有效，同时可以充分反映出今后一段时期内竞技体育发展趋势的高水平运动员培养路径。

（一）专业化培养路径

1. 专业化培养路径的含义

所谓运动员培养的专业化路径，在人才培养的手段和方式上都更加依赖于我国"举国体制"下的竞技体育资源配置渠道与方式；在运动员培养的资金投入上，主要以政府部门的财政拨款为主，并借助于传统的"三级训练网"体系，实现高水平运动员的培养过程。但这种专业化与以往计划经济体制下的运动员培养方式又有所不同，不再以获取金牌为唯一目标，而是同时将运动员的文化教育和竞技技能学习有机结合起来，开始强调了运动员的社会价值实现的重要性。因此，现代专业化路径将是传统"举国体制"下运动员培养方式的最直接"继任者"。

2. 专业化培养路径的特点

(1) 高效性。通过在一定范围内集中有限资源来实现对某一运动项目竞技水平的提高，这既是传统"举国体制"的典型特征，同时也是专业化培养路径的主要特征，其优点在于可以充分发挥原有竞技体育管理体制的优势，充分利用有限的资源，以有效实现专业竞技人才的培养过程。

(2) 节约性。在我国经济尚不十分发达的客观条件下，能否科学合理地利用原有运动员培养的"专业化"体系，并将其优越性最大限度地发挥出来，在一定程度上也是我国竞技体育得以实现健康和可持续发展的一个重要标志。

(3) 稳定性。在一段时期内，以专业化培养路径的方式来进行一部分运动项目运动员的培养，将是中国竞技体育整体实力保持和发展的最佳选择。

3. 专业化培养路径的适用范围

高水平运动员的专业化培养路径主要适用于那些市场化程度低，个人或家庭、企业和社会体育组织都不愿介入的运动项目，如射击、击剑、举重、柔道等项目。

（二）职业化培养路径

1. 职业化培养路径的含义

职业化培养路径将是我国竞技体育领域与社会主义市场经济体制建设相适应的一项重要工作，其要义在于通过市场来作为竞技体育资源特别是高水平运动员培养的配置主体，根据市场这一“风向标”的发展趋势，将人、财、物、时间和信息等资源要素投入到产出最高的运动项目上去，从而不断减少政府在竞技体育人才培养方面的微观管理行为，真正实现由微观、宏观“双肩挑”向单纯的宏观管理转变。

2. 职业化培养路径的特点

(1) 市场性。市场经济的最大特点就在于资源配置的自由流动，反映在运动员培养方式上也同样如此，通过市场的导向作用，各类资源可以最大自主性地选择所要流向的方向，实现利益最大化。

(2) 变革性。传统“举国体制”下，高水平运动员的培养均由国家统包统揽。面对经济的高速发展和竞技体育商业化浪潮，政府职能和角色不断受到挑战，对竞技体育人才培养政策也提出了新要求。在这一变革的过程中，政府在职业运动员的培养方面也开始不断加大其投入，干预能力得到加强，并不断地在政府干预和俱乐部的“自治权”方面寻找新的平衡点。

(3) 渐进性。可以预见，在我国市场经济不断完善和健全的过程中，职业化培养途径将会成为未来我国高水平运动员培养的主要选择和方式。

3. 职业化培养路径的适用范围

职业化培养适合那些当前市场开发比较好、群众基础雄厚、观赏性强和发展潜力大的运动项目，如足球、篮球、赛车、网球、高尔夫、斯诺克等运动项目。

（三）院校化培养路径

1. 院校化培养路径的含义

院校化培养是采取依托高等院校的教育资源，来实现高水平运动员竞技技能培养和全面发展的真正统一，它是我国现阶段培养高水平运动员的一种有效路径和尝试，也是当前实践中收到了良好效果的一种方式。

2. 院校化培养路径的特点

(1) 多元性。院校化培养充分体现了体教结合的思想，在运动员培养上不单单以竞技体育成绩为目标，强调各方面素质的综合养成，具有丰富的多元性。

(2) 科学性。现代竞技体育在不断突破人体极限面前，训练是否科学成为运动员成绩提高的瓶颈。高等院校有着强大的智力支持和科研力量，可以充分满足这一要求。

(3) 持续性。竞技体育人才的培养最终要植根于教育，纵观世界各国在发展体育事业的时候，无论是群众体育还是竞技体育始终把基点放在教育上，这是中国未来竞技体育可持续发展的根本。

3. 院校化培养路径的适用范围

同专业化培养路径和职业化培养路径均为不同的是，院校化培养并没有严格的限制范围，在具体运动项目的选择上，主要取决于某一院校中是否具有该项目的师资力量等方面的条件。

三、高水平竞技人才来源模式及类型

(一) 金字塔式

我国传统的“三级训练网”是一种金字塔式的高水平竞技人才来源模式，它的最底层是普通业余体校、体育传统项目学校等业余训练层，中间层次是重点业余体校、体育中专和专项业余体校、竞技体校，最高层次是省、市、自治区专业队和国家队。我国大多数竞技项目的高水平人才都来自于这种金字塔式的“三级训练网”。如田径、游泳、乒乓球、羽毛球、举重、柔道、足球、篮球、排球、棋类等很多项目，都是从基层业余体校就开始有众多的青少年参加训练，形成了庞大的后备力量群，为这些项目多年来的蓬勃发展和高水平运动员选拔奠定了基础。

金字塔式的基本思路是从大量的参加训练活动的青少年中选择有天赋的运

动员，这种方法特别适合于田径、游泳等基础大项和足球、网球、体操等特别需要天赋的项目。众所周知，田径、游泳等项目是以体能为基础的项目，它的目标是冲击人体的体能极限。在无数运动员经过多年的不懈努力之下，这些项目的纪录已经达到相当高的水平，这种水平不是一般人仅仅经过努力训练就可以达到的，能够达到巅峰的只是少数天才运动员。同样，在世界各地深受人们喜爱和广泛开展的足球、网球等项目也已经发展到相当高的水平，必须具有特殊的天赋才能脱颖而出。在足球水平最高的巴西，优秀足球运动员层出不穷的主要原因就在于他们的青少年训练，每个教练员的主要任务就是在他所负责训练的几十个甚至几百个孩子中寻找有天赋的人才，而不是把主要精力放在每个人的具体训练上。这与中国教练员试图从自己所带的青少年中培养出世界水平运动员的理念有很大的不同，寻找人才和训练出人才是两种不同的概念也必然带来不同的结果。[3]

（二）塔楼式

塔楼式是一种基础训练队伍和最高水平队伍人数规模相差不多的高水平竞技人才来源模式，它是我国甚至国外很多运动项目所采取的培养高水平竞技人才的方式，并且取得了不错的效果，得到了一些专家的推崇。塔楼式的主要特点是不需要很大的后备力量作为培养人才的基础，最高层次的培养目标从基层直接做起。我国国家、省（市、区）优秀运动队很多运动项目也都采用了这种模式，如跳水、体操、竞技武术、艺术体操、花样游泳、花样滑冰等。

塔楼式可以大致分为以下几种类型:

第一种类型是在高级教练员指导下直接从少年儿童培养高水平运动员，这种类型特别适合于一些运动员成才早、训练条件不易普及、技术性技巧性要求高的项目，特别典型的项目有跳水、体操、艺术体操、花样游泳等。在这些项目中，运动员出成绩的年龄在14~16岁，而训练从5~6岁就开始了，由于运动员年龄小，出成绩早，根本没有改正不正规技术的时间，因此必须从小接受正规的训练，正确掌握高难度的技术和技巧。

第二种类型是对运动员有特殊要求的项目，如篮球、排球等。这些项目发展到今日，世界水平和国内最高水平比赛已经成为特殊身高人群的竞技。由于身高因素的限制，这些项目的最高水平与普及程度之间已经没有必然的联系，金字塔式培养模式在这类型项目中其意义已经减弱。特别是在我国，人们平均身高低于欧美国家，1.90米以上的男子和1.80米以上的女子在人群中的比例很少，而国内高水平篮、排球运动员的身高基本都高于这个指标，因此按照这样的标准进行选材，这些项目的三线队伍的层次应该是呈塔楼式的。

第三种类型项目的共同特点是在我国开展不够广泛，群众基础较差，建立金字塔式体系有一定的困难，国家和各省（市、区）为了在奥运会和全运会上取得成绩组织了训练队伍，队伍的层次在一、二、三线的人数上相差不是很多，划入这类项目的有摔跤（古典、自由）、拳击、跆拳道、赛艇、皮划艇等。[4]

（三）迁移式

在我国目前的竞技体育人才来源模式中还有一种是非常常见的，以前有专家将这种模式归类为塔楼式，但是由于这种模式的高水平竞技人才并不是依托本项目的基层一级一级的选拔和培养，而是大量地从其他项目的青少年运动员当中选拔（移植），因此可以称之为迁移式模式（或移植式模式）。

这种模式的特点是从事这些项目的运动员主要来自其他项目，原因是这些项目在我国开展不够广泛，群众基础较差，建立金字塔式体系有一定的困难。但这种模式与塔楼式比较也有区别，塔楼式有三线队伍，而迁移式模式基本上没有青少年三线队伍。我国许多运动项目的高水平人才都采用迁移式，如棒球、垒球运动员基本都是从青少年田径运动员中进行选拔的；手球运动员则来自篮球、田径等项目；曲棍球运动员大部分也是从田径运动员中选拔的；水球运动员则从游泳运动员中挑选。这些项目虽然自己没有完善的三级训练体系，但是它借助了田径、游泳等基础大项的训练网络为自己选拔和培养后备力量，从一定意义上也是一种比较实际的选择。近几年我国女垒、女曲在国际大赛中不断取得优异成绩足可说明采用这种模式的运动队伍也是可以大有作为的。[5]

第二节　高水平运动员培养历程及现状

一、我国高水平运动员培养的历史沿革

1952 年后，为了适应参加奥运会等国际体育活动的需要，在中央体委领导下，开始建立各运动项目组织。除了 1949 年已经成立的篮球协会以外，至 20 世纪 50 年代末，已相继成立了中国摔跤、网球、排球、田径、足球、乒乓

球、羽毛球、举重等近20个单项运动协会。[6]

与此同时，在解放军体育工作经验的基础上，又借鉴了苏联等国的模式，逐步建立起了具有中国特色的专业运动队体制，开始了我国高水平运动员培养的历程。

中国高水平运动员培养始创于20世纪50年代初，当时称为“优秀运动队”。最初国家体委所属的优秀运动队有篮球、排球、游泳3个队。到1959年第1届“全运会”前后，已经建立了包括田径、体操、游泳、篮球、排球、足球、乒乓球等主要项目在内的常设国家集训队。同时，全国各省（市、区）也建立了一定数量的专业运动队。根据1959年4月中共中央转批国家体委党组《关于1959年体育工作几个问题的报告》称：“各省、市、自治区可根据本地区体育运动发展的情况和特长，建立若干重点项目的优秀运动队伍。……省以下各级的运动代表队，除为了准备和参加省一级运动会，可进行短期集训外，一律不应当占用生产和工作时间进行集训。”1960年3月经中央转批的《国家体委党组关于1960年体育工作会议情况的报告》又进一步明确指出：“优秀运动队的训练由国家体委和省、市、自治区分别举办。”《1961年全国体育工作会议纪要》则规定：“优秀运动队的设立，除解放军、各产业系统由各有关部门批准建立外，目前只限制在国家体委和省（市、自治区）体委两级。”[7] 根据以上文件，正式确定了中央和省级两级高水平的专业运动员培养模式。

1961年3月31日，《国家体委关于实行运动队工作条例（草案）的通知》下发。这是我国第一部关于高水平（专业）运动员培养的正式文件。该条例对我国专业运动队的基本任务、培养目标、管理规范进行了全面阐释，并分章就训练原则、比赛要求、思想政治工作、文化教育、教练员、运动员、后备力量培养、医务监督、行政管理、组织和领导进行了全面的规定与说明。这一条例的出台，标志着中国竞技体育“举国体制”的训练体制与高水平（专业）运动员培养体制走上了规范化与建制化轨道。

在国家与省一级建立高水平（专业）运动队的同时，与之相适应的“高水平竞技人才的三级训练网”“‘三从一大’的训练原则”“‘国内练兵，一致对外’的赛训指导原则”等也相继建立并提出，成为当时我国专业运动队建设及高水平运动员培养的有力保障和指导原则。

二、西方竞技体育发达国家运动员培养方式

竞技体育是衡量一个国家体育发达程度的重要标志。培养优秀运动人才是竞技体育发展之源，各国竞技体育的兴衰均与运动员培养状况紧密相关，运动员培养问题受到各国普遍重视。然而，由于历史、文化、政治和社会背景不同，竞技体育体制不同的国家也采取不同的策略来加以解决。

（一）美国

美国是当今世界竞技体育的头号强国。市场机制的充分调节始终是促进竞技体育发展的基本动因，政府也对市场干预，但主要运用财政和货币政策进行间接调控，因而相对来说干预较为有限。竞技体育发展中市场功效得到充分展现和发挥。

1. 高校竞技体育在美国竞技体育系统中占主导地位

美国高校竞技体育在整个美国竞技体育系统中起着承上启下的作用，是不可或缺的重要部分。美国竞技体育中绝大多数优秀运动员都是高校竞技体育系统发现和培养的，而且各职业俱乐部的后备人才基本上都是从高校选拔出来的，美国高校竞技体育系统与整个美国竞技体育系统在运动员培养衔接上是合理而有效的。

在大学开展体育竞赛是美国的一个长期特色，竞技体育在各大学备受重视，并被视为提高学校知名度，吸引更多的社会和企业财团赞助的重要展示窗口。全美各大学通常设立竞技体育部、运动部或单项体育俱乐部，教练员由体育教师担任或另外聘请专职教练员。在这种全民重视、热情参与的氛围下，美国大学的竞技运动水平非常高，大学拥有完善的现代化运动训练、竞赛设施和优秀的教练员，为培养高水平运动员提供了有力的保障，每个学年和赛季赛事频繁，竞争激烈，成为美国大学校园文化的重要内容。美国高校也在相关体育法律制度许可范围之内，提供条件优厚的奖学金，吸引有某些运动天赋的中学生报考。他们在高校竞技体育系统接受继续训练，并成为美国国家队、国奥队以及职业俱乐部优秀运动员的主要来源。

2. 职业体育发达，职业运动员的培养与运作机制健全

美国职业体育很发达，拥有橄榄球、棒球、篮球、冰球、高尔夫球、网球、拳击、自行车等 18 个项目的 140 多个职业运动队，其中规模大、发展快、效益好的主要有篮球、橄榄球、棒球和冰球等。职业体育组织为了获得最大的经济利益，他们在管理模式、经营措施、比赛制度等方面都有自己的特殊规定。如多数职业体育联盟采用的并不是共同管理模式，而是在共同联盟模式下，球队老板组成董事会，总裁是首席执行官，以有效保证全联盟利益的最大化。另外，他们在经营代理权、所有权、竞赛制度、选秀与转会、规则的修改、收入的分配等方面，都围绕市场的要求作了一些特殊的规定，以保证整个联盟的最大利益。这些特殊规定对保证职业体育的长期发展及职业运动员的健康成长是非常重要的。可以说，是职业体育使美国竞技体育优秀运动员脱颖而出。

3. 训练科学化，为美国竞技体育提供了强有力的保障

作为头号竞技体育强国，美国在 1976 年蒙特利尔奥运会失利后，全美奥委会通过了科技推动竞技运动提高的决议，并列入全美业余体育发展条例。1981 年美国开始兴建现代体育运动中心，制定运用科技优势提高全美奥运运动员竞技能力的宏伟计划，先后兴建了冰上的如莱克—普拉西德训练中心、水上的如科罗拉多—斯普林斯训练中心、田径和自行车等项目的圣迭戈综合训练中心。并在训练中心配置各类智能测试系统，如检测网球发球速度的运动雷达枪、测试划船运动员桨水力量的转换器等。另外，还有运用生物工程技术和计算机技术研制了运动员血液综合分析系统，为创造世界纪录要达到的训练水平实行严格的定量化分析和精确控制。这些精确的高科技技术手段的运用使运动员自身天赋的潜能在竞技场上充分发挥出来。[8]

（二）澳大利亚

澳大利亚的竞技体育从第 1~第 14 届奥运会，成绩不太理想，金牌数在 3~4 枚之间徘徊，到第 15 届奥运会开始好转。1956 年第 16 届墨尔本奥运会上取得了历史最好成绩，获得 13 枚金牌、8 枚银牌、14 枚铜牌，奖牌总数达到 35 枚，排名第 3 位。此后，澳大利亚的成绩又开始下降，到 1976 年加拿大蒙特利尔奥运会，澳大利亚仅获得 1 枚银牌，4 枚铜牌，总成绩排名第 32 位。澳大利亚政

府在国民的压力下随后进行了体育改革，加大了对体育的投入，澳大利亚的奥运成绩又开始回升。到第27届悉尼奥运会，澳大利亚取得了16枚金牌、25枚银牌、17枚铜牌，奖牌总数58枚，金牌总数排名世界第4位。

澳大利亚目前竞技体育实力较强，在发展竞技体育方面及时介入政府管理，彻底扭转了20年成绩连续下降的局面，尤其是培养高水平运动员方面有非常好的经验值得我们借鉴。

1. 大力发展体育院校网络体系

澳大利亚体育学院、各州体育学院已在培养高水平运动员，提高竞技体育水平，实现竞技体育功能方面发挥着主要作用。澳大利亚联邦政府设有国家竞技运动委员会，各州政府设有体育发展局，负责制定国家和各州的竞技运动发展规划，确定重点项目和发展目标。政府通过国家竞技运动委员会与国家奥委会、伤残人体育委员会、澳英联邦运动会协会，以及全国性和各州的体育组织密切合作，建立起真正的能够取得国际比赛优异成绩的全国体育院校网络体系。新的国家体育学院是在全国竞技体育理事会已经形成的竞技体育网基础上建立的。它根据运动员及其所在俱乐部或体育组织的不同需要确保提供灵活的计划安排。并受代表竞技体育各方的管理委员会领导，包括国家奥委会、澳英联邦运动会协会及其他非奥项目体育组织的代表。

2. 运动员培养三级训练体系完备

在澳大利亚，竞技体育人才分为高、中、初三级。最好的集中在国家队，奥运会队伍由国家奥委会负责管理，中间层次放在州级培训，初级是在基层。但国家队并不是全部集中在AIS（澳大利亚体育学院）训练，而是根据项目特点，将国家队放在有优势项目的州级训练基地或体育学院，如澳大利亚著名游泳运动员索普和国家跳水队就在昆士兰州体育学院训练。国家队在各州体育学院训练实行有偿训练。这种模式有利于充分发挥各地的积极性，充分利用各地资源。这些学院的主要职能是培养以青少年为主的精英运动员。“运动精英计划”则向国家级的运动员提供支持。作为国家训练基地其职责主要包括：向国家队或特别训练小组提供训练支持和后勤服务；为国家选拔和训练运动员提供服务；给予财政支持；协助运动员选择职业和接受教育及个人发展等方面的事务。

3. 训练基地网络发达、科训紧密结合

澳大利亚已建立起由国家竞技运动委员会统一管理的国家、各州和地区之间，由大学和学院组成的训练基地网络建立起各单项协会、俱乐部组成的基础训练网络。各种体育组织相互合作，密切配合，形成有澳大利亚特色的竞技体育体系。

青少年发展计划的最终目的，是选拔优秀苗子代表国家参加奥运会或世界性比赛。选拔青少年运动员一般是俱乐部推荐，参加全国青少年比赛等。澳大利亚各州代表队的宗旨不是在竞赛中取得最好成绩，而是能够成为国家队的选拔人员。澳大利亚培养精英运动员的三大特色即真正以教练员为主体，以运动员为中心，科训紧密结合，确立了对体育科研和对精英运动员直接支持的两个资源配置重点，充分发挥教练员的作用，以运动员为中心的支持与服务体系完善，训练与科研相结合。

国家队和各州的项目总教练（大部分是学院聘请的专职教练员）在制定年度计划中就要有明确的计划要求，并要注明在本年度需要学院的科研部门帮助的内容，需要各学科多少时间等详细的计划要求，并写在教练员的聘任合同之中。[9]

（三）俄罗斯

在世界竞技体坛上，苏联一直占据着非常重要的地位，作为它最大的历史继承者，俄罗斯在国内政治经济大环境不断改善的情况下，在经历了竞技体育由高峰到低谷的残酷现实面前，对竞技体育的发展和优秀运动员培养上也进行了深刻的思索和卓有成效的改革。

1. 贯彻法制理念，加强政府体育部门的宏观调控能力

建立起市场经济体制的基本框架，是俄罗斯政治经济改革的目标与方向，随着 1991 年苏联国家体委的解散，世界上最强大的国家体育行政机构从此告别了历史舞台。1992 年，《全俄奥林匹克委员会法》和《俄联邦体育教育和运动的管理机制法》出台，由体育运动协调委员会、全俄奥委会、联邦体育委员会和国家体育运动基金会四部分组成了新的俄罗斯国家体育管理体系，而作为俄罗斯联邦政府下属的体育运动协调委员会，其职责也被最小地限定在宏观管理的范畴，即制定体育政策，完善相关法律法规，并协调各方面关系等。

2. 重视后备人才培养，不断加大资金投入力度

在苏联解体后的近10年时间里，俄政府对体育的投入是杯水车薪，对体育的领导也处于无序状态，很多俄罗斯单项体育协会由于主客观原因对项目发展几乎是无作为。面对这一现实，在2000年对悉尼奥运会进行总结时，普京总统明确指出，要按照《俄罗斯联邦体育法》重点发展青少年体育，将青少年体育提升到关系国家和民族前途命运的高度。在此背景下，2002年，专门从俄罗斯联邦总统储备金中划拨约1000万人民币的资金用于扶持俄罗斯青少年体育的发展。[10] 随着俄罗斯政治经济状况好转，政府对体育的投入加大。以田径项目为例，最近几年对田径项目的资金投入是以前的三倍多，同时国家队队员每个月领取的总统津贴和其他途径的津贴发挥了强大的物质刺激作用，现在世界级选手能够每个月领取5000~8000美元的津贴。[11]

3. 积极调整奥运战略，实现竞技体育大国地位的回归

2000年悉尼奥运会上，俄罗斯代表团共获得88枚奖牌，在金牌榜和奖牌榜上仅次于美国；在2004年雅典奥运会上，虽然金牌数降至第3位，但仍以92枚奖牌高居奖牌榜的第2位。在备战2008年北京奥运会工作中，俄罗斯奥委会提出采取重点依靠为数不多的几个奥运会竞赛项目的方针，改变从苏联竞技体育中继承下来的、依靠广泛参赛和力争参加奥运会所有竞赛项目的比赛方式，从而实现俄罗斯竞技体育大国地位的回归和巩固。

（四）日　本

尽管日本竞技体育有史以来并未居于世界竞技体育强国的位置，但进入20世纪中后期，政府主导型经济模式的日本建立了与其相适应的竞技体育管理模式，在近两届奥运会上其排名不断提升。❶其高水平运动员培养的特点主要涉及以下几方面：

1. 将竞技体育发展和高水平竞技人才培养与国家利益和国民体质高度关联

日本政府从20世纪60年代起，以国民经济的好转和国民对体育有了需求

❶注：日本在第27届奥运会上只夺得5金位列第15位，第28届奥运会在柔道、摔跤、游泳、体操、田径5大项一举夺得16金、9银、12铜，跃居第5位。

这一变化为契机，及时把体育工作的重心转移到整个国民体质的推进上，主要围绕着《体育振兴法》展开，把竞技体育人才的培养建立在大众体育的基础上。日本政府认为，大众体育涉及每一个国民的切身利益，良好的大众体育更有利于政权的稳固、经济的发展和国民体质的提高。据文部省统计，1997年日本的体育人口已达70%，超过了同年的美国，跃居世界第一。[12] 体育场馆的增加也与体育人口的增多具有密切的关系。

日本文部省体育局对政府参与管理职业体育进行了如下解释：高水平职业体育运动不仅应给人们留下深刻印象、给人带来愉悦感受，还应使年轻人对体育更感兴趣，即涉及对青少年的培养问题；职业运动员现在也允许参加奥运会，这与国家利益相关；政府能够为职业运动员和业余运动员提供交流的机会等等。

2. 建立了"体育振兴基金"和国家体育研究中心，重点支持高水平竞技运动

在大力发展大众体育的同时，竞技体育也得到了一定的重视。1990年日本开始建立了"体育振兴基金"，基金的来源主要是政府、企业和其他不同渠道的捐赠。目前每年的捐赠约1.5亿日元。基金发放对象是促进竞技体育发展的体育组织，主要用于优秀运动员赴国外比赛、训练等。此外，还包括其他一些一流的奥运会运动员、教练员、国际和国内竞技体育组织、体育科研组织以及国际级的优秀团体等。在促进竞技体育发展方面，除体育振兴基金外，日本还计划为一流运动员建立国家体育研究中心。日本的体育政策是在体育局的控制下发展起来的，并靠政府补贴支持。这种补贴系统通过直接拨款及在中央和地方政府间的调整来帮助富裕与贫困地区缩小财政差距。

3. 在加强宏观管理的同时，将事务性的工作交给体育社团

日本中央掌控的"代表中央制"与"政府主导型经济模型"决定了日本政府对体育的管理模式。振兴普及体育的中心行政机构是国家文部省，文部省的体育局在制定和实施计划方面是中央的最高权力机构，在与各体育组织的关系上，体育局处于领导地位。[13] 对体育的发展进行监督以及在不同的体育组织间起信息沟通和联络作用。而事务性的工作交给日本体育协会和日本奥委会承担。其中，日本体育协会的主要职责是贯彻政府体育政策，承担政府较为零散的事务性工作，如培养社会体育指导员、举办国民体育大会、开展体育科学研究、推动青少年体育的开展以及进行国际体育交流等。日本奥委会的主要职责是为参加国际大赛、选拔和训练优秀的运动员，其执委会受辖于文部省。总之，日本政府对社会体育团体并没有像其他西方发达国家那样给予较多的自主权。

（五）法　国

法国作为一个文化历史悠久的国度，在高水平运动员培养方面有着独特的一套体系和方法。从整体上来看，法国在政府部门和各类体育机构通力合作的基础上，更加强调运动员的长远利益和可持续发展，即强调对运动员成为一个“社会人”的培养，通过学习教育和就业活动来不断充实和发展运动员的综合素质。

1. 政府体育部门与各类体育机构协作培养高水平运动员

在法国，高水平运动员的培养主要由法国青年体育部（简称法国青体部）、法国奥委会和法国体育学院等组织共同承担。法国青年体育部，属于国家行政机构，下设四个司，分别是运动体育司、青年体育司、行政管理司和外事司，在法国全国各大区、省均设有直属分支机构，其主要任务是组织与推广体育运动的发展。法国奥委会是所有法国体育组织的代表，也是国际奥委会在法国的代表，共有 90 个单项运动协会，在与法国青体部的关系上，两者是互不隶属、相互合作的两个平行组织。法国体育学院是法国最高体育学府，于 1975 年由高等体育运动师范学校和国家运动学校合并而成，下设四个部，分别是高水平运动员部、培训部、运动科学部、医学部。目前，该学院共有 800 名运动员，其中约有 16%为精英运动员。[14] 学院有三个训练基地，主要针对培养奥运选手、国家队选手和青年选手。法国青体部、法国奥委会和法国体育学院共同致力于运动员的可持续发展。

2. 以人的全面发展为重点，保障运动员的长远利益

不论是法国青体部、法国奥委会，还是法国体育学院，这些部门在培养运动员过程中，在强调运动员的全面发展问题上，目标都是一致的，即坚持从就业上保证高水平运动员的长远利益。比如，法国青体部不仅与国防部、内政部、经济部合作为运动员提供帮助，还与 800 多家公司为运动员签订了保障协议。为了使运动员成功转型，青体部还与教育部进行合作，共有 665

个学院进行体育学生的全面培养。法国体育学院培训部则针对运动员的不同情况，设有 31 种不同的培训计划。在进入该基地训练之前，运动员与学院双方沟通，由运动员提议，签订一个根据运动员的建议制定的培训计划。一旦进入基地训练，转型培训计划同时开始。[15] 在这种机制下，运动员的培养摆脱了单纯追求冠军和金牌的狭隘观念，使运动员培养朝着“社会人”的方向不断迈进。

3. 重视教练员队伍的稳定和培养

在法国，教练员队伍的稳定和培养被视为高水平运动员成才必不可少的重要条件。实行专职教练员和兼职教练员相结合的制度，将教练员分为三个级别，其中，国家队教练员为三级教练员，大区级教练员为二级教练员，由专项运动协会聘请的专职教练员一般为一级教练员。法国青体部技术司主要负责高水平教练员的培养，通过法国国内各单项运动协会，与承担国家队训练任务的教练员签订奥林匹克合同。教练员职业资格需要获得由教育部颁发的学历证书和由单项运动协会颁发的教练员培训考核合格证书，并在取得证书后每年仍需参加为期 2~5 天的协会培训。由于教练员具有教育部颁发的学历证书，即使不做教练工作，也可以做其他专业工作，没有后顾之忧。[16] 这种专兼职结合、工作稳定、培训完备、没有后顾之忧的教练员队伍，为法国高水平运动员的培养提供了有力的支持。

另外，德国、英国等国家在竞技体育管理和高水平运动员的培养上近年来也颇有特点。德国 1995 年制定的《2000 体育发展纲要》，已把高水平竞技体育人才的培养放到了十分重要的位置，对发展高水平竞技体育进行重新定位，强调对大众特别是年轻一代阐明竞技体育重要的社会意义。而英国政府则为提高国际形象，制定了一整套竞技体育发展计划，如《世界级起步计划》《世界级希望计划》等，都是为挖掘、培养高水平竞技人才专门制定的计划。

以上竞技体育发达国家尽管发展方式各异，但在培养高水平运动员方面都有很多成功的经验，共同一点是注重本国国情，选择相应的竞技体育人才培养模式。

三、我国高水平运动员培养方式的新途径

高水平运动员培养是一个复杂的系统工程，是竞技体育中一个非常重要的环节，对竞技体育的发展和竞技水平的提高起着决定性作用。世界各国培养运动员都按照自己国家的实际情况采用了多种体制和方式，各具特点。随着我国社会主义市场经济体制的逐步建立与完善，社会经济的迅速发展和文化的进步，教育的普及、科技的提升，在追求“以人为本”，谋求“人的全面发展”科学发展观指导下，我国高水平运动员的培养模式正悄然发生着变化，无论“体教结合”的“清华模式”“体育院校化模式”的相继出笼，还是以“奥运战略”为最高目标的“举国体制”的激烈讨论中提出的“运动员培养社会化模式”等，从专业运动员一统天下，到运动员学生应运而生，再到学生运动员在竞技场上的初见端倪，反映了我国竞技体育体制正不以人的意志为转移，悄然地自觉或不自觉地发生着变化。这一变化表明，我国高水平运动员培养模式的多元化格局正在形成。

新中国成立后的前 30 年，我国处于计划经济时代，竞技体育人才的培养一直采用“包办形式”，由政府调控、国家负全责，投入巨资成立各级少体校，省、市体工队，直至国家队，走的是一条“专业化”的培养道路。20 世纪 90 年代初期以后，随着我国社会主义市场经济体制的逐步建立，社会的转型和社会、经济的发展，社会对劳动者文化素质的需求越来越高，运动员二次就业形势严峻，政府难以再用行政命令、计划手段安排运动员就业。高水平运动员在退役后得不到妥善的安置，这实际上是最大限度投入的不对等回报。另外，我国实行的体育系统内自办运动员文化教育的竞技体育教育体制，它脱离了教育大环境，实际上是在不完善的教育环境下对高水平运动员这个特殊群体进行着不完善的特殊教育，运动员以训为主，忽视了文化学习。同时也看到，随着社会经济的发展，运动员的自由全面发展也被自然地提到议事日程。奥林匹克精神的主旨是促进人的素质提高，培养全面发展的人。我国竞技体育从后备运动员的选拔、培养，到退役运动员的安置，实际上与“以人为本”的发展竞技体育还有所偏离。运动员自身的全面发展，从实践上来说，是关系到竞技体育与社会和谐发展的问题；从理论上来说，是关系到竞技体育与人的全面发展问题。

当前，我国高水平运动员培养的社会化不足，已经成为制约和影响我国竞

技体育持续、健康发展的关键问题。因此，应当从我国竞技体育体制改革与竞技体育可持续发展的实际需要出发，正确认识并恰如其分地发挥社会与市场在培养高水平运动员中的作用；按照市场经济的要求，调整政府体育部门在培养高水平运动员过程中的作用点和着力点；在竞技体育体制改革中，加快推进制度创新，以社会化为引导，探寻我国高水平运动员培养的新途径。

第三节 我国高水平运动员培养的社会化

高水平运动员培养的社会化重点在于强调在高水平运动员培养过程中要更多地利用和挖掘社会资源，改变以往单纯由政府作为投资主体的高水平运动员的培养方式。

一、我国高水平运动员培养社会化的必要性

（一）市场经济体制改革的必然要求

中国社会自20世纪70年代末80年代初开始了改革大潮，时至今日，已历经二十余载，我国的政治、经济、文化、教育都发生了翻天覆地的变化，随着以市场化为取向的经济体制改革的不断深入，竞技体育领域改革取得了丰硕的成果。因此，从国民经济发展的战略高度来审视我国高水平运动员的培养方式，探索市场经济条件下高水平运动员培养社会化的途径，是关系到中国体育事业未来发展全局的一个重要问题。

随着商品经济的发展，劳务市场与文化市场不断扩大，人们对体育的消费意识及消费能力不断提高，特别是竞技体育作为一种新的社会职业已成为可能，并且具有广泛的市场前景。在国家对体育的投资不能满足体育事业发展的需求时，商品经济的高度发展使得体育具有了自我发展的机会，经济的发展使人们在精神和物质生活水平提高的同时，还具备了投资体育的意识和能力，为高水平运动员培养的社会化发展提供了适宜的外部环境。

（二）体育管理体制改革的必然趋势

伴随着改革开放和社会主义现代化建设事业的不断推进，我国的体育事业

迅速发展，并取得了可喜的成绩。全民健身活动广泛开展，国民身体素质普遍提高，竞技体育全面登上世界体育舞台，在国际赛场上屡创佳绩，体育事业的发展达到了一个新的水平，并对促进我国经济发展和社会进步起到了重要作用。

随着我国改革开放进程的日益深入，以国际大形势下市场经济和体育运动发展的客观规律为准绳，根植于我国国情的体育体制改革也逐渐展开，新体制以转换政府体育行政部门的职能和塑造好市场活动的主体为突破口，目的在于促进改“办”为“管”的经费投入、训练体制、竞赛体制、领导方式以及人才培养体制转轨的实施。

（三）经济全球化给中国体育事业发展带来的必然选择

自20世纪末以来，经济全球化和世界多极化的浪潮以及信息技术的飞速发展，猛烈地冲击着传统的国际秩序。传统的时空观念被打破了，世界的区域化和一体化的进程大大加快，国家间的联系变得比以往任何一个时候都更加紧密了。国内的各项体育事业都与外国的竞争对手在同一个市场上比拼，给中国体育事业带来的冲击将是方方面面的，不论是资金、人才，还是管理方法和先进技术，都要面对外来的巨大压力。在竞技体育领域，由于新的训练方法、手段和器材的使用，使国际体坛上的争夺日益激烈，许多长久以来被人们视为人体极限的禁区被不断突破，中国的体育健儿们要想继续取得进步，就必须在加强自身训练的基础上，虚心向国外的同行们学习各种先进技术。想要提高运动成绩、攀登竞技体育高峰，所花费的时间、精力、经费今非昔比，没有专门的特定的训练环境、条件是难以训练出出类拔萃的运动尖子的。在经济全球化浪潮与竞技体育市场化、商业化改革影响下，实现高水平运动员培养的社会化是应对新形势下各种挑战的必然选择。

二、我国高水平运动员培养社会化进程中的障碍

多年来，我国高水平运动员的培养一直是在以政府为主导的“举国体制”下进行的。随着社会的转型和体制的转轨，部分运动项目高水平竞技人才的培养主体逐渐由政府转向家庭、企业等社会单位，亦即高水平运动员培养社会化。从人类社会的历史进程来看，任何新转变的进程都会遇到这样或那样的障碍，高水平运动员培养社会化的进程也不例外。

（一）政策性障碍

从广义上看，政策是一定时期和背景下，国家、政府或政党的政治策略与行动原则。从狭义来说，政策是一定时期内以政府的决议、通知、文件、规定等形式正式下达的工作准则与规范。[17] 当前，制约我国高水平运动员培养社会化进程的政策性障碍主要有以下几方面：

1. 参赛资格的限制

在目前国内赛制（特别是以“全运会”“城运会”为杠杆的各种重大比赛）的条件制约下，“社会化”路径培养出来的高水平运动员往往没有“正当的身份”（即“注册”）去参加到国内水平较高的比赛。由于很多对运动员参赛资格的限制，使之成为高水平运动员培养社会化进程中的政策性障碍。

2. 社会保障制度、法规的不健全

总体上看，我国高水平运动员的社会保障制度建立比较迟缓，至今尚不完善，尤其在就业安置、医疗、保险、福利等方面难与整个社会的社会保障体系相适应。同样，高水平运动员的社会化培养仍然要求建立与之相适应的相关制度、法规，否则，将成为阻碍高水平运动员培养社会化的重要障碍。仅从我国现有的高水平运动员社会保障制度、法规等看，大都是在计划经济时期建立起来的，而且是按照计划经济原则、在政府体育部门“一家办”的条件下进行的，很难适应现代社会的发展要求和依托“社会办”的客观需要。

（二）条件性障碍

1. 经济条件

在运动员培养社会化进程中，经济条件的制约是一个重要障碍。在当前社会经济发展条件下，一般的个人或家庭很难有足够的经济实力去支付一名运动员（特别是高水平运动员）的培养费用。即使一些个人或家庭有培养运动员的技术条件和愿望，但由于缺乏雄厚的经济实力，加之又缺乏企业等的支持，只能选择放弃可能成为高水平运动员的机会。

2. 训练条件

训练条件是运动员成才的重要因素之一，任何高水平运动员的培养都是与良好的训练条件分不开的。运动训练的构成诸因素如教练员、运动员、训练方法、场地、器材、设备等，都有可能成为高水平运动员培养社会化进程中的障碍。在运动员培养社会化较高的西方国家，一些运动项目的运动员由家庭或者企业赞助出资自主聘请教练员，由教练员制定科学的训练方法、选择利用合理的场地、器材、设备对运动员进行训练，整个过程全部由社会承担。而在这个过程中，运动员能否聘请到优秀的教练员，训练方法是否科学合理，有没有现代化的场地、器材、设备（甚至运动损伤康复手段和设备），都会成为制约和影响高水平运动员成才的障碍。

3. 运动项目社会化程度条件

运动项目社会化程度是指该运动项目受市场青睐和社会接受的程度，以及依赖社会的程度。随着职业体育、商业体育的飞速发展，一些运动项目很容易受到观众的喜爱，并很容易得到企业的赞助和媒体的支持，对社会和市场的依赖性不断增强。如当代的网球、高尔夫球、斯诺克等。高水平运动员培养的社会化，一定程度上与该运动项目本身对社会和市场的依赖程度有关。如果这个项目本身对社会和市场的依赖程度很低，即不具备社会化条件，则该项目的运动员培养也很难在社会化路径上有所作为。

（三）观念性障碍

1. 来自政府体育部门的观念性障碍

长期以来，我国的高水平运动员一直由政府培养。难免在政府体育部门形成一个比较狭隘的观念：运动员的培养是政府体育部门“一家”的事情。这无疑给当前正在探讨的高水平运动员培养社会化问题增加了一道障碍。

2. 来自运动员及家庭的观念性障碍

受长期计划经济体制的影响，运动员及家庭容易形成一种传统的观念：进入“三级训练体系”的集训队，就意味着将来的就业问题得到解决。或者追随国家的九年制义务教育才是正统，而像丁俊晖的父亲那样让孩子 10 岁放弃学业去打台球，则易被看做是不务正业的表现。在当前国家教育制度、就业制度下，这道观念性障碍还很难冲破。

（四）体制性障碍

1.“社会化”与以国家投入为主的行政体制的垄断行为的冲突

随着职业化、市场化在我国竞技体育领域的不断渗透和发展，从一个层面带来了中国现有竞技体育的管理思想和体制与体育精神和体育社会化活动的本质属性间的激烈冲撞。我国高水平运动员的培养推行社会化的发展道路，是我国竞技体育适应国际大环境的必然选择。因此，建立一种适应市场化甚至职业化发展要求的运动员培养体制已是大势所趋。但是，在推行高水平运动员培养社会化过程中的现行运动员培养组织与管理结构的行政垄断，却是影响我国高水平运动员培养化发展进程，与国际接轨的一个重要障碍。所谓“行政垄断”，是指“行政主体滥用或超越行政权力，限制、妨碍或排斥经济竞争的行为”[18]即指长期以来我国运动员的培养组织管理体制是一种高度集中的、以行政管理和指令为基本手段的一种体制，是与计划经济相适应的一种管理方式。在这一体系下，各运动项目管理中心与协会是“同构”或“混合”机构，[19]而名为实体的各运动项目管理中心，已经具有了类似企业、民间协会和政府派出机构等功能，成了集政府、社会、企业三种功能于一体的特殊产物。特别是主要领导的“同一”性，使这种本来属于社会民间团体的协会面目全非，因而“社会化”的发展客观上也变成了一种实施上的政府行为，在这种情况下难免为了政绩目标和利益，会以协会的名义做出一些明显有失公平的规定或限制。这对于刚刚迈步走上市场经济轨道，与国际接轨的中国竞技体育来说，首先面临的这种来自内部的约束和控制，显然不利于运动项目的正常发展。而现在的各运动项目系统组织结构和组织形态，却是形成这种情况的根本原因。[20]

2. 运动员的“社会化培养”受到“国家化选拔”的阻碍

按照我国传统的管理体制，运动员的培养和选拔都是在体制内部进行的，两者矛盾并不突出。然而，在迈向社会化的今天，运动员的培养过程已经出现由俱乐部、家庭等社会组织非专业体校承担培养工作的例子。但是，这种机制并没有改革彻底，人才的培养虽然社会化了，但在人才的选拔上又不得不进入原来的“国家化选拔”体制，即通过参加省队，参加全运会，最后进入国家队的体制。[21]

国外优秀竞技选手的成长经历表明，“去国家化”之后的出路在于社会化，即由社会通过各种各样的方式承担支持体育事业、培养职业选手的成本。但我国长期以来实行的是体校、地方队和国家队的“三级体制”。这种体制相对封闭独立，具有专业化程度高、力量集中的优势，曾经为我国竞技体育的发展做出重要贡献。但近年来其弊端也日益显现，突出表现在资金约束、训练与文化学习脱节、运动员再就业难等等。而“社会化培养”虽然能够有效解决这些问题，但其地位仍然受控于原有体制，突出表现在“注册权”和“参赛权”都垄断于各级政府体育部门，而不是社会团体，更不是个人和家庭或者企业。

三、我国政府在实现高水平运动员培养社会化进程中的作用

（一）科学界定政府体育部门适度介入的范围

社会化的高水平运动员培养制度是在国家宏观调控下的人才培养制度。在社会化过程中，单位或部门利益是最高利益，各人才培养主体根据社会和市场需求进行人才培养，追求利润最大化是其主要目标，这容易导致运动项目间发展的不平衡，使局部利益与整体利益、地方利益与国家利益发生冲突。如果完全由市场或社会配置体育人才资源，足球等一些我国竞技水平较低但市场前景较好的项目会吸引很多培养单位的重视，而我国的一些优势项目如体操、跳水等反而无人问津。长期下去，必然带来运动项目间的结构失衡，导致我国竞技体育总体实力的波动。政府体育部门的适度介入，运用政策杠杆或经济手段调节供需矛盾和结构平衡，有助于保持优势运动项目后备人才队伍的稳定。

（二）积极鼓励社会力量参与培养，加强相关法规制度建设

引入市场机制培养竞技体育人才，各高校、企业、社会团体或俱乐部等竞技人才培养单位应围绕市场需求主动收集供求信息，进行理性决策，组织人才培养，追求自身利益的最大化。政府体育部门应主动引导社会力量参与高水平运动员的培养。社会参与可以在现（“专业竞技”或“政府主导竞技”）系统外形成另一条从生产竞技后备人才到高水平运动员的流水线，增加竞技人才总量。对由政府调控、国家负全责、投入巨资的运动员集中培养机制的一条龙、

三级训练网的流水线——教练员通过与幼儿园、小（中）学教师建立联系，把有潜质的苗子吸收到业余体校，经过封闭或半封闭的训练与优胜劣汰的竞争，佼佼者逐步升入省（市、区）优秀运动队、直至国家队，常年进行单一的专业训练，以形成竞争。在此过程中，政府体育部门应制定更加完善的相关法规，对社会力量参与高水平运动员的培养进行规范管理，建立与完善高水平竞技人才交流的相关制度，使各培养主体在同等的条件下进行竞争，保证培养单位得到合理的利益回报。

（三）促进政府体育部门和教育部门的有机结合，在实践中探索“体教结合”的制度创新

“体教结合”是体育系统与教育系统联合培养体育人才的一种形式。尽管形式多样化，但目前“体教结合”的重点主要集中在业余训练层次上，对于高水平层次的专业运动队、高校高水平运动队等的“体教结合”还没有引起足够的重视。随着竞技体育的发展和社会对人才需求标准的提高，“体教结合”已超越了早期的体育系统与教育系统联合培养体育人才的简单形式，逐步向一种“全方位”的结合形式发展。[22] 诚然，在未来实现我国高水平运动员培养社会化的过程中，采取依靠高等院校来培养高水平运动员的方式将是一种最为便捷和有效的途径，即以普通高等院校为龙头，逐步完善大、中、小学相衔接的体育人才培养机制，这是实现奥运金牌战略与高水平运动员人性化训练双赢的最佳选择。[23]

（四）改革现有人才培养体制，合理调整与划分“事权”

随着我国社会主义市场经济体制的逐步深入，运行了几十年的竞技体育“举国体制”中庞大的人才培养体系与资金匮乏，运动员管理上的国家供给制所造成的“出口”与“入口”不畅通等一系列矛盾，成为制约、影响竞技体育可持续发展战略目标实现的巨大障碍。改革现有人才培养体制，选择适合我国竞技人才培养的模式，以利于提高投资收益率，保证优势项目、非优势项目的协调发展已成为当务之急。而我国在“举国体制”下，各地方竞技体育的最高任务是瞄准每 4 年一届的“全运会”，它是一种由中央到地方逐级进行全民体育运动竞赛的制度，是一种“国家化”特征很强的以行政区为基础的层层选拔体制的补充和强化，是地缘文化在体育竞赛中的表现。实现高水平运动员培养社会化的前提在于体育事业的“去国家化”；[24] 改善单一的国家培养体制，

由社会通过各种各样的方式承担支付体育事业、培养冠军的成本，让政府的体育资源用于更广泛的公众体育；并合理调整被垄断于各级政府体育行政体育部门的“注册权”“参赛权”，合理划分“国家”与“社会”的事权，解决高水平竞技后备人才的“培养”和“选拔”之间的断裂等矛盾。

【思考题】

1. 谈一谈我国高水平运动员培养社会化进程中主要有哪些障碍？

2. 你认为我国政府在实现高水平运动员培养社会化进程中应当发挥哪些作用？

3. 试比较我国高水平运动员培养方式与世界各竞技体育强国有何不同？从中能汲取哪些经验？

【参考文献】

[1] 现代汉语词典［M］. 北京：商务印书馆，2006：1695.

[2] 郝勤. 当代中国专业体育体制的特征与评价［J］. 体育文史，1999（4）：10-11.

[3][4][5] 汪海燕，等. 对我国竞技体育人才几种不同培养模式的再认识［J］. 山东体育学院学报，2005（1）：27-28.

[6] 郝勤. 体育院校通用教材 体育史［M］. 北京：人民体育出版社，2006：393-394.

[7] 体育运动文件汇编（1959—1981）［M］. 北京：人民体育出版社，1982：61.

[8] 赵云宏，张秀华. 美国竞技体育“霸主”地位之透析［J］. 中国体育科技，2003（5）.

[9] 潘志琛. 对英法德澳四国竞技体育管理体制的考察与调研［J］. 中国体育科技，2004（6）.

[10] 普京拨专款用于发展少儿体育［N］. 常利华，译.（俄）体育快报，2002-06-19.

[11] 常利华. 从2006欧洲田径锦标赛看俄罗斯田径最新发展［J］. 竞技体育信息，2006（10）.

[12] 倪同云. 国际大众体育发展趋势的比较研究［J］. 体育科学，1998（3）.

[13] [20] 刘青. 政府体育事业职能界定 [M]. 成都：电子科技大学出版社，2004：55–56.

[14] [15] [16] 国家体育总局干部培训中心. 高水平运动训练与管理研究 [M]. 北京：北京体育大学出版社，2007：65–67，160–165，189–198.

[17] [19] 杨桦，黄亚玲. 坚持与完善竞技体育举国体制的理论思考[M]//杨桦，等. 竞技体育与奥运备战重要问题的研究. 北京：北京体育大学出版社，2006：27，36–37.

[18] 黄欣，周昀. 行政垄断与反行政垄断立法研究 [J]. 中国法学研究，2001 (3)：13–17.

[21] 陶冶. 人才流失现体制弊端，后备人才培养和选拔断裂 [N]. 扬子晚报，2005–03–22.

[22] 杨再淮. 竞技体育后备人才培养 [M]. 北京：人民体育出版社，2006：76–83.

[23] 戴婷婷. 中国体育也需一个新时代 [EB/OL]. 中国新闻周刊. [2004–09–02]. http://www.sina.com.cn.

[24] 陈培德. 全运会赛制的历史功绩和时代局限 [J]. 浙江体育科学，2002 (8)：11–14.

第五章
运动项目协会及其管理

【学习目标】

- 了解和掌握运动项目协会的含义、沿革及分类，运动项目协会管理的基本形式与作用、功能，相关国际体育组织的形式与结构特征
- 认识和理解我国运动项目协会的历史演进、基本形式、制度及主要弊端
- 探讨和思考我国运动项目协会实体化的本质、内涵与可行性，如何推动我国运动项目协会实体化等

第一节　运动项目协会及其管理概述

一、运动项目协会的含义、沿革及分类

（一）运动项目协会的含义

就一般意义而言，运动项目协会是指依照法律程序设立的非政府的社会公共体育组织，其目的主要是为了组织和管理某一运动项目的开展，并不断致力于该运动项目的普及推广与竞技水平的提高。通过以各类各级单项运动协会为主体的运动项目协会来管理和发展本国竞技体育，是世界上众多国家所采用的一种管理手段和方式。运动项目协会在文字上还可以表述为某一运动项目的单项体育联合会。

（二）运动项目协会的沿革

运动项目协会的历史可以追溯到18世纪中叶。早期的运动项目协会是以业余体育俱乐部为载体的体育组织。俱乐部通过其成员捐赠资金组织各项活动，并奖励比赛中的优胜者，它在解决比赛纠纷、制定比赛规则、确定会员资格、指定管理人员以及处罚违纪会员等方面发挥了作用。[1] 这是最早期的运动项目协会的雏形，它的运行模式对以后英国乃至欧美的运动项目产生深刻的影响。19世纪后叶，随着科学技术的进步和世界市场的形成，体育的发展出现了国际化趋势，各类世界性运动组织应运而生。1881年，第一个国际单项体育组织——国际体操联合会成立，这是体育发展史上第一个国际性的体育组织。此后，各种单项运动国际体育组织如雨后春笋般建立起来。[2]

今天，当人们站在历史的高度来审视运动项目协会时，它的产生和发展都从两个方面向人们传递着其存在的价值。一方面，它的产生源自于运动项目协会的本质功能，即它的服务体育、传播体育、不断扩大体育对人们日常生活影响的功能。但若仅仅根据这一点，尚不足以说明它在当今体育事务中所扮演的重要角色。因此，还需要从另一个角度——运动项目协会的组织属性来加以解

释。按照西方政治经济学的理论，运动项目协会应当属于社会组织的范畴，因此，可以将其划入“第三部门”之中。“第三部门”作为人类社会发展过程中一个特殊的组织形态，涵盖了一切既不属于以公益性为目的的政府公共部门，又不属于以营利性为目的的商业企业的一种非营利性组织。运动项目协会在西方长期的实践过程中，代表着公、私领域二元结构基础上的一种社会中介机制，发挥着既不同于政府的社会事务管理功能，又履行异于一般商业经营的社会服务义务，它成为促进体育事业发展的主要推动力量。

（三）运动项目协会的分类

运动项目协会作为一种重要的社会公共体育组织，是体育这一独特文化现象发展到一定阶段的产物，是一种最适合提供和管理准公共物品的组织形式，在现代体育发展和管理中占有独特的地位，按照不同的标准可以进行不同划分。

按照运动项目协会对应运动项目的不同，可以划分为足球运动项目协会、体操运动项目协会、自行车运动项目协会等。

按照运动项目协会所面向人群的不同，可以划分为女子运动项目协会、青少年运动项目协会等。

按照运动项目协会所属范围与层次的不同，可以划分为国际性、洲际性、国家性和地区性四种。

二、运动项目协会管理的基本形式与作用

（一）运动项目协会的管理层级

运动项目协会的管理层级主要包括两个方面，一个是纵向的，一个是横向的。从纵向上来看，主要表现为一种从属的关系，即地方性的单项体育联合会、全国性的体育单项联合会、国际性的体育单项联合会。各种类型的体育俱乐部是这一链条上的终端环节。需要指出的是，在单项运动联合会与国家奥委会的关系上，有的国家是一种平等关系，两者各自独立、互不依存，是一种相互帮助的伙伴关系，如德国等；但还有许多国家的单项运动联合会在不同程度上接受所在国的国家奥委会的领导，甚至个别国家的单项运动联合会还可以认为是属于国家奥委会下属的专项管理机构。从横向上看，主要表现为一种并列关系，是指包括了不同项目的各类地方单项体育联合会、国家单项体育联合会

与国际单项体育联合会。

（二）运动项目协会的活动形式

运动项目协会作为一种在国际上普遍推行的体育社团组织形式，是体育最重要、最具权威的管理机构，在体育管理事务中具有垄断和权威地位。依照各类体育法规的授权，不同的单项体育联合会有权代表其相应的体育项目，并且成为这些体育项目的代言人，不论这些项目是职业体育、业余体育还是专业体育。所有体育活动，都应统一在体育联合会的组织下开展活动和竞赛。

鉴于运动项目协会在发展体育事业中的重要作用，各国政府都在不同程度上对本国的部分或大部分的运动项目协会进行一定的财政补贴和拨款，包括通过制定各种优惠税收政策等宏观调节手段，来促进和维护本国的运动项目协会的发展。但必须注意的是，在欧美等市场经济较为发达的国家，运动项目协会的资金主要来自市场和社会，包括会员费、体育彩票，另外还有社会捐助、比赛、电视转播、门票、俱乐部、财产分红等。同时，所在国政府对直接投入的财政拨款在具体使用上都有一套严格的管理和审计监督制度，可以有效避免资金的滥用。

（三）运动项目协会的权利

由于不同国家的政治制度和经济制度各不相同，因此，在运动项目协会的权利就有不同区分。但从整体上来看，主要包括四类。

1. 基本规范权利

一般包括协会目的，会员资格，入会手续及退会程序，官员的资格、权利、地位以及任期，选举权，争端解决程序等。

2. 行为规范权利

一般包括体育职业道德，运动员、教练员以及裁判员技术等级标准，竞赛规则等。

3. 惩罚权利

主要是指协会对违反章程或行为规则的会员是否应当做出处罚以及如何做出处罚等。

4. 争端解决权利

各单项体育协会在章程中都明确规定协会成员间或协会成员与协会间发生争端时适用何种程序加以解决。

（四）运动项目协会的主要功能

1. 利益功能

协会代表了本行业中的所有会员的根本利益与整体利益，在无形资产开发、运动竞赛组织等方面起到了单个会员所无法替代的作用。作为行业代表，拥有庞大的资源，因此谈判能力较强，能够最大限度地维护行业的利益。

2. 沟通功能

协会注重沟通俱乐部等会员单位与政府的关系，以及本行业与新闻媒体及其他社会组织的关系。

3. 服务功能

为会员提供有关经营方面的服务，包括咨询服务、培训服务、市场调研、信息服务、赛事组织、运动员转会、国际赛事联络等。《体育法》第 29 条："全国性的单项体育协会对本项目的运动员实行注册管理。"

4. 协调功能

当行业内各俱乐部或会员之间发生各种利益矛盾时，协会可从行业整体利益出发，通过各种手段协调俱乐部之间的矛盾。俱乐部之间的相互关系是建立在竞争基础上的，但竞争离不开协商，协会的存在是有效竞争的前提和条件，对竞争极为有利。

5. 自律功能

督促各会员遵守国家法律及各种政策，进行自律性管理。协会不仅代表本行业会员的整体利益，为会员谋取福利，而且会通过各种方式清除"害群之马"。《体育法》第 49 条："在竞技体育中从事弄虚作假等违反纪律和体育规则的行为，由体育社会团体按照章程规定给予处罚。"

6. 管理功能

政府往往会将某些管理权力授予单项运动协会，由协会代行部分管理功能。

三、相关国际体育组织介绍

（一）国际奥委会

随着奥林匹克运动作为全世界规模最大、影响最广的国际性体育活动地位的不断强化，国际奥委会理所当然地成为当代国际运动项目协会管理的最基本的一种形式。

1. 概述

国际奥委会是奥林匹克运动的最高权力机构，其总部设在瑞士的洛桑。它是一个国际性的、非政府的、非营利的组织，是奥林匹克运动的指导者、捍卫者和仲裁者。国际奥委会具有法人地位，它的存在是无限期的。国际奥委会的任务是按照《奥林匹克宪章》领导奥林匹克运动。它根据《奥林匹克宪章》所作出的决定是最终决定。[3]

国际奥委会作为奥林匹克运动的最高权力机构，具有绝对的领导地位，具体表现在：国际单项体育联合会所管辖的运动项目必须得到它的承认才能成为奥运会比赛项目；国家奥委会必须获得它的承认才能有权参加奥运会；国际奥委会拥有奥运会的全部权力，包括比赛项目的设置、举办城市的确定、对违反《奥林匹克宪章》的运动员及相关人员进行处罚等。

一个国家只能选出一名奥林匹克委员会委员，但曾举办过奥林匹克夏季运动会或奥林匹克冬季运动会的国家可以选举第二位委员。奥林匹克委员会委员不是该委员所在国家在国际奥委会的代表，而是作为国际奥委会在该国的指定代表。

2. 国际奥委会的组织结构

国际奥委会由全体委员会议、执行委员会、秘书处和专门委员会四个主体进行相应管理。

（1）国际奥委会全体委员会议。简称全会，是国际奥委会的最高权力机构，奥林匹克运动中的一切重大问题均通过全会进行最终决策。每年至少举行一次，在奥运会年举行两次，但国际奥委会主席可以要求召开特别全会。全会可以授权给执行委员会，有权通过、修改和解释《奥林匹克宪章》等内容。

(2) 国际奥委会执行委员会。执行委员会由全会授权行使国际奥委会的职责，是奥委会的常设机构，1921 年开始设立，最初由 5 人组成，现由 11 人组成，包括奥林匹克委员会主席、四位副主席和六名委员。主要负责奥林匹克委员会的财务管理、制定全会议程、准备年度报告，并推荐国际奥委会委员候选人等。

(3) 国际奥委会秘书处。主要负责处理国际奥委会的日常工作，由国际奥委会总干事和秘书长负责，并雇有专门的工作人员。

(4) 专门委员会。该类机构为临时性组织，是由国际奥委会主席根据工作需要提出建立的，在国际奥委会的直接领导下进行工作，负责研究某些特殊问题，一旦完成使命，可予以解散。

3. 国际奥委会的管理目标

国际奥委会作为奥林匹克运动的最高领导机构，其具体管理目标是：

(1) 保证奥林匹克夏季运动会或奥林匹克冬季运动会的正常举办。

(2) 贯彻体育运动公平竞赛的原则，促使体育运动为人类服务。

(3) 维护《奥林匹克宪章》。

(二) 国际单项体育联合会

国际单项体育联合会作为世界范围内管辖一项或几项运动项目的非官方国际性组织，是当代国际运动项目协会管理的重要组成部分。

1. 概述

国际单项体育联合会由各个国家或地区的单项协会组成，并从管理层级上负责管辖这些项目的国际或地区的单项协会，其最高权力机构是定期召开的代表大会，在代表大会闭幕期间，由相应的执行委员会或组织来行使权力。

根据《奥林匹克宪章》的规定，国际单项体育联合会的主要任务是：负责它所管辖的运动项目的技术和行政管理方面的工作，制定并推行本运动项目的规则并保证该项目在全世界的开展，制定本项目的奥运会参赛标准，负责本项目的技术监督和指导。[4]

2. 国际单项体育联合会的组织结构

国际单项体育联合会的组织结构主要包括代表大会、执行委员会和主席。其中，代表大会是国际单项体育联合会的最高权力机构，每个正式成员具有一票表决权；而执行委员会则在代表大会闭幕期间行使权力，负责日常事务的处理；主席负责领导国际单项体育联合会执行委员会，是联合会的最高官员。

3. 国际单项体育联合会的管理目标

国际单项体育联合会对应各自不同的运动项目，其具体管理目标有：

(1) 发展国家联盟组织和地区协会之间的协作关系，并鼓励组织竞赛活动。

(2) 确保用国际单项体联的规则指导国际单项体联各成员国和地区团体之间的竞赛活动。

(3) 防止加盟国际单项体联的各联盟组织和竞赛活动在种族、宗教及政治联盟方面的差别和歧视。

(4) 审批国际单项体联成员的参赛资格和竞赛规程。

(5) 加盟被各国家奥委会承认的国家联盟组织。

(6) 调停和（或）裁决国际单项体联各成员（即各国家单项体协）之间的争端。

(7) 在国际奥委会的特殊职权范围内，就准备场馆、批准装备和执行职务等方面的问题与奥林匹克运动组织委员会进行协作。

(8) 为创纪录的运动成绩设立规则，并作证明。[5]

第二节　我国运动项目协会与协会制

一、我国运动项目协会概述

在我国，运动项目协会是指依法在国家民政部门登记的全国性单项体育协会，其目的主要是为了开展、普及某运动项目，并提高该运动项目的水平。根据《奥林匹克宪章》和其他国际体育组织章程的有关规定，全国性单项运动协会是一个国家某一运动项目的最高领导机构，一个国家某一项目的全国性单项运动协会一般只能有一个，全国性单项运动协会必须隶属于一个国际单项体育联合会，并按其规则开展自己的活动。

运动项目协会作为一种重要的公共体育组织，是体育事业发展到一定阶段的产物，是一种最适合提供和管理准公共物品的组织形式，在体育管理中占有独特的地位，它既可以促进体育事业的发展，又可以对政府体育部门的有效运作起到积极的推动作用。

第一，当体育发展过程中同时出现“政府失效”与“市场失灵”时，运动项目协会的存在可以有效地进行弥补，这也是其基本价值所在。市场机制是当代社会经济发展不可缺少的基础性调节机制，但它容易受到利润驱动，存在着很大的局限性，即“市场失灵”。在市场失灵时，人们不愿做的或不能做的事，可以由政府来承担，但政府的垂直等级式管理和强制性特征，也有可能导致“政府失效”的情况出现。因此，对于那些在体育发展过程中政府与市场都无法有效处理的问题，就需要由运动项目协会进行解决。

第二，运动项目协会具有沟通性和民间性的特征，这决定了它们在体育事业某些领域的竞争优势。例如，运动项目协会的沟通性与民间性可以使其深入社会基层、贴近大众，同时又能同政府体育部门保持密切的关系。而且，运动项目协会还可以作为一条重要的纽带，在其所服务的社会基层大众与经营、营利性的体育企业、学校、体育俱乐部以及政府体育部门之间发挥交流作用。

第三，运动项目协会与营利性的体育组织不同，具有明显的非营利性，它将公益性目标放在首位。因此，可以排除经济利益等因素的干扰，将力量集中在那些市场不愿投资、政府部门不直接管理的体育领域。但是，正如市场和政府都有可能失灵一样，运动项目协会也有其内在的局限性，存在经费不足、组织业余等问题，特别是与政府体育部门的职能优势相比，往往会影响组织的权威性和工作效率。

第四，运动项目协会可以有效地和政府体育部门合作，在体育事业改革过程中承担政府体育部门让渡出来的具体的执行性、事务性的职能，成为政府体育部门职能转变和机构改革的重要载体。

二、我国运动项目协会的历史演进

（一）运动项目管理体制的初始模式（1950—1987 年）

我国最初的运动项目管理体制是 20 世纪 50 年代初期参照苏联的模式建立

起来的，运动项目由国家体育行政部门（国家体委）直接管理，实行高度集中的管理体制，用有限的投入，集中支持了部分运动项目的训练和竞赛活动。20世纪50年代初，我国为了与国际有关组织机构接轨，开始在相应的体育行政管理部门中附设没有专门编制、人员、经费的全国性的单项运动协会，那时的协会没有实际的体制和机制内涵，权力主要集中在体育行政部门，实行“一套人马、两块牌子”。

（二）运动项目管理协会制实体化改革的试点（1988—1993年）

随着我国政治经济体制改革的深入和人民生活水平的提高，带有浓厚计划经济色彩的运动项目管理体制本身所固有的一些弊端越来越明显地暴露出来，逐渐丧失了其原有的优越性，已难以适应社会主义市场经济的发展。1988年国家体委为加快单项运动协会的建立，开始分阶段地逐步把运动项目管理的职责全部从机关中分离出来，对拳击、足球、登山、武术、射击、摩托车等八个项目六个协会初步实行“实体化”的改革试点，1990年又扩大增加了对网球、桥牌、铁人三项三个项目协会的改革试点。按照国家1989年出台的《社会团体登记管理条例》中的“体育协会从属于社团管理范畴”的规定，所有项目协会于1993年统一在民政部门进行了注册和社团登记，这说明我国运动项目管理体制在单项运动协会实体化的进程中迈出了关键性的一步。

（三）运动项目管理实体化改革的推行（1994—1997年）

经过多方论证，我国于1994年开始成立运动项目管理中心。国家体委根据国务院机构改革的要求，在总结对协会“实体化”试点经验的基础上，又将45个运动项目的管理职能从机关划出，使转入实体的单项运动协会达到41个，项目增至57个；按照项目特点，又将其中54个项目分别划归到14个运动管理中心。到20世纪90年代中期，我国已有20个运动项目管理中心相继成立。1997年又颁布了《国家体委运动项目管理中心工作规范暂行规定》。至此，我国运动项目的管理已全部由20个项目管理中心承担，单项运动协会依托项目管理中心具体实施对本项目的管理与发展，具有中国特色的协会制的运动项目管理新模式逐步形成。从运行实践看，运动项目管理中心的设立和运作，不仅促进了运动项目管理由原先的粗放型向集约型转变，而且推动了各个运动项目的社会化和产业化进程，同时也培育了各运动项目的体育市场。

（四）运动项目管理实体化改革的深化（1998 年至今）

在国务院进行的机构改革中，国家体委由国务院组成部门变成国务院直属机构，于 1998 年改组成国家体育总局，名称和序列的变化标志着其职能和工作方法必然要进行调整，其改革的核心内容主要是政事分开，管办分离，把政府对体育工作的管理切实转变到宏观调控上来，加强宏观管理、加强政策研究、加强执法监督，把一些微观的、具体的事务交给事业单位、中介组织和社会去办，这同时也进一步加快了我国运动项目协会实体化改革的进程。对此项改革，《国家体育总局 2001—2010 体育改革与发展纲要》和《中共中央　国务院关于进一步加强和改进新时期体育工作的意见》提出，在进一步完善我国运动项目管理体制和运行机制的基础上，逐步建立具有中国特色的协会制，使协会逐步成为自主决策、自主管理、自我约束、自负盈亏的社团法人，要求各地根据本地区实际，分期分批地进行运动协会实体化改革。

三、我国运动项目协会管理的基本形式

（一）体育行政部门直接管理

这种形式其相关的单项运动协会的办事机构一般与业务主管部门的职能处室融为一体，协会设有专职干部，不单独进行经济核算，协会对运动项目的管理基本是名义上的。

（二）事业性的协会实体管理

这种事业性的协会实体形式既是体育行政部门的直属事业单位，又履行对运动项目实施全面管理的职责。

（三）纯社团性的协会实体管理

这种纯社团性的协会实体形式是在体育行政部门的指导下依照国家法律、政策以及本协会章程独立开展活动的体育社团组织，其协会办事机构不属体育行政部门的事业单位，对本项目的管理不履行行政职责。

四、我国的运动项目协会制

（一）运动项目协会制的概念

所谓“运动项目协会制”，是指以单项运动协会为相应运动项目管理主体的一种体制。也有人称之为“实体协会”。体制完善与否，直接影响到运动项目管理的效果。因此，运动项目体制改革始终是我国竞技体育改革的一项重要内容。

（二）我国协会制的特点

协会是世界上大多数国家管理体育运动的基本组织形式，这些协会一般都是非官方的群众组织，是具有独立法人资格的自主的体育社团，在政府支持下依据协会章程规定的权力和职责范围，自主地组织管理各运动项目的训练和竞赛活动。协会组织的领导机构由选举产生，全国协会与协会之间，不是上下级关系，而是伙伴关系。在建设有中国特色社会主义条件下，我国体育运动的协会制既要与国际体育组织接轨，又必须具有中国的特点。我国所建立的协会制的特点是：

1. 协会及其实体是本运动项目管理的主体。这与我国过去的管理方式有很大区别，着重加大了协会在运动项目管理中的责任和权利，成为责、权、利统一的实体单位，而体育行政部门由直接管理变为间接管理，使体育行政部门和协会在项目管理上既有分工，又职责明确。

2. 协会及其实体对运动项目的管理是在体育行政部门的领导和指导下进行的。这是不同于西方国家的协会制的一个突出特点。

3. 多数实体协会既有社团特征，又是体育行政部门的直属事业单位，并赋予某些行政职能。这与我国一般的群众社会团体也是大不相同的。

（三）我国实施协会制的基本原则

1. 从实际出发，实事求是，因时、因地、因项制宜，统一规划，分类指导，分步实施。

2. 要有利于调动各方面的积极性，加强对运动项目的管理，促进运动技术水平的提高。

3. 按照各运动项目的特点、运动水平和担负的任务等不同情况来确定协会的实体形式。奥运会重点项目和传统优势项目，以及有事业单位为依托的项目，一般转变为事业性协会实体；其他运动项目根据国际、国内活动的实际需要可转变为纯社团性协会实体或事业性协会实体。

4. 目前仍实行第一种管理形式的单项运动协会，也要进行改革，不断完善组织机构，健全规章制度，充分利用协会的组织形式，调动各专业委员会的积极性，加强民主管理。[6]

（四）实体协会的基本任务和职责

实体协会的基本任务是在体育行政部门的领导下，根据国家的体育方针、政策，统一组织协调全国本运动项目的发展，推动本运动项目的普及和运动技术水平的提高。其主要职责是：

1. 负责全国本项目的业务管理，研究和制定本项目的发展规划和方针、政策。

2. 指导和管理本项目优秀运动队伍的建设和后备人才的培养。

3. 研究制定并组织实施本运动项目全国竞赛制度、计划、规程和裁判法，负责本项目全国性竞赛的管理，审定全国比赛规则和运动成绩。

4. 开展国际交往和技术交流，提出本运动项目的国际活动计划，负责和指导参加国际竞赛队伍的组织、集训和在我国举办本运动项目的国际比赛的审批、组织工作。

5. 组织实施本项目运动员、裁判员技术等级制度，对高水平教练员、裁判员进行培训和考核。

6. 负责和组织本运动项目的科研和出版有关的专业书刊。

7. 依法从事经营活动，广开经费来源渠道，为本项目的发展筹集资金。

8. 搞好协会的组织建设，广泛联系和团结社会各界人士，充分发挥桥梁纽带作用。[7]

（五）体育行政部门对实体协会的管理

体育行政部门是实体协会的业务主管部门，要切实加强对实体协会的宏观管理和归口业务指导。对实体协会主要是行使以下管理职能：

1. 审定协会的长远规划、发展战略和有关方针、政策，对训练、竞赛、外事、宣传等项业务进行指导、综合平衡和组织协调。

2. 根据一个时期体育工作的需要，对实体协会下达任务，定期或不定期地听取协会工作汇报，研究解决协会工作中的重大问题。

3. 根据各运动项目的特点和担负的任务，确定国家拨款的数额，对经费的使用进行监督和审计。在协会实体化的初期，对各运动项目体育事业经费部分的拨款数额按原基数原则上三年不变，三年后再根据各项目的具体情况进行必要的调整。

4. 负责协会主席、专职副主席、秘书长人选的推荐或资格审查、审批，对协会主要领导人的奖惩，以及对协会副秘书长以上人选的综合平衡和协调。

5. 负责协会常设机构事业和社团编制的审核管理；主要依靠国家拨款的事业性实体协会，其人员编制要严格控制，对已基本实现经费自理的实体协会的人员编制根据工作需要可适当放开。

6. 负责协会以体育行政部门的名义行文的审批。

7. 负责协会的成立、变更、注销等事项的审查，以及协会所属经营性实体的申报登记的审批。[8]

五、我国运动项目协会的主要弊端

（一）官民二重性

民间性应该是运动项目协会最基本和最主要的特征，但是目前大多数运动项目协会都具有不同程度的“半官方”性质。运动项目协会的负责人一般是来自政府部门或事业单位，其他办事人员一般也是来自挂靠单位，且多数为兼职性质；运动项目协会的决策受政府影响较大，独立发展能力较弱。这种鲜明的官民二重性使运动项目协会看起来更像是一个“自上而下”的“公民自治组织”。

（二）经费筹集渠道单一

从总体上看，多数运动项目协会在收入和支出上保持平衡，只有少数市场化程度较高、群众运动项目开展普遍的能够略有盈余。但在收支基本平衡的背后却隐藏着运动项目协会资金总量不足，大部分经费还是来自上级的财政补贴这样一个实际情况。

（三）人才结构不合理

人才的数量与质量是影响运动项目协会功能发挥的重要因素，在运动项目协会建设中，人才队伍建设已经作为一个重要问题摆在人们面前。目前，主要是运动项目协会工作人员中兼职数量过多，知识层次较低，尤其缺少既懂体育又懂管理的专业人才。

（四）职能发挥不充分

现代社会科学将社会组织分为政府组织、营利组织和非营利组织三部分，运动项目协会便属于非营利组织。作为社会领域的一种重要组织形式，各类运动项目协会在相应的社会生活中发挥着重要的作用。但由于运动项目协会受政府部门管理，具有较为浓厚的行政色彩，部分运动项目协会还涉及经营实体，具有一些企业的特征，这些都冲淡了运动项目协会应有的民间性，造成运动项目协会职能混乱。因而，在满足政府与社会需要的过程中，往往由于经费和人力的有限而无法实现满足社会需求的职能。

（五）社团管理不规范

由于我国运动项目协会建设尚处于发展阶段，其管理也呈现出一种粗放式的特征，如相应法律、法规不健全，对运动项目协会的监督管理难到位，缺少专职工作人员等问题。由于实行的是体育行政部门审批、民政部门登记的管理办法，一些运动项目协会常年未经注册，致使体育行政部门和民政部门难以对其进行有效的管理。

第三节　我国运动项目协会的实体化

20 世纪 50 年代初至 80 年代，我国对运动项目的管理基本上是实行由体育行政部门直接管理的方式。这种管理方式在计划经济体制下，曾有效地推动了各运动项目的发展，使我国运动技术水平得到迅速提高，不少项目达到世界先进水平。但是，随着我国体育事业的发展，特别是国家经济体制改革的不断深化和社会主义市场经济体制的确立，原有的运动项目管理体制已难以适应体育事业发展的要求。为探索新的运动项目管理体制，国家体委从 1988 年开始陆续对足球、武术、登山等运动项目管理进行了协会实体化改革试点。十几年的实践证明，运动项目管理实体化改革是必要的，也是可行的。

一、我国运动项目协会实体化的内涵

（一）运动项目协会实体化的内涵

“实体化”是针对我国原有单项协会仅在形式上、名义上存在的虚设状况而提出的一种形象化提法。所谓“实体”在法律上是指社团法人单项体育协会成为实体组织要满足三个方面要求：成为管理本运动项目的主体；符合社团法人条件，责、权、利统一，能够独立承担民事责任；能够依托社会，自我管理，自我发展。协会实体化是指单项运动协会逐步具备这些条件的过程。

（二）我国运动项目协会实体化的模式

1. 社团型

按照社团的规范进行改革，体育局赋予项目管理权限，专职工作人员不占用行政、事业编制，活动经费全部或绝大部分自筹，协会办事机构或自成一体，或挂靠有关部委、企事业单位。这一类协会大多是社会体育项目或新兴运动项目协会，以开展群众性体育活动或经营商业比赛为主。对这类协会，体育局除宏观指导外，完全放开，让它走依托社会、自我发展的道路，在社会上通过协会自身的工作求生存、求发展，有利于协会自我发展机制的形成。

2. 项目事业实体型

协会的办事机构与事业单位合二为一。体育局给协会办事机构一定事业编制，提供办公场所，补贴一定的经费，协会的办事机构也是体育局直属的事业单位，也就是目前的××项目管理中心，它既对协会负责，也对体育局负责。这种模式有利于在运行机制转换过程中逐渐强化协会的管理作用，有利于协会专职人员的稳定。但是，如果以“中心”代替“协会”，不注意发挥协会作用，逐步转变运行机制，也会影响协会实体化改革的发展。

3. 项目群事业实体型

在不可能每个单项协会都成为独立实体的情况下，把特点相近的运动项目归并或与现有训练单位结合成为一个实体单位，协会办事机构统一管理，协会组织各自独立，协会工作相互配合，协会经费各立户头、统一管理。待条件成熟，各协会再成为独立实体。这种模式有利于现阶段实体化改革的大范围推行，有利于训练单位和协会的协调、配合，有利于解决协会办公场所和后勤服务。但需要逐步明确“中心”与“协会”的职责，给协会一定的自主权，调动各个协会的积极性，促进运行机制的转换。

二、推动我国运动项目协会实体化的途径

（一）政府体育部门逐步放权，实行对运动项目协会的宏观管理

在传统的计划经济体制下，政府体育部门直接从事大量微观的“办”体育的活动，各种运动项目协会更多是作为一种“名称”而存在。随着我国经济发展和体育事业的发展，政府体育部门直接办体育、特别是办竞技体育的难度更大了。为了适应新时期体育事业发展的要求，政府体育部门要明确自身宏观管理的职能定位，主动卸下原有的一部分责任和权力，逐步取消对运动项目协会的直接领导和管理，减轻各体育行政职能部门的负担，为运动项目协会的健康发展和规范运行提供施展空间和机制保障。

（二）理顺职能关系，加强与运动项目协会的横向联系

根据《奥林匹克宪章》和其他国际体育组织章程的有关规定，全国性单项运动协会是一个国家某一运动项目的最高领导机构。而目前我国全国性的单项运动协会是从属于各个运动项目管理中心，并在实践中具体表现为“一个机构，两个牌子”的独特现象。依据国际惯例和社会主义市场经济的要求，我国政府体育部门应当在理顺职能关系上下工夫，合理界定政府体育部门的职能范围，将体育领域中办不好、不该办的部分交给市场和单项运动协会等体育社团组织，改变各单项运动协会与政府体育部门的依附关系，将发展竞技体育过程中的各类具体事务交由各单项运动协会等社会体育组织办理，不断加强各单项运动协会的实体化进程，使之符合我国经济发展和体育事业改革的目标。

（三）加强法规制度建设，为调整政府与运动项目协会关系提供根本保障

要形成政府体育部门与运动项目协会在管理体育事业中的良性关系，离不开完备的法规制度作为基本保障。目前，我国各省、市、自治区都有自己管理体育团体的办法或条例，但基本上都是作为《全国性体育社团管理暂行办法》

在下一级部门的延续，并没有在很大程度上与自己的实际情况结合起来。因此，在完备相关法规制度建设过程中，必须对三个方面加以明确：首先，要明确政府有必要在社会整体经济发展落后的情况下，给予体育运动项目协会政策上和经济上的扶持与帮助；其次，明确政府在体育基础设施建设中的义务，而运动项目协会有优先使用这些公共体育设施的权利；最后，明确政府与运动项目协会的职责界限，从根本上解决部分体育社团的半官半民性质，使运动项目协会能独立自主地开展工作。

（四）完善运动项目协会的筹资机制，实行经费来源的多元化

非营利性是运动项目协会的一个显著标志，但非营利并不完全等于不营利，而是指运动项目协会所得利益不能够在组织成员之间进行分配。长期以来，政府体育部门一直作为体育社团的主要经济来源而存在，这既是政府体育部门的沉重包袱，也成为运动项目协会难以实现社会化的瓶颈。在完善运动项目协会筹资机制的过程中，政府部门要为运动项目协会积极创造条件，通过提供政策环境来吸引更多的社会赞助和会员会费，鼓励运动项目协会开展业务性活动创收、广告经营收入等多渠道融资体系，逐步转变运动项目协会在经济上对政府部门的依附关系。

（五）加大体育基础设施建设力度，增加对运动项目协会投资的针对性

我国经济发展水平整体落后，完全将体育资源交由市场和社会体育组织配置尚存在一定难度，而体育基础设施建设程度更是关系到群众体育的普及程度与竞技体育水平的提高。因此，各级政府体育部门仍然要继续加大对本地区体育基础设施建设的投入，为运动项目协会发展创造一个良好的“硬环境”。同时，改变以往运动项目协会普遍“吃财政饭”的局面，必须结合我国体育事业发展的实际，在保障社会公平的前提下，有倾斜地扶持那些对体育发展有重大影响、群众基础好的运动项目协会。[9]

【思考题】

1. 请比较国际奥委会与国际单项体育联合会各自的特点与作用有哪些不同？

2. 试分析我国现行运动项目协会制形成的历史原因。

3. 你认为我国运动项目协会实体化进程中的主要动力与障碍有哪些？

【参考文献】

[1] 张保华. 现代体育管理学 [M]. 广州：中山大学出版社，2005：11–13.

[2] 郝勤. 体育院校通用教材　体育史 [M]. 北京：人民体育出版社，2006：96–97.

[3] [4] 全国体育学院教材委员会. 奥林匹克运动 [M]. 北京：人民体育出版社，2006：131–138.

[5] 詹姆斯·托马，查理普. 国际体育管理 [M]. 王艳，等，译. 北京：人民体育出版社，2000：40–42.

[6] [7] [8] 国家体育运动委员会. 关于运动项目管理实施协会制的若干意见 [EB / OL]. http：// www.sport.gov.cn / fagui / fg004.htm.

[9] 孙汉超，等. 运动训练管理学 [M]. 北京：人民体育出版社，1995：354–358.

第六章
运动项目及其布局、设立与管理

【学习目标】

- 了解和认识运动项目的定义、特征、分类，以及奥运会项目设置的原则及方法等
- 理解运动项目布局的含义、影响运动项目合理布局的因素及我国运动项目布局的特点
- 了解有关运动项目设立及其管理的基本程序和方法

第一节 运动项目概述

一、运动项目的定义

运动项目是指具有竞赛性的、按照严格的规则进行的运动形式，它是竞技体育的主要构成内容，是实现体育目的、任务的重要手段。同时，也是人类所创造的具有文化价值的精神财富，是社会发展的历史产物。

随着社会物质文明和精神文明的发展，各个运动项目在世界范围内的各种竞赛，引起了社会群体的普遍关注，已日益成为人们最感兴趣的社会文化活动，获得了巨大的社会凝聚力和生命力。

运动项目是适应人类社会、生活需要而逐渐形成、发展的，在极其漫长的岁月里，运动项目经由了从生产活动到非生产性活动的过渡，从自发到自主、从感性到理性的转变。而这一文明化进程始终受到人类文化诸因素（地理、种族、生产、生活、政治、宗教、军事等）的制约和影响。

运动项目经历了自在、自为、自觉的发展历程，从而构成了自身的文明发展史。运动项目在其文明化进程中已明白无误地证实，作为人类特殊的一种实践过程，它所产生的观念形态和知识体系，所创造的方法、手段、技术、器械、设施，以及纪录和传播所必需的组织、宣传机构等，已经在人类社会中构成了一种独特的文化现象。

运动项目所体现出的各种知识财富，是对运动过程中各种规律的认识。首先，它包括人们创造这些知识的各种形式。诸如，对运动项目在满足人们日益增长的物质和精神需要中的重要作用的认识；对各项目教学、训练、竞赛的科学研究；对各项目的观念和各种活动的组织管理方法的探讨等等。其次，它还包括传播这些知识的各种手段。诸如，专项运动术语、专项运动技术、运动竞赛方式、规则和裁判方法，各项目的场馆、器械、设施，有关运动报刊、书籍、音像制品的出版发行，广播电视的竞赛直播节目，运动竞赛的奖品、宣传品、纪念品等等。

运动项目一经产生，就具有相对独立性，就有其自身的发展规律。同时，各个运动项目的发展形态具有继承性，也具有自己相对独立的历史。这就要求我们在揭示各运动项目的实质时，不仅要看到特定的历史时期中，各运动项目发展与社会政治经济的关系，同时应揭示运动项目发展与其他社会文化现象的内在联系，抓住一切中介环节，寻找出运动项目发展的特殊规律。[1]

二、运动项目的特征

运动项目作为人类社会文化活动的重要组成部分，是人类文明的重要标志和特征，具体表现在以下几个方面：

（一）运动项目广泛地吸收了人类文化的精髓，折射着人类智慧之光

人类有史以来，在探索自然、认识自然和改造自然的过程中，逐步概括、总结和积累起来的天、地、生、数、理、化、文学、哲学、社会学等范畴的科学知识体系，是运动项目得以存在的思想基础和文化根源。例如，早在公元前6—前3世纪，古希腊的阿尔克梅翁、希罗费罗等人就进行过人体解剖，试图揭开人体构成和健康的奥秘；中国战国时代出现的《扁鹊难经》《黄帝内经》和《吕氏春秋》等著作中，也有许多关于人体解剖、生理病理的精辟论述，对于人体运动和气血运行与健康的关系做了探索；古希腊哲学家柏拉图和亚里斯多德从教育的角度提出了“以体操锻炼身体，以音乐陶冶心灵”的思想；古罗马医学家盖仑就运动和营养对健康的影响做了深入的研究；阿拉伯医学家伊本·希纳所著的《医典》中包含着丰富的体育运动思想。这些对运动的文明化作出了突出的贡献。

随着近代实验科学的形成和发展，人类对运动的认识和研究也进入了一个新的历史时期。人们开始从不同的角度对运动进行系统、深入的研究，并由此而形成了不同的运动学科群。尤其是在文艺复兴运动中，人文主义者用理性的武器批判一切，猛烈抨击禁欲主义，使人体和人生成为研究和讴歌的对象，为对人体进行科学研究开辟了道路。在文艺复兴的影响下，人文主义者运用思辨哲学和历史学的工具对古希腊、古罗马体育运动进行了全面研究，并在此基础上进行了整理和介绍。他们既是古典运动项目的全面继承者，又是新的运动项目的开启者，他们的著作成为近代运动项目的先驱。

随着现代人类科学技术的发展，人们对运动的认识水平也逐渐提高。由于

新的方法、新技术、新工具的广泛应用，各门运动学科也普遍加快了自我更新的步伐，其研究成果也广泛地影响着运动实践过程。例如，从 20 世纪 70 年代起，联邦德国实现了运动生物力学测试仪器的系列化；美国将电子计算机和高速摄影机用于运动的研究和训练，并且还成立了计算机生物力学公司，从而使运动生物力学的研究有了突飞猛进的发展。由于采用了生物物理、生物化学、分子生物学等学科中的先进实验手段及电子显微镜等先进测试仪器，运动生理学的研究有了长足的进步，在肌纤维的工作机制、红白肌学说，以及人体运动过程中的神经生理、呼吸生理、能量代谢等方面都有许多新发现。这都为现代运动的科学化提供了有力的保障。

同时，人类社会的各类文化形态是运动项目发展的“温床”和营养。例如，运动与艺术，自人类有史以来，两者总是相伴而行的。它们有着共同的历史源头，又有着各自独特的发展方向和形式，而且在未来社会中，还将有着进一步结合的趋势。翻开运动项目的历史画卷，无处不呈现着两者的渗透和交叉。如古希腊四年一届的奥林匹克赛会，它既是运动竞技的盛会，同时也是艺术盛会。会上，有竞技者的激烈抗争，也有诗人、作家、造型艺术大师的表演和比赛。运动过程中大量存在的现实美，为艺术创作提供了广阔的天地；而艺术渗入运动中也产生了宝贵的能量，促使运动向着理想的完美境界发展。

随着人类物质文明和精神文明的发展，现代奥林匹克运动会已不仅是对世界各地运动员的个人体力、智慧、技巧和健康风貌的盛大检阅，同时也具有越来越高的艺术性和审美价值。现代奥林匹克运动的倡导者顾拜旦提出的“艺术、科学、运动”，是构成友谊和平的奥林匹克思想的三要素。1906 年在法兰西喜剧院召开的咨询性的“艺术、科学、运动”会议，谈论了“运用艺术和科学来发展现代奥运会的形式和方法”，以及“怎样将艺术和科学与运动结合起来”等专题，首次以会议的形式研究了运动与艺术的关系，让艺术为提高运动竞技的水平和价值更好地发挥作用。现代社会中，运动已超出了锻炼身体、增强体质的狭义理解，被视为人类必需的社会生活内容。

此外，人类其他创作性活动，如经济、政治、教育、医疗等都对运动项目的发展完善给予了有力的推动。

（二）运动项目体现了不同历史时期的文化水准和不同的民族文化特征

运动项目在其历史发展过程中，由于文化发展的非线性和不平衡规律，运动项目的发展水平总是与同时代文化发展的程度相一致。如古代奥运会和现代奥运会，在内容、形式及其价值上，都是不可比拟的。同时，在不同的时代和不同的地域，受传统文化的影响，运动项目往往表现出鲜明的民族文化特征。

从某种意义上说，运动项目最初是以民族文化的形式发展起来的。民族文化的特征主要表现于各民族在其生产、发展过程中所形成的民族语言、民族性格、民族的风俗习惯、传统与道德、生活方式以及社会关系等等。各民族的运动项目也体现了民族传统文化的特征。南方的民族善游泳嬉水，北方的民族善溜冰滑雪。中国人尊崇武术，日本人酷爱相扑，印尼人偏爱羽毛球，美国人崇尚拳击……受民族基本特征的制约，不同的语言、不同的地域、不同的经济生活和不同的心理素质，可以产生不同的运动项目。

各个民族无论大小，都有自己的特点和个性，并在运动中充分表现出来。如从中国五十几个少数民族近两百项传统运动项目中可看出，田径、体操、游泳等种类的项目很少，而球类等游戏性质的项目却很多，这充分反映出中国少数民族传统运动项目注重娱乐性的特点。

民族运动项目愈具有鲜明的民族风格和民族特色，就愈具有新颖感和吸引力，也愈能为其他民族喜闻乐见。久而久之，某些民族的竞技项目就会为其他民族所接受，成为全人类的共同财富。这在历史上不乏其例，譬如美国的篮球、排球，英国的足球，日本的柔道等等。

民族学的研究指出，民族是一个历史范畴，它的发展的必然趋势是要走向灭亡的。民族消亡的途径和方式是民族的融合，各民族通过长期和广泛的经济文化交流和共同的劳动生活，其文化中先进的成分为大家所接受，落后的东西则被淘汰，通过这种民族传统文化融合因素的积累，最终使各民族的文化精华为全人类所共享。当然，这是一个漫长的历史进程。运动项目也充分体现了这一发展趋势。

运动项目作为世界性文化的一个重要组成部分，在国际交往中起着独特的作用。人们通过国际间的竞技来激发民族意识，发泄民族情绪。首先，国际运动竞赛是以人类共同具有的人体运动素质和运动技能为比赛内容的竞技活动，它不受民族发展阶段的限制，各民族都可以参加，具有普遍性特征。其次，运动竞技，不受意识形态的限制，各种社会制度的国家都可以在遵守共同规章的前提下同场竞技。同时，运动的内容是各族人民都能理解和欣赏的，受到不同生活方式和信仰的世界各族人民的喜爱。再次，它是各民族进行运动技术水平较量的最优方式之一，其较量是在共同的规则约束下，有裁判监督和鉴定的，不受强权干扰，充分体现了公平竞争的原则。因而它是现代民族间较量性交往发展较完善、优越的方式。它将有助于激励和振奋民族精神，有助于民族间的团结统一，有益于国家民族的繁荣昌盛。

数十年来，频繁的国际交流，形成了庞大的国际体育运动组织，众多的学会、协会规定了所使用的语种，研究并开始统一名词术语的概念，新兴运动项目也如雨后春笋般地萌生出来……这些努力在日益消除地域和民族的差异方面起了极为重要的作用，从而使运动项目成为人类共同的财富。

（三）运动项目极大地丰富了人类文化体系，推动着人类文化的进步

人类经过长期的运动实践，积累、总结和概括出的有关运动技术知识，在现代社会中已形成较为严密的运动学科体系，并以其固有的知识形态和传播手段丰富着人类文化的宝库，影响着人类的价值观和行为准则。如运动项目所体现的献身、创新、求实、协作、竞争、公平、民主等精神，有力地冲击着古老的传统观念和封建统治所造成的精神禁锢与精神奴役，孕育着新的价值观念和现代人类的精神文明。随着运动项目在人类生活中的传播，它对改变人们的生活方式和提高生活质量都有着不可估量的作用。关于运动项目对于人类精神文明建设的意义以及运动项目本身的发展，还需要说明以下几个问题：

(1) 运动项目不仅影响人类体质的改变和人体运动潜能的提高，而且还影响包括理想、信仰、价值观、行为准则等内容的精神文明建设。

(2) 运动项目一方面通过物质文明的建设（如运动场馆、运动设施、运动器械、运动服装等）间接地作用于精神文明建设；另一方面，运动科学、运动方法、运动精神等以观念的形式直接作用于人类的精神文明建设。

(3) 运动项目发展的程度取决于运动知识技术转化为社会文明的程度。其关键在于，正确认识和处理运动项目与社会经济基础、上层建筑以及包括风俗习惯、宗教信仰在内的传统文化的关系。

(4) 运动项目与社会大文化体系中的其他文化形态有着相互影响、相互渗透和相互制约的能动作用。一定的社会形态直接影响和制约着运动项目的发展。因此，社会的变革以及影响运动项目的诸多因素同步协调地发展，将以最大的正效应推动着运动项目的进步。

三、运动项目的分类

我国体育事业在近几十年中发展很快，运动水平已逐步进入世界先进行列，有的运动项目处于世界的领先地位。然而，对运动学基础理论的研究还很不够，特别对具有我国特点的许多竞技运动项目，缺乏一个科学、合理和完善的分类体系。由此，我们综合了现有的部分相关资料，并结合自己的认识，对运动项目的分类进行如下的论述。

（一）运动项目分类的意义、任务和要求

1. 运动项目分类的意义

运动项目的分类就是根据各运动项目的性质、形式的共同点和不同点，按照一定的分类标准，把运动项目区分为不同的类型。

对运动项目进行科学的分类，能更深刻地认识各运动项目的本质属性和固有次序，便于在不同层次上进行各自相适应的研究，对各运动项目的技术发展起到积极的促进作用；能更清楚地分辨各运动项目的共同点和不同点，有利于同类运动项目之间素质和技术的转移，以及训练方法的相互渗透和移植，加速提高运动成绩。

许多运动学科的理论研究经常是按运动项目的类别、属性进行的。因此，科学的运动项目分类，是建立运动科学理论体系和完成体育目的、任务必不可少的条件，具有重要的现实意义。

2. 运动项目分类的任务和要求

研究运动项目的分类，必须从客观实际出发，根据世界上通行的现代竞技运动的内容，并考虑其经济性和大众性，充分研究运动的变迁及其发展的内部原因，辩证而系统地加以整理和排列，建立符合客观现实的科学分类体系。

一个具有我国特点的运动分类体系，应与我国社会主义性质、体育事业的发展相一致，即符合国情和民族特点，又要考虑与国际体育运动的发展相衔接。

运动项目分类要按一定标准把运动内容分门别类，排列次序，作为认识运动的方法，科学地反映运动的历史和现状，并能预测和指导未来的发展，更好地为人类健康与社会服务。

运动项目分类的任务概括起来是：揭示各种运动知识，把运动性质相同的运动项目集聚在一起，规定运动项群，根据各类运动项目之间的亲疏关系把运动组成一个有机的系统。

要完成以上任务，必须以体育科学知识体系为基础，采用科学的方法，对运动项目正确归类，前后一致，位置固定。因为运动本身属性很多，采用何种属性标准很难掌握，加之运动项目之间的关系是错综复杂的，既互相交叉，又互相影响、渗透。所以，把握住运动项目本身的属性，并依此作为依据进行分类，是十分重要的。

（二）运动项目分类的方法

根据不同的分类标准，可将众多的运动项目分为不同的运动项群。这些标准有运动项目的主导身体素质、运动动作结构、运动技术准确性、运动成绩评定方法、比赛时运动员的相互作用、比赛场地的不同特点、比赛人数的多少、人与器械的关系、运动的节奏、运动在审美活动中的位置、运动时肌肉活动的特点、运动时肌肉工作的相对强度、运动时的力学特征等若干种。这里选择了几种带有普遍性的标准，对运动科学的研究，对教学、训练和比赛具有较高价值的分类体系加以综合分析和阐述。

1. 按运动能力的主导因素分类

按运动能力分类的主要优点是：能清晰地分辨出各运动项目的发展方向，用以指导训练。运动项目以竞技能力为主导因素，可分为体能和技能两大类。体能类是以发展身体素质为主线来提高运动成绩的，技能类是以发展技巧等为重点来提高运动成绩的。但相互间的各种能力都具有交叉点，只是以什么为主而已。有时在某项目的特殊训练阶段，主要因素同样要起变化。

2. 按运动项目的动作结构分类

以运动项目的动作结构分类的主要优点是：有利于教练员有重点地抓住各类动作的共同点从事训练，同时亦便于归类进行技术特点的研究。运动项目以动作结构为主导因素分为单一动作结构、多元动作结构和多项组合动作结构三大类。

3. 按运动成绩的评定方法分类

按比赛成绩的评定方法，可将运动项目分为测量类、评分类、命中类、制胜类和得分类五种。

测量类项群中运动项目的成绩，是通过测量速度、高度、远度和重量来确定。评分类项群中运动项目的成绩，则要根据一定的标准，对所完成的动作通过评分来确定。命中类项群中运动项目的成绩，是按照比赛中某一项目标的命中次数来确定。制胜类项群中运动项目的成绩决定方法比较特殊，它既包括命中对方得分的因素，又包含着制胜对手直接获胜的因素。得分类项群中运动项目的成绩，又根据一定的规则，以得分的多少来确定。

4. 按数学模糊聚类分析法分类

用辩证逻辑的思维方式和能够反映这种思维方式的数学模糊聚类分析法，将运动项目分为体能类、技能类和对抗类三种。

这种分类不是在竞技运动项目的某一属性上进行的，而是在选取若干属性基础上进行的。也不是以绝对肯定或否定来制订的，而是把运动项目的每个属性的异同看成全和无之间的过渡变量。它具有相对的可靠性、全面性和客观性。

5. 根据运动在审美活动中的位置分类

从运动美学的角度，根据运动在审美活动中的位置，对运动项目进行分类。大致可以分为以下 7 类。

(1) 测速类：包括自行车、赛跑、竞走、游泳、速度滑雪等。

(2) 计量类：包括举重、射击、射箭等。

(3) 测距类：包括跳高、跳远、投掷、跳台滑雪等。

(4) 计数类：包括各种球类、拳击、摔跤、击剑等。

(5) 评分类：包括竞技体操、艺术体操、花样滑冰、花样游泳等。

(6) 冒险类：包括登山、漂流、渡海、钻洞、赛车、高崖跳水等。

(7) 自娱类：包括旅行、水嬉、垂钓、余暇游戏等。

6. 根据运动节奏分类

为了深入地了解运动的美，可从运动的节奏方面对运动项目进行分类。大致可以分为以下 5 类。

(1) 单纯的重复节奏类：如赛跑、游泳等。

(2) 头尾和中段均为定型节奏类：如撑竿跳、投掷、铅球、铁饼等。

(3) 双方交替反复而连续的定型节奏类：如网球、排球、乒乓球、羽毛球等。

(4) 双方彼此反复而连续的数量较多的定型节奏类：如篮球、足球、手球等。

(5) 自由节奏类：如自由体操、花样滑冰、花样游泳、艺术体操等。

(三) 运动项目分类体系的运用与要求

因为运动项目具有多方面的属性，分类标准也是多方面的，按照某一标准进行的分类，只能反映出运动项目某一方面的属性，所能解决的实际问题也有一定的限度，所以在运动学科研究、运动教学和训练实践中，不论采用何种分类方法，都必须要有针对性，要根据实际需要确定适当的分类标准，运用相适应的分类方法去解决特定的具体问题。

1. 运用分类体系要注意科学性和实用性

注意分类的科学性和实用性，主要是看分类的标准和方法，是否能反映运动项目的本质属性和固有次序，是否符合分类逻辑，以及它的实用价值。例如按运动项目的主导运动素质进行分类，对于运动素质要求较高的运动项目有较大的实用价值，而对于技术因素要求较高的运动项目就不利了。倘若强拉到一起进行分类，势必出现过宽或过窄，或分类标准混乱的逻辑错误。综合而言，按运动项目对人体竞技能力要求的主导运动素质分类，可以较完整地反映运动项目对人体运动能力要求的本质属性。不论是以运动素质为主，还是以技术提高为主，它都具有相应的使用价值，这是可供优选的分类体系。

2. 运动分类体系要以实际任务为根据

各种分类方法所要解决的主要任务是不同的。由此，在运用时一定要根据自身的实际需要，结合所制订的中心任务，选择适宜此任务的分类方法，切实地解决具体问题。例如，为了研究运动员如何提高技术，可采用运动项目动作结构分类；为了寻求运动成绩结构的一般规律，最大限度地提高专项运动成绩，可采用运动成绩评分方法的分类等。

3. 要有主有从地运用分类方法

按照一个分类标准进行分类的方法，是一元分类法，它只能反映出事物某一方面的属性，所解决的实际问题也有很大的局限性。运动中的科学技术研究、运动教学和训练实践，往往是错综复杂的，具有多方面的属性。因此，在应用分类方法中，既要注意多因素综合运用多元分类方法，又要遵照主要分类标准，完成好主要任务，还要相应照顾好次要标准，使之紧紧围绕主要任务，主次分明，互为补充。

四、奥运会项目设置

在运动项目的设置上，国际奥委会遵循广泛性、普及性的原则，对奥运会运动竞赛项目设置做出了一系列的规定。

（一）奥运会项目设置程序

对于奥林匹克运动会比赛项目的设置，按照国际奥委会《奥林匹克宪章》的有关规定，必须具备下列几点：

第一，奥林匹克夏季运动会比赛项目至少必须包括 15 个奥林匹克运动大项。在运动大项之下又分设运动分项和运动小项。运动分项是奥林匹克运动项目的分支，包括 1 个或若干个运动小项，它必须具有公认的国际基础，才可以列入奥运会比赛项目，设置和确定运动分项的标准和对运动大项所要求的标准相同。运动小项是运动大项或运动分项中的一项比赛，产生名次、颁发奖章和奖状。而奥林匹克冬季运动会不存在这种最低限额。

第二，每届奥林匹克运动会后，国际奥委会对奥林匹克运动会比赛项目必须重新审议。

第三，在每次重新审议时，国际奥委会主管机构可以对各类运动大项、分项、小项的设置标准重新审议，并决定大项、分项、小项的设置和撤销。

（二）奥运会项目设置原则

对于拟设立的奥林匹克运动会运动竞赛项目，一般由国际奥委会、国际奥委会所承认的国际单项体育组织及主办城市三方协商决定。确定奥运会运动竞赛项目有三个基本原则：

第一，必须是在世界范围内普遍开展的运动项目；

第二，对促进身体健康有益的运动项目；

第三，目前制定有统一的竞赛章程和规则的运动项目。

依照这三条原则，国际奥委会对于批准竞赛项目还要做一些新规定，以便奥林匹克运动随着时代的发展渐趋完善和规范。[2]

（三）奥运会项目设置的发展趋势

根据国际奥委会公布的资料，奥运会比赛项目被划分为大项（SPORT）、分项（DISCIPINES）和小项（EVENT）。2008 年北京奥运会的比赛项目是大项 28 项和小项 302 项。28 个大项包括田径、游泳、赛艇、羽毛球、垒球、篮球、排球、足球、拳击、皮划艇、自行车、击剑、体操、举重、手球、曲棍球、柔道、摔跤、现代五项、棒球、铁人三项、马术、跆拳道、网球、乒乓球、射击、射箭和帆船。302 个小项包括 165 个男子项目、127 个女子项目和 10 个男女混合项目。同历届奥运会相比，2008 年北京奥运会新设了一些竞赛项目，包括田径的女子 3000 米障碍赛，自行车的男、女 BMX（小轮车）赛，游泳的男、女 10000 米赛。另外，还有新设项目取代传统项目。击剑方面取消男子花剑和女子重剑团体赛，增加女子花剑和女子佩剑团体赛。此外，乒乓球项目中的男、女双打比赛由男、女团体比赛代替。

目前，国际奥委会对项目有一个基本的划分。大致分为几类：一是尽可能减少人与机械类的运动项目。现代奥运会只有马术运动是人与动物融为一体的项目，马匹作为选手参加奥运会；二是人与机械的，如自行车、帆船、帆板等项目；三是器材类。总的来讲，奥运会把项目分成几大类：

第一类：正常的竞争项目，排除其他因素，以突出个人。这类项目更多的是单人的竞争，但也有双人及多人的竞争，还有累计记分的竞争。

第二类：打点积分项目，靠裁判的肉眼判断，容易引起很大争论的项目，如体操、跳水、花样滑冰、竞走等项目。这些项目很难判断。

第三类：棋类项目，如国际象棋等项目。这类项目属于智力项目。

总体趋势是，要发展观赏性强、经济实用的项目；要发展可使更多的协会参加和容易组织的项目；要减少船的项目（如帆船、帆板等）。

具体说来，奥运会项目设置的发展趋势是：

1. 增加女子项目的空间更大

从 2000 年奥运会来统计，女子项目仅占男子项目的 60%，应该说女子项目还有增加的空间。国际奥委会一直提倡提高女子的地位，要求增加女子项目。一般来讲，奥运会的主办国都要求增加自己国家的强项。如美国在亚特兰大奥运会增加了女足、女垒、沙滩排球和游泳接力等项目，并在这些项目上取得了较好的成绩。2000 年悉尼奥运会澳大利亚也增加了铁人三项、自行车、女子撑竿跳高等自己的优势项目。2008 年北京奥运会与雅典奥运会相比，女子项目增加两个，女运动员将增加大约 130 名。如果要增加项目，女子项目的空间更大些。

2. 一些新兴而又易普及且观赏性强、容易组织的项目有可能进入奥运会

尽管要求压缩奥运会规模的呼声不断，但一些项目执意进入奥运会的要求似乎更为强烈。要想使项目得到发展就必须进入奥运会，这样的项目才能获得更大的发展机会，加之也是奥林匹克运动本身的需要，特别是奥运会的商业化运作的需要。我国也如此，希望一些项目进入奥运会。从总的趋势上讲，尽管国际奥委会要缩减奥运会的项目，但仍将会有一些新的项目进入奥运会。奥运会项目的变化，对奖牌的分布和实力格局会产生相应的变化。就目前看，增加大项比较困难，但小项有可能变化。如击剑已经调整了一些小项目，拳击、摔跤也调整了一些级别，还有一些项目也作了调整。

3. 奥运会项目规则的变化给竞争格局带来变化

奥运会竞赛规则不断发生变化。这种变化对整个竞争格局都将带来很大的变化。现在很多项目都在不断修改规则，比如乒乓球除了无遮挡发球，还有 11 分；体操规则现在规定，运动员在比赛之前没有练习的时间，点完名马上就比赛。尽管这些变化很小，但对运动员的比赛都会带来影响，都会给竞争格局带来变化。[3]

五、全运会项目设置

1959 年，也就是国庆十周年之际，新中国举办了第 1 届全国运动会。在此届全运会上，普及面广的群众体育项目成为了全运会的主要比赛项目，比如中国象棋、围棋等。另外，由于是新中国成立的初期，军事在国家中还占有比较重的分量，因而，军事训练性质的比赛项目也成为全运会中重要的比赛内容，比如其中的无线电收发报、伞塔跳伞、航海等项目。

第 2 届和第 3 届全运会在比赛的项目上要比第 1 届全运会有所发展，增设了很多少数民族体育项目，比如在第 3 届全运会中就出现了秋千、民族摔跤等项目。但当时，中国的竞技水平并不高，总体情况与第 1 届差不多。

1979 年，正值十一届三中全会之后，第 4 届全运会在北京召开。那时，中国的国力不断增强，竞技体育水平也在迅猛发展。在这届全运会上，项目的

设置越来越重视竞技性，虽然以前的军事性项目还有所保留，但手球、击剑等国际重要项目都开始进入全运会。全运会的比赛项目设置越来越接近国际大型比赛。

在第5届全国运动会上，柔道、帆板、曲棍球和艺术体操第一次被列为全运会比赛项目。第6届全国运动会，是历届全运会中设比赛项目最多的一次全运会，共有44个正式比赛项目，还有3个表演项目。

从1993年“七运会”之后，为集中力量发展奥运会项目，全运会项目设置经调整后，保留的基本上是奥运会项目，所设正式比赛项目中，武术是唯一的非奥运项目。此举无疑对增强中国在奥运会上的竞争力起到了积极作用。

另一方面，为了非奥运项目的生存和发展，2000年以来中国开始举行“全国体育大会”，截至目前已举办了3届全国体育大会。

第二节　运动项目的合理布局

一、运动项目布局的含义及目的

运动项目的布局，是指一个国家或地区竞技体育运动项目设置的横向和纵向结构模式。合理地布局运动项目的过程，实质上是对运动项目的层次结构（按项目的重要程度进行层次分类）和区域结构（按项目发展的区域优势特点进行区域分类）进行系统分析和科学设计的过程。合理地布局运动项目，不仅能减少人、财、物资源投入和进行各种资源的合理配置，也利于优秀运动人才的科学选拔、合理流动和顺利成长，对迅速提高我国运动技术水平，实现竞技体育战略目标有着重要的意义。

运动项目布局的目的，是通过项目设置结构的最优化，实现项目布局的结构效益和整体效益（经济与社会效益），从而追求更高的竞技运动实力。

二、影响运动项目合理布局的因素

运动项目布局是竞技体育总体规划的核心部分，关系到未来发展的战略重点，它既受历史的传统影响，也展现着各个地区不同的体育风貌与格局。但是运动项目合理的布局，并非是人们主观随意性的产物，它要受到客观规律和客观环境的制约和检验，特别是与经济基础、物质条件、生态环境、人员素质等诸多因素的影响有关。竞技体育运动项目合理布局的目的，是寻求运动训练各项资源的合理配置，不断提高竞技体育发展的规模效益和结构效益。影响运动项目合理布局的因素主要是：

（一）经济实力

体育的发展离不开赖以存在的经济基础。体育普及的程度、运动训练的规模与成绩、体育场馆设施的建设等是与经济发展的速度、水平相适应的。虽然竞技体育发展的水平不完全由经济实力决定，但毕竟受经济的制约和影响。这就要求必须从实际出发，量力而行，有计划地集中必要的财力、物力，确保重点，有步骤地发展我国的竞技体育事业。

（二）运动人才的区域性和民族性特征

不同的运动项目，对运动员的竞技能力有着不同的要求，而运动员的竞技能力又受种族遗传、社会环境、自然条件的影响，呈现出不同的特点。也就是说，运动员的竞技能力明显地存在着区域性（地域性）和民族性特征。这要求在设立竞技体育运动项目时，要按照竞技能力的主导因素对运动项目进行科学的分类，充分了解运动人才成长和培养的区域性、民族性特征，合理进行运动项目的区域布局，从而有效地提高运动训练的结构效益。

（三）运动竞赛的项目设置

竞技体育作为国际文化交流的手段，大多是通过国际国内的运动竞赛的形式来体现的。国家及地方竞技体育项目的设置，必须以国际国内体育大赛的竞赛项目设置为基本依据，这样才能参与国际国内体育的交流与竞争，在竞赛中体现出运动训练的社会与经济效益。运动竞赛项目的设置直接影响着运动项目的区域性（结构性）布局，同时又作为我国竞技体育运动项目布局实施的重要措施，保证了我国竞技体育的整体效益。

（四）教练人员的智能结构和体育科技水平

教练员的智能结构与运动技术水平的提高，有着十分密切的关系。特别是在当今世界，多学科、多知识在运动训练活动中的广泛移植与综合运用，对教练员的智能结构提出新的要求，传统的教练模式越来越不适应现代训练的高标准要求。凭借知识单一的传统教练模式进行训练，经济实力再强，苗子再好，也难以培养出一流的运动员，创造一流的运动成绩，甚至会导致运动项目布局的失败。同时，也应看到，体育科技水平对运动训练发展的影响越来越深刻，依靠体育科技进步来促进竞技体育水平的提高已是世界竞技体育运动发展的潮流。因此，强调和重申训练—科研一体化，争取更多的科研人员、医务人员、营养师等参与运动训练决策与实施，既是进行运动项目合理布局的基本条件和管理依据，也是迅速提高我国运动训练效益的有效途径。

三、项目布局的指导思想和基本原则

（一）运动项目合理布局的指导思想

要尽快把我国建设成为体育强国，实现奥运战略目标，就必须对我国竞技体育运动项目进行合理布局，要缩短战线，突出重点，集中全国主要的人力、物力和财力，重点抓好我国的优势项目和短时间内能追赶上国际水平的项目，有限发展有金牌竞争能力的项目，并本着统筹兼顾、合理安排的原则，力所能及地发展其他项目。

（二）运动项目合理布局的原则

1. 突出奥运战略原则

奥运战略是国家竞技体育发展的总战略，为了奥运战略目标的实现，应统筹考虑，全国一盘棋，有效地合理布局奥运项目，各省、区、市在项目设置上应服从国家的整体利益。国家在经费投入、政策等方面对重点奥运项目予以倾斜，以促进奥运项目布局的实现。

2. 突出优势传统项目原则

各个国家、地区在发展竞技体育的过程中，形成了一定的优势项目和传统项目。在布局运动项目时，应考虑到优势项目和传统项目的设置和发展，这样才有利于优势项目得以发挥，传统项目得以继承。

3. 突出社会效益和经济效益原则

在进行运动项目布局时，有些项目虽不属于奥运会项目，也并非优势和传统项目，但是由于该项目的开展，可以产生较大的社会效益和经济效益，也应在考虑之列。

4. 动态性原则

在竞技体育多项目竞争中，项目的优势在一段时间里会变化。一些已布局的优势项目，其优势会随主、客观条件的变化而衰退或者丧失。而原本没有布局的项目或地区，其项目优势体现越来越明显。所以，在竞技体育的项目布局时，应定期对已布局的项目优势进行考核、评价，适时、适势地布局项目和地域。

四、我国运动项目的合理布局

(一) 运动项目的层次布局

运动项目的层次布局，是通过对我国运动项目的现有实力、在重大比赛中的获奖可能性及近期发展潜力进行分析，并以此为依据对所开展的运动项目按重要程度进行的分类。我国所开展的运动项目分成如下四类：

第一类：奥运会比赛项目中的重点项目，包括田径、游泳、跳水、体操、举重、射击、射箭、击剑、柔道、国际式摔跤、赛艇、足球、篮球、排球、乒乓球、羽毛球、速度滑冰、短跑道速度滑冰，共 18 项。

第二类：奥运会一般项目，包括花样游泳、水球、艺术体操、自行车、皮划艇、帆船、帆板、拳击、现代五项、马术、网球、手球、曲棍球、棒球、花样滑冰、冰球、冬季两项、高山滑雪、越野滑雪、跳台滑雪，共 20 项。

第三类：非奥运会比赛项目，包括技巧、武术、滑冰、蹼泳、中国式摔跤、垒球、国际象棋、中国象棋、跳伞、航空模型、滑翔、航海模型、摩托艇、摩托车、无线电，共 16 项。

第四类：其他运动项目。

我国重点运动项目布局为第一类，共 18 项。

(二) 运动项目合理布局的主要措施

1. 通过竞技体育战略目标与计划的制定，合理设置运动项目

我国竞技体育是建立在社会主义生产资料公有制基础上的，以按劳分配为主要分配形式，以满足人民群众需要为出发点，以奥运会为最高层次的竞技体

育发展战略，这是一个庞大而复杂的系统工程，有几十个大项，几百个小项，分布在全国各地，要实现竞技体育的既定目标，必须对运动项目实行计划管理。但它不应该是在原来计划经济体制下的高度集中计划管理，而其重点应当是宏观调控、统筹规划、政策引导、组织协调、提供服务、组织监督，并综合运用行政、法律、经济等多种手段和竞赛的杠杆作用，建立灵活多样的调控机制，充分发挥对运动训练的领导、协调和监督作用。通过制定竞技体育发展的战略目标、战略计划、战略步骤，提出实现战略目标的主要措施，实现对运动项目的合理布局，并在人、财、物资源及国内外大型运动竞赛之间进行综合平衡和适度倾斜，来保障竞技体育运动项目的合理布局。

2. 通过竞赛有效地调节运动项目的布局

这一措施主要是运用竞赛的杠杆与导向作用调整各省、区、市的运动项目布局，以达到运动项目的合理布局。如在全运会竞赛项目设置上以奥运会项目为主，兼顾民族传统体育项目。这样，通过竞赛来调整省、区、市的项目设置，从而改变过去的“大而全”的运动项目布局的局面。通过竞赛和竞赛市场的自主调节，可以使曾拥有一些优势项目的省、区、市的成绩有所变化，通过竞争与“优胜劣汰”，自动调整这些地区的优势项目。当然，全运会项目的设置也是随着奥运会项目设置的变化和我国运动项目的发展而调整的。

3. 通过对国家重点项目的区域布局，科学管理运动项目

为了实现奥运战略，保证我国重点项目都能够得到充分的发展，尽快地提高运动技术水平，国家体育总局采取措施，按不同的区域优势，又将重点项目各项（含运动小项）分布到各个不同的省、区、市及行业体协、体育院校承担。具体措施是：

（1）凡被布局的单位，都须将布局的运动项目列入本省（单位）的一类重点项目，并有专人负责落实，制定具体措施。被布局的单位要加强运动队伍的管理，抓好训练和科研，做好后勤服务工作，保证按协议完成各项要求。

（2）不能单纯地以只给国家队输送队员为完成任务，应切实抓好后备人才的梯队建设，以不断给国家输送高水平后备人才为出发点，制定长远建设规划。对布局的工作，年初要报计划，年终要报总结。

（3）在经费、器材方面给予适当补助；参加全国竞赛予以适当的照顾；增加重点项目的少年比赛。

(4) 优先安排重点项目教练员的培训；提供重点项目的国内外信息和加强经验交流。

(5) 对在奥运会、亚运会上有突出贡献的单位，给予物质、精神奖励。

第三节　运动项目的设立与管理

一、我国运动项目的设立及管理现状

体育运动的开展，是以人们在社会实践中逐步形成和政府支持开展的体育项目为基础的。没有体育项目，开展体育运动是不可想象的。我国对于社会上发展的体育运动项目，基本上只考虑设立在我国"正式开展的体育项目"。新中国成立后，我国正式开展体育项目的设立可大致划分为三个阶段：

第一阶段（1949—1978 年），创建起步阶段。在此阶段，为了集中当时极为有限的体育资源，迅速推进全国体育运动的发展，正式设立开展了篮球、排球、田径、游泳、体操、乒乓球等 34 项体育项目。

第二阶段（1978—1992 年），迅速发展阶段。我国体育事业经过文化大革命后，随着国家实行改革、开放政策，开始由计划经济体制向市场经济体制过渡，这一时期，体育运动项目的设立和发展以满足政府的需求为主要动力，新设立开展的体育运动项目多达 55 项。

第三阶段（1992 年至今），深化改革阶段。这期间，中国的社会与经济改革全面走向深入，体育体制改革的步伐加快，社会对体育的需求越来越大，体育的管理体制和运行机制也发生了很大变化。这一时期，运动项目的发展以社会和市场的需求为主要动力，又新设立了 10 个项目。

目前，经国家体育总局批准，我国设立正式开展的体育项目共有 99 项，日常工作由相应的单项协会或有关运动项目管理中心管理。

二、我国运动项目的设立及管理中存在的问题

(一) 我国与国际发展的体育项目在项目分类和设置上尚未完全接轨

首先，在项目分类上，与国际不一致。以奥运会为例，2004 年雅典夏季

奥运会共设立28个大项，而按我国传统分法则为34个大项。冬季项目的设立与分类也与国际上不统一，这就导致了我们在项目的统计上不规范，与国际标准不一致。

其次，在运动项目统计方面，缺乏统一的标准，量化指标不统一。如，我国在奥运会项目的数据统计和成绩统计等方面，有的是按照国际奥委会的标准进行界定和统计，有的是按照我国传统的项目设立习惯为标准进行统计，导致统计结果不统一。

（二）部分运动项目的设立和分类管理不科学

现有99个项目的日常管理工作，主要由相应的单项协会和有关运动项目中心管理。在已成立的协会中，大部分与所管理的项目是一一对应关系，但由于历史的原因，也存在着一个协会对应管理数个运动项目的现象，个别新设立的项目也存在着把分项作为大项设立的现象。因此，除对奥运会项目需要进行与国际接轨、分类整合外，对一些非奥运项目也需要适当进行分类整合，加以规范。

（三）对社会上开展的体育项目管理过于单一

我国对运动项目的管理，基本上只考虑所设立的“正式开展的体育项目”，实际上还有不少项目开展较为广泛，深受群众欢迎，但一时达不到成为正式开展的体育项目的条件，而得不到政府的认可。

（四）对新设立的体育项目缺乏严密的管理

国家体育总局于2001年颁布了《关于设立正式开展的体育项目管理办法》（以下简称《办法》），但该《办法》在项目的管辖权上，体育主管部门与其他部门存在工作交叉与职责不清的问题。

（五）原有《办法》已不能适应体育实践发展的要求

随着我国体育事业的快速发展，群众对体育的需求越来越多，兴趣也越来越广泛，因此有相当一部分体育项目在社会上开展得不错，也深受群众喜爱，但由于种种原因得不到正式批准，如木球、户外运动、极限运动等。我国少数民族运动会上设立比赛的体育项目和开展较广泛的民族传统体育项目也得不到正式的开展。这在一定程度上影响了广大群众参与体育运动的积极性，不利于我国体育事业的繁荣与发展。[4]

三、我国运动项目设立及管理的调整与改革

为了进一步适应体育项目不断发展扩大的需要，加强对我国开展体育运动项目的科学、规范管理，适应国内外体育运动项目发展趋势，促进体育事业的发展，满足人民群众需要，根据《中华人民共和国体育法》等法律法规，国家体育总局在2001年发布的《办法》基础上，制定了《体育运动项目立项管理办法》，自2007年1月1日起施行。[5] 新《办法》对原《办法》进行了一些必要的修改和完善，并通过新的管理办法的出台，以切实解决目前我国设立正式开展的体育项目分类与管理中存在的主要问题，为建立更好、更合理的管理制度奠定了基础。

（一）我国运动项目设立应坚持的两条基本原则

1. 坚持普及与提高相结合，促进竞技体育和群众体育全面发展。以发展奥运会比赛项目为重点，鼓励创造优异运动成绩，为国争光；对非奥运会比赛项目予以重视和促进开展。

2. 坚持巩固传统与鼓励发展相结合，拓展体育资源，促进体育事业协调和可持续发展。对我国已设立开展的体育运动项目，加强规范管理，予以政策扶持，巩固优势和基础；对新兴的群众喜爱、参与广泛、积极健康、民族性强的体育运动项目，予以重视并扶持发展。

（二）合理分类与设立运动项目

为进一步调动中央与地方、政府与社会各方面的积极性，我国设立的体育运动项目可分为“试行开展的体育运动项目”和“正式开展的体育运动项目”两类。每类可分设大项、分项和小项，均依据国际奥委会、亚奥理事会、国际单项体育组织标准和我国国情确定。

“试行开展的体育运动项目”设立应当符合以下条件：

（1）有明确的项目概念界定，不得与我国已设立开展的其他体育运动项目的大项、分项、小项内容界定相冲突。

（2）有该项目单项国际（洲际）体育组织，有统一名称并设有正式国际或

洲际比赛。

(3) 有完备的竞赛规则和裁判法。

(4) 拥有一定数量的运动员、教练员和裁判员队伍。

(5) 群众喜爱，有益于身心健康，促进社会文明、进步和发展，不含迷信色彩和有悖人道成分。

(6) 有10个以上省、自治区、直辖市开展（冬季运动项目除外），并连续3年以上举办全国性活动。

(7) 有素质较高的管理人员队伍并在各地设立有相应组织机构；有能力自筹经费举办区域性、全国性比赛，能参加国际比赛。

“正式开展的体育运动项目”设立应当符合以下条件：

(1) “试行开展的体育运动项目”开展3年以上。

(2) 开展的范围达15个省、自治区、直辖市以上（冬季运动项目除外）。

(3) 在各地设有完善的组织机构并有能力举办区域性、全国性比赛，能参加国际比赛并取得较好成绩。

(4) 奥运会新增设的比赛项目，可以直接申请设立。

（三）对设立开展的体育项目，应继续实行申请、审批制度

项目设立由国家体育总局所属运动项目管理中心向总局提出书面立项申请。而申请、审批的受理范围，应限于拟在我国申请设立为“正式开展的体育项目”的奥运会项目的大项、分项；拟在我国申请设立为“正式开展的体育项目”和“试行开展的体育项目”的非奥运会项目，可只对大项进行申报审批，而分项和小项报国家体育总局备案即可。国家体育总局对立项申请进行审核，批准后向全国通告。

在中国境内由国家体育总局主办的综合性运动会，如全国运动会（分夏、冬季项目）、全国城市运动会、全国体育大会等，所设项目应向国家体育总局申报和审批。然而，由其他部门主办的其他类综合性运动会，如全国大学生运动会、全国少数民族运动会、全国农民运动会、全国职工运动会、全国残疾人运动会等，所设项目则应由其他部门自行审批、管理。

国家体育总局对新设立体育运动项目的发展情况进行检查与评估，对不符合条件的予以降级或撤销；对不属于体育运动项目立项范围，娱乐性、趣味性、大众参与性强的体育运动，由运动项目管理中心报国家体育总局审批后自

行管理。[6]

【思考题】

1. 怎样理解运动项目的定义及其特征？
2. 奥运会项目设置的原则与方法是什么？
3. 影响运动项目布局的主要因素是什么？
4. 怎样理解我国运动项目布局的指导思想及其特点？
5. 我国运动项目立项及其管理存在的主要问题是什么？
6. 未来我国运动项目立项及其管理应当如何调整与改革？

【参考文献】

[1] 周西宽. 运动学［M］. 成都：四川教育出版社，1989：46–50.

[2] 国家体育总局. 关于印发《关于设立正式开展的体育运动项目管理办法》的通知（2001–02–26）［M］// 中华人民共和国体育法规汇编（2000—2002 年）. 北京：中国法制出版社，2003.

[3] 国际奥林匹克委员会. 奥林匹克宪章［M］. 北京：奥林匹克出版社，2001.

[4] 孙汉超. 对我国运动项目的设立及其管理制度改革的新思考［D］// 2006 年中国体育管理科学大会论文集. 中国体育科学学会体育管理分会. 2006.

[5] 国家体育总局. 关于施行《体育运动项目立项管理办法》的通知［R］. 国家体育总局体竞字〔2006〕124 号. 2006–12–26.

[6] 国家体育总局. 关于重新公布我国正式开展的体育运动项目的通知［R］. 国家体育总局体竞字〔2006〕123 号. 2006–12–26.

第七章
运动训练管理绩效及评价

【学习目标】

- 学习和了解运动训练管理绩效及评价的含义，运动训练管理绩效评价的意义、内容与标准
- 初步了解运动训练管理绩效“成绩评价模式”产生的背景与优劣
- 认识运动训练管理绩效综合评价与其他评价的区别、内容体系和实际意义
- 掌握综合评价模式与 DEA 评价模式的应用与方法，对衡量运动训练管理绩效的基本方法有一个比较全面的认识

第一节　运动训练管理绩效及评价概述

一、运动训练管理的绩效

（一）绩效的含义

绩效（performance），可解释为执行、履行、表现、成绩，又称工作表现。它一般包括两个方面：一方面指可量化评价的工作结果，相当于通常所说的成绩、业绩等；另一方面指不可量化并影响工作结果产生的行为、技能、能力和素质等。因此，绩效既包括静态的结果内容，也包括动态的过程内容。两者相辅相成，结果是工作的最终目标，过程则影响和控制目标的实现。针对不同的适用对象，其绩效的内容和表现亦有所不同。对于简单事务性工作的绩效含义侧重于工作任务的完成；对于高层管理者或单一任务者的绩效含义侧重于结果；对于一般人员的绩效含义侧重于结果和过程；对于具有创新性工作性质的绩效含义侧重于结果（做了什么）和预期结果（能做什么）。[1]

绩效一般分为组织绩效和个人绩效两类。组织绩效强调集体性绩效。个人绩效一般指个体性绩效，既表现为个人的工作结果，也表现为人员的工作过程，如人员的行为、技能、能力和素质等。两者既有区别，又密切相关，组织绩效是通过人员个体绩效实现的。

（二）运动训练管理的绩效

运动训练管理的绩效一般应表现为运动训练管理的结果和运动训练管理的过程。在运动训练管理工作中，任务指标是工作的目标和方向，而且具有明确的评价标准，所以要重视竞赛训练任务指标的完成结果。同时，运动训练管理工作还要重视完成竞赛训练任务的过程，即在完成任务指标时所表现出的行为、技能、能力和素质等，并加强这些方面的过程管理。换句话说，在运动训练管理中，要重视绩效管理，要确定明确的竞赛任务目标，并作为组织管理人员、教练员、运动员共同奋斗努力的方向；同时，还要加强训练的过程管理，实现绩效管理，将组织管理人员、教练员绩效和运动队及相关部门绩效相融合，将每个人的绩效管理提升到战略管理层面。加强目标与计划、指导与协助、评价与检查、回报与反馈、改进与提高等绩效管理的关键环节，组织管理者与教练员共同参与，并在持续不断沟通的过程中，帮助教练员消除工作过程中的障碍，提供必要的支持与帮助，与教练员一起完成绩效目标，从而实现部门的战略目标。

运动训练管理要处理好影响绩效的关键因素和系统因素。

在关键因素中，一是教练员的工作态度、工作技能、相关知识、工作动机和个性特点要适合教练员的工作岗位，并能够胜任部门提出的工作任务；二是对教练员工作目标是否明确，计划安排是否可行，相关的资源配置是否到位；三是教练员的训练方法和手段是否先进科学，在训练过程中是否善于总结与研究，是否在用科学的理论和方法指导工作实践；四是工作环境；五是训练管理部门的管理机制和管理水平。上述五种因素是直接影响教练员绩效的重要方面。

在系统因素中，分为个人和情景两个方面。个人因素主要指个性、能力、技能、知识、经验、动机等。情景因素主要分为任务特征（任务的一致性和连贯性、任务难度、任务时限、任务责任）、角色特征（角色的明确性、角色的负荷度）、物理环境特征（周围环境条件）、社会环境特征（同事的个性、上级的风格、团队的凝聚力、社会支持度）、组织特征（部门的价值观特征、激励机制、机构的稳定性、部门的组织结构、部门的管理水平、教练员的民主权利）。以上两个方面的各种特征形成互动，并影响着运动训练管理的绩效。

二、运动训练管理绩效的评价

（一）评价与运动训练管理绩效评价的含义

什么是评价？评价是一种认识，是精神对物质、意识对存在的一种反映。评价是生活中无时不在的精神活动。在日常生活中，评价表现为人们对价值客体的态度。例如，人们在某一自然现象面前，会从各种不同的角度做出美与丑、喜与恶、赞与反对等评价结果，并根据认知水平，采取相应的措施与行动。这些不同的态度表现都是评价。评价表明在主客体之间一定的价值关系中，客体是否能够或已经使主体的需要和愿望得到满足，客体是否适合主体的需要并使主体认识和接受。因此，评价有两种基本的结果：肯定和否定。主体的满意、满足、接受等表示是肯定的评价；不满意、不满足、拒绝等表示是否定的评价。在复杂的客体和各种的关系中，或者在价值关系的变化中，肯定和否定常常以相互并存、相互渗透、相互交叉和转化的形态表现出来。[2]

运动训练管理绩效评价，是以运动训练管理系统作为评价对象，就其效益给予价值上的评判，它是完整的科学训练管理工作的一个重要环节。因此，运动训练管理绩效的评价也就是根据一定的目标，通过系统地收集信息资料，按照严格的科学程序，对运动训练管理效果做出价值判断的过程。它通过对运动训练管理现状与目标之间的差距的判断，有效地促进被评对象不断达到预定的训练管理目标。

（二）运动训练管理绩效评价的意义

运动训练管理绩效评价是运动训练管理的一项基础性工作，通过评价可以客观地检查运动训练管理系统中客体是否能满足于主体的需要和愿望，是否能取得预期的社会效益和经济效益，促进运动训练管理系统的不断改进，优化整体工作，从而达到多出人才和出好人才、提高运动技术水平的目标。运动训练管理绩效评价最主要的意义，在于它是衡量运动训练管理成果的一种方法。不仅如此，它还能对运动训练管理者提供决策依据。运动训练管理绩效评价的意义重大，具体体现为：

1. 可以使人们根据评价的内容和标准，不断地强化对运动训练绩效的管理，不断修正与目标相偏差的行为，使运动训练管理效果不断接近目标要求。

2. 可以鉴别运动训练管理工作的绩效，确定运动训练管理各项工作成绩，衡量运动训练管理工作是否达到既定的目标。运动训练管理的评价，对于体育部门的管理者来说，它是对运动训练管理加强宏观控制的一个重要手段。

3. 能够使人们在运动训练管理工作中及时发现与诊断问题，找出运动训练管理中的不足，对进一步改进训练管理过程提供依据。

4. 能使运动训练管理工作更富有成效，在评价中得到肯定，减少管理工作中的偏差和失误，从而激励运动训练管理工作向更高一级的目标迈进。

（三）运动训练管理绩效评价的内容、标准与要求

在我国运动训练管理系统中，可以把训练管理系统划分为若干层次。全国各地的体育传统项目学校和中小学运动队为基层；青少年业余体校（包括体育中学、重点业余体校）和省、市体育运动学校为中层；省级集训队（包括自治

区、解放军及其他行业系统集训队）和国家集训队为高层。高层也称为“高级”层次（参见第二章第二节）。

1. 运动训练管理绩效评价的内容

一般来讲，对运动训练管理绩效的评价包含以下几个方面：训练管理的条件、训练管理的过程和训练管理的效益。下面具体介绍这几个方面：

（1）训练管理的条件。条件是建立训练系统并确保运动训练系统正常运转的基本要素。条件主要包括人力、财力、物力、技术、信息条件。人力即领导者、一般管理者和教练员，是决定运动队训练效果的重要因素；财力即资金，是开展运动训练的经费保障；物力即场地、器材，是开展运动训练的基本条件；技术也就是训练方法和技术，是运动训练的智力支持，是决定训练效果的关键因素；信息就是信息资料，是改进、完善、提高运动训练方法、手段的重要依据。

（2）训练管理的过程。训练过程是整个训练系统的中心环节，只有扎实地训练、科学地管理，才能使运动队取得良好的训练效益，它主要包括以下几方面：行政管理、训练管理、教学管理、生活管理及思想政治工作。

（3）训练管理的效益。对于国家运动队、省（市、区）优秀运动队（高水平运动队）训练管理的效益，一般主要是通过它在国内、国际大型比赛中所获得成绩来反映，而对于各级各类的体育运动学校、中小学运动队等中、初级训练层次来说，对其训练管理好坏的评价主要是通过向上一级训练层次输送的人才数量、质量及训练的成才率等来反映。

2. 运动训练管理绩效评价的标准

评价标准是人们在评价活动中应用于对象的价值尺度和界限。评价是一种主观活动，它有许多主观性的特点和表现，例如，人们用来进行评价的标准，常常出自他们的感觉、直觉、兴趣、趣味、信念、理想等等。所以说，评价是人们对事物的认识过程，而认识事物都要通过实践去检验，实践同客观价值标准有着本质联系，实践应是最高的评价标准。[3]

运动训练管理绩效评价也是一种主观活动，以目标作为依据，对客体做出价值判断的过程。一般来说，目标总带有较大程度的抽象性。因此，在实践过程中，需要调整主观确定的目标并将抽象的目标具体化，形成较为客观的评价标准，并作为评价的直接依据。

运动训练管理绩效评价标准是经过各级训练管理目标的分解，为分析各级训练管理目标的完成效果而设计出来的。我们认为，标准的设计应遵循以下四个原则：

(1) 与目标的一致性原则。运动训练的根本目标就是培养优秀体育人才，运动训练的一切活动都必须围绕这个目标，运动训练评价也只有与这个目标一致，才能提高管理机构对运动训练管理的效率。管理机构始终要围绕目标不断地进行物质、能量、信息等资源配置，当目标实现后，通过评价就会为管理机构提供在目标实现的过程中，有哪些经验需要总结，还有哪些差距，为制定新的训练目标提供依据。

(2) 直接可测性原则。标准应是可用操作化的语言加以定义的，它规定的内容是可通过实际观察加以直接测量以获得明确结论的。比如，运动员的运动成绩、训练负荷、竞技能力等指标都可以直接用数据来量化，对运动员的训练状态进行分析，从而综合评价运动训练的效果。

(3) 整体完备性原则。标准设计应尽量从整体考虑，不遗漏任何一条重要的标准，能够全面地再现和反映运动训练的目标。目标存在于标准的总和之中，存在于系统化的标准之中。

(4) 可比性原则。标准必须反映运动训练过程中带有共性的属性，反映对象属性中共同的东西。标准的可比性要求，提出一条标准，就必须同时制定一条相应的尺度。

3. 运动训练管理绩效评价的基本要求

标准设计原则是对标准设计者提出的要求，它同时也为标准的设计、修改和完善指明了途径和方法。标准设计原则是制定运动训练评价标准体系的基本原则，在标准设计的过程中还应注意以下三个方面：

(1) 分解目标是建立标准的基本方法。由于运动训练系统的复杂性，对目标的一次分解很难达到可测性的要求。因此，借助若干中间过渡环节是必需的。如，运动训练的目标是培养优秀体育人才，而人才又可以从质量和数量等多方面加以考察，人才的质量和数量又成了训练工作的次级目标。从总目标出发，先将其分解成二级目标，然后再经过多重分解，形成三级、四级目标直到满足可测性的要求。由此看来，目标的分解是着手设计标准体系的最好途径和最简便的方法。

(2) 标准的内涵分析是改变标准品质的基本要求。标准设计必须对标准内涵及标准间的关系进行仔细的分析，是保证标准的独立性与完备性的基本要求，也是改变标准品质的可靠途径。

(3) 评价的含义从实际出发考虑某一特定标准的取舍、替代、从而完善标准系统，提高标准可行程度的基本方法。首先是从现实的条件（包括信息来源、人力、物力、财力等）出发；其次，要求评价标准的设计与评价所采用方法相结合。

第二节　运动训练管理绩效的“成绩评价模式”

一、“成绩评价模式”产生的背景

目前，我国运动训练管理工作的评价模式仍然采用的是一种以成绩评价为主，即以金牌和奖牌及运动成绩为主要评价标准的评价模式。这是长期以来在计划经济体制下，国家为了迅速提升我国竞技体育的国际地位，增强国家的政治影响力，而所采取的一种特殊的管理方式。在这个历史背景下，以全运会为核心的国内竞赛体制就此建立起来。这一体制为国家造就了很多优秀的体育人才，同时也对竞技体育的训练管理体制产生了深刻的影响。

人们常说：“竞赛是指挥棒。”这句话深刻揭示了竞赛对选材、训练、管理和资金投向的导向作用，表明竞赛制度对整个运动训练过程，尤其对运动员的培养过程具有强大的杠杆作用。竞赛项目、规程决定训练的内容、对象、规格和要求。因此，竞赛制度直接制约训练管理体制的运行。[4]

由于竞赛制度的竞争机制，在竞争的条件下，人们更加注意竞技体育的直接效益——金牌、奖牌和运动成绩。争金夺银已成为各地体育工作的基本目标和方向，更是各级运动队训练管理的主要任务和目标。因此，以运动成绩为主要评价标准的成绩评价模式就成为了评价我国运动队训练管理工作的主流模式。

二、“成绩评价模式”的优劣

（一）注重训练管理的直接效益

运动训练管理的直接效益就是运动成绩，因此，效益评价模式将直接效益作为训练管理评价的焦点，在评价的整个过程中，时时关注着所要取得的直接效益。强调直接效益在评价中的突出作用是训练管理效益评价模式的一个主要特征。

在运动训练管理效益评价模式的评价程序中，多数步骤与直接效益有关。只有清楚、明确地产生了直接效益，才能说明训练管理工作是否成功。此外，注重直接效益的思想合乎理性的原则，管理和评价正是因为有目标而有了清晰的导向，实施起来更有计划，易于操作，所以效益导向模式易于被人接受。可以说直接效益是运动训练管理效益评价模式的灵魂。

（二）“达成度评价”使评价标准简洁明了

评价作为一种价值判断活动，包含了一种将实际成就与评价标准加以比较的含义。任何一种评价都有评价标准，训练管理成绩评价模式的评价标准就是运动成绩的达成度，这一合乎理性原则的评价标准使评价工作简单、明确。在训练管理效益评价的定义中就含有这个评价标准，评价就是测定训练管理系统的工作质量，查明已组织的训练管理工作实际产生了多少预期效果，即运动成绩实现的程度。这一特征使训练管理成绩评价模式有时被称为“效益达成评价”或“达成度评价”。人们常常忽略的一点是这个评价标准所隐含的另一层意义，即确定一个训练管理系统的成绩达成度的目的在于进一步改进训练管理系统本身。

（三）评价工作的不确定性

评价工作的不确定性，这是“成绩评价模式”在评价运动训练管理时的消极因素。这种不确定性主要体现在以下几方面：

1. 过分地重视取得和维持短期赛事成绩，助长了管理者急功近利思想和短期投机行为，以至于运动队在短期成绩方面投资过多，在长期的价值创造方面投资过少，从而造成运动队的发展后劲不足。

2. 不适应新时期竞技体育的发展要求，不能指导和评价创造未来价值的行为。在评价无形资产的增长情况特别是体育创造的社会财富方面，传统绩效评价方法显得力不从心。

3. 过分注重运动队成绩指标等可直接计量因素，忽视非成绩指标的不可直接计量因素。

4. 成绩评价和运动训练管理价值的不协调。传统的运动训练管理绩效评价系统是建立在按照成绩价值来衡量训练管理部门的投入价值的基础上的，它忽略了运动队随时间变化而产生的无形和有形资产的增值。

传统的成绩评价系统的局限性还表现在：重结果“秋后算账”，轻“过程评价”“适时评估”；重局部“本位业绩”，轻整体“组合效益”等方面。传统的成绩评价系统的这些局限性使其难以适应新时期竞技体育发展的要求。[5]

第三节 运动训练管理绩效的综合评价

一、运动训练管理绩效综合评价概述

（一）“综合评价”与其他评价的本质区别

所谓“综合”，引自《辞海》，意即把各方面的不同类别的事物组合在一起，[6] 即明确人或事物价值的过程。邱东所著《多指标综合评价方法的系统分析》一书对综合评价的定义是：综合评价法是指要对一个相对复杂的事物做出全面、系统、客观的评价而采用的评价方法。

早期的评价方法大多是以个体评价为主，人们在评价时只注重系统的某一方面目标的实现，而忽略其他目标，这种评价方法仅对简单的事物评价有效。绩效评价也是一种单一的评价方法。理论上认为，人类的劳作是有理性的，发展是主题，而绩效又是发展的主要方面。因此，人们在评价时，只注重系统的投入与产出，希望以最小的投入取得最大的产出。这种思想至今仍在工程项目的决策评价中起到重要作用，但不能全面体现系统的本质。

随着人类科技的发展，人类的各种活动变得越来越复杂，于是，人们注重对事物特别是对工程系统的全面评价，即从政治、经济、社会、技术、风险、自然与生态环境、组织和个人等多方面复杂系统问题进行综合评价。在评价时，不仅重视直接的效益和影响，而且重视间接影响；不仅重视近期效益，而且注重长远效益；不仅重视定量指标（如投资、收益等）的评价而且重视软指标的评价，这就形成了综合评价的方法。由此可见，绩效评价、个体评价都是综合评价的一个部分。

（二）“综合评价”产生的背景及特点

传统运动训练管理绩效评价是以“成绩评价模式”为核心的，由于存在着比较明显的缺陷，已不能适应现代运动训练管理科学评价的客观要求，必然要寻找一种更科学而全面的评价方法。同时，为了能更准确地评判管理活动的有效性，还需要对管理活动进行纵向评价，比如管理过程评价、投入产出的有效性、可持续发展评价等各类评价，因而原有的价值单一评价指标方法难以满足这些要求，这就迫使人们探索着开创一种新的指标评价方法，综合评价模式就应运而生。这种评价模式具备以下特点：

1. 综合评价包含了若干个指标。就运动训练管理而言，应包括管理的条件、过程和效益这三大方面的各类指标。

2. 综合评价的各个指标分别说明着被评价事物的不同方面，彼此间往往是异度量的，而且不存在一个统一的同变量因素，也就是说指标的性质和度量标准是不可重叠的。

3. 综合评价方法最终要对被评价事物做出一个整体性的评判，用一个总指标来说明被评价事物的一般水平。[7]

（三）“综合评价”的基本构成

从哲学意义上讲，评价就是评价者对评价对象的属性与评价者需要之间价值关系的反映活动。据此，运动训练管理绩效的综合评价就是评价者对运动训练管理系统属性与评价者需要之间的价值关系的反映活动，即明确价值的过程。

一个运动队的训练管理工作本身就是一个相对复杂的系统。因此，对其绩效进行评价就不能从某个方面入手，而是要从整体、全局的角度看问题。于是，怎样把一个复杂的大整体划分为可以直接评价的小要素就成为关键。在这个问题上，借助系统论的分析有助于认清运动训练管理系统的构成与各要素间的作用关系，从而达到合理分析客观评价的目的。[8]

对运动训练管理系统进行综合评价就是根据训练管理系统的目的，在系统调查和可行性研究的基础上，主要从技术、管理和经济等方面，就该系统运行的方案所能满足需要的程度同消耗和占用的各种资源进行评审。具体地说，综合评价就是对运动训练管理系统进行过程和结果的鉴定，其主要目的是判别运动训练管理系统是否达到了预期的标准，能否为决策提供所需要的信息。一般说来，有以下几个方面：运动训练管理系统运行现状的评价、运行方案可能产生的后果和影响的评价、方案实施后的跟踪评价及决策完成后的回顾评价。

在综合评价过程中，首先要熟悉运动训练管理系统的运行方案和确定评价指标。熟悉方案是指通过大量的调查研究，了解运动训练管理系统的基本目标、功能要求，确切地掌握运行方案的优缺点以及对系统目标功能要求的实现程度、方案实施的条件和功能性等。然后，根据熟悉方案情况，结合评价指标，运用适当的方法，先进行单项评价，再做综合评价，从而做出对方案评价的结论。

二、运动训练管理绩效综合评价系统及方法

（一）"综合评价"系统的结构

任何系统是由若干相互联系的基本要素构成的，是具有确定的特性和功能的有机整体。构成一个评价系统应包括评价思路、评价模式、评价方法、评价基准、评价指标体系、评价数据、评价步骤、评价的主体和客体、评价结果、评价报告这几个基本要素。每一个评价系统都有其特定的功能，并服务于训练管理工作。运动训练管理工作主要包括各基本训练单位及其主要管理机构的组织管理和实施，以及上述单位、机构的软环境（科研、医疗、管理）、硬环境（经费、器材、场地等）的保障和支持情况。

"如何评价"是一个较为复杂的问题，首先要在评价目标的指导下，形成一定的评价思路，沿着评价思路构建评价模式，然后选择评价方法，根据评价方法及对象确定评价基准、指标体系、评价数据，遵循一定的评价步骤，运用评价模型对评价的客体进行评价，最后得出评价结果，形成评价报告。[9] 上述这些内容就构成了评价的整个系统，如图 7-1 所示。

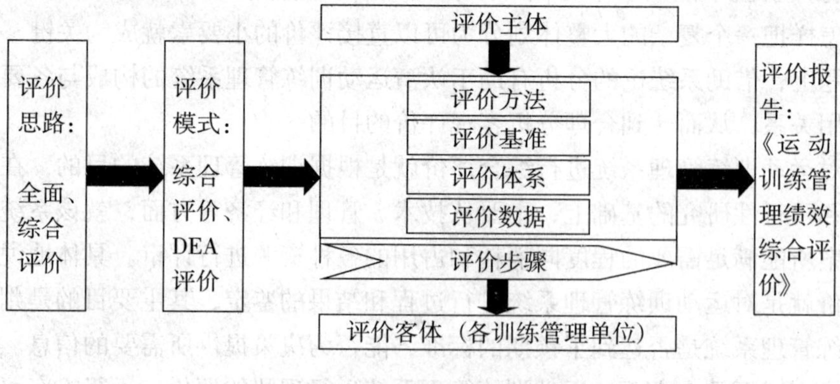

图 7-1　训练管理绩效综合评价系统结构

（二）“综合评价”系统的内容与方法

1. 确立指标和指标体系

要对运动训练管理系统进行综合评价，就必须先建立评价运动训练管理工作的指标体系，以便为各体育主管部门及时了解各训练机构的训练管理工作情况，进一步明确竞技体育的发展方向，促进和提高优秀选手的训练效率、效益的提高，为训练管理工作步入规范化、科学化、信息化的轨道提供依据。

指标的原意是揭示、说明，它不同于一般的统计数据，应该是在原始统计数据基础上通过分析和整理得到的。“指标是反映系统要素或现象的数量概念的具体数值，它包括指标的名称和指标的数值两部分。”[10] 运动训练管理综合评价指标体系本质上是训练管理系统各要素运行情况的集中反映。它是由若干相互联系、相互补充、具有层次性和结构性的指标组成的有机系列。

构成评价体系的指标既有直接从原始数据而来的基本指标，用以反映子系统的特征；又有对基本指标的抽象和总结，用以说明各子系统之间的联系及训练管理系统作为一个整体所具有性质的综合指标，在这里以相对指标出现。在选择指标时，要特别注意选择那些可受到管理措施直接或间接影响的指标、那些具有时间和空间特征的指标、那些现实变量间相互关系的指标和那些显示与外部环境有交换关系的开放系统特征的指标。

2. 评价指标体系的设计

运动训练管理作为一个复杂的系统，它由多个同一层次、不同作用和特点的功能团以及不同层次的复杂程度、作用不一的功能团组成的，功能团可以认为是某一层次的子系统，即子指标体系。根据其训练管理的目标，设置的是描述系统不同发展特征、具有层次结构的功能团指标。在确定指标体系的一级指标时，从投入（输入）——活动（状态）——产出（输出）角度入手来建立指标体系。具体方法如下：

（1）用因果分析法对训练管理综合评价指标体系进行初步构建。因果分析法是日本东京大学 ISHIKAWA 教授设计的一种能够以绘制因果关系图的方式找出问题所有原因的创新方法，被广泛应用于技术创新、管理等诸多领域。依据因果分析法如下。[11]

①根据某运动队的具体情况，召集与运动队相关并对训练管理问题有较深

入了解的人员组成工作组。

②运动训练主管部门将拟解决的问题写在一个三角形框内，并在三角形尾部划一条水平直线。

③工作组各成员依据自己对训练管理评价问题的不同理解，画出与该水平直线成45°角的直线并标明原因，并在已画出的主要原因直线上绘制短线，标注更为细化的分原因，依此步骤，尽可能列出影响训练管理评价的所有原因。

④对所做因果关系图进行优化整理，并讨论、反馈以完成因果关系图。一个完整的关于训练管理评价的因果关系图，如图7–2所示。

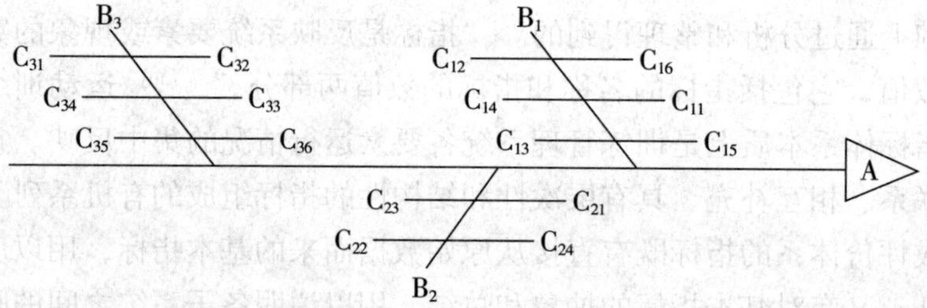

注：A—某运动队训练管理工作综合评价指标体系；B_1—训练管理条件；B_2—训练管理过程；B_3—训练管理效益；C_{11}—机构的领导班子；C_{12}—机构管理制度；C_{13}—教练员水平；C_{14}—行政、后勤管理人员；C_{15}—文化、生活、训练设施；C_{16}—经费投入情况；C_{21}—日常训练工作的管理情况；C_{22}—行政、后勤管理工作情况；C_{23}—硬件设施管理情况；C_{24}—科研与信息交流情况；C_{31}—金牌数；C_{32}—奖牌数；C_{33}—总分；C_{34}—名次增长幅度；C_{35}—成才率；C_{36}—后备力量培养情况。

图7–2 运动训练管理综合评价指标体系因果关系图

(2) 通过问卷调查确定指标体系。针对训练主管部门的评价目的与要求，拟按照上述通过因果分析法初步建立的指标体系，再通过问卷调查法等对指标体系进行确定，如表7–1所示，根据评价工作组及专家和主管部门对训练管理系统的各类指标达成的共识，可按照输入、运行、输出三类性质的指标（即训练管理条件、训练管理过程、训练管理效益）进行评定。其中，条件性指标包括人员配置、经费投入、管理制度和硬件设施等，过程类指标包括训练、行政、设施等方面的管理。

表 7-1　　训练管理综合评价体系（以省级优秀运动队为例）

某省级优秀运动队训练管理综合评价体系	B_1 训练管理条件	C_{11} 机构的领导班子 C_{12} 机构管理制度 C_{13} 教练员水平 C_{14} 行政、后勤管理人员 C_{15} 文化、生活、训练设施 C_{16} 经费投入情况
	B_2 训练管理过程	C_{21} 日常训练工作的管理情况 C_{22} 行政、后勤管理工作情况 C_{23} 硬件设施管理情况 C_{24} 科研与信息交流情况
	B_3 训练管理效益	C_{31} 金牌数 C_{32} 奖牌数 C_{33} 总分 C_{34} 名次增长幅度 C_{35} 成才率 C_{36} 后备力量培养情况

3. 评价指标权重的计算

由于因果关系图的绘制与层次分析法的层次结构模型的要求一致，都是在深入分析实际问题的基础上，将有关因素不同属性自上而下地分解，每一层次各个要素受上层因素的制约，又对下一层因素产生影响，因此，一个因果关系图可以非常方便地转化为层次结构模型，体现了人类对复杂问题分解—判断—综合的层次分析法也因此能够有机融合在一起，从而有效地克服了层次分析法的固有缺陷，大大提高了层次分析法的使用效果。实施步骤是：

（1）建立层次结构模型。运用层次分析法（Analytical Hierarchy Process，简称 AHP）进行系统分析，首先将所包含的因素分组，每一组作为一个层次，按照最高层、若干有关的中间层和最低层的形式排列起来。最高层：表示解决问题的目的，即应用层次分析法（AHP）所要达到的目标；中间层：表示采用某种措施和政策来实现预定目标所涉及的中间环节，一般又分为策略层、约束层、准则层等；最低层：表示解决问题的措施或政策（即方案层）（图 7-3）。

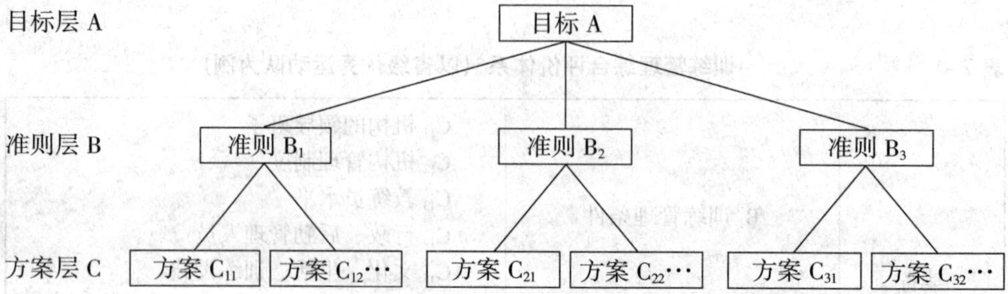

图 7–3　层次分析法的层次结构模型

（2）指标权重计算方法。该步骤可按以下要求进行：

①构造判断矩阵。运用层次分析法（AHP）对每一层次各因素的相对重要性给出判断，这些判断用数值表述，构成判断矩阵。判断矩阵表示针对上一层次某因素而言，本层次与之有关的各因素之间的相对重要性。假定 A 层中因素 A_k 与下一层次中因素 B_1，B_2，…，B_n 有联系，判断矩阵如表 7–2。

表 7–2　　　　判断矩阵

A_k	B_1	B_2	…	B_n
B_1	b_{11}	b_{12}	…	b_{1n}
B_2	b_{21}	b_{22}	…	b_{2n}
…	…	…	…	…
B_n	b_{n1}	b_{n2}	…	b_{nn}

其中 b_{ij} 是对于 A_k 而言 B_i 对 B_j 的相对重要性的数值表示，通常 b_{ij} 取 1，2，3，…，9 及它们的倒数（在系统内部或请有关专家做调查问卷，然后取其平均数），其标度含义见表 7–3。

表 7–3　　　　标度及描述

i/j	相等	较强	强	很强	绝对强	介于两者之间的值			
b_{ij}	5 / 5	6 / 4	7 / 3	8 / 2	9 / 1	5.5 / 4.5	6.5 / 3.5	7.5 / 2.5	8.5 / 1.5

（注：引自郭鹏. AHP 应用的一些改进［M］. 上海：上海统计出版社，1995：34–37.）

判断矩阵应满足：$b_{ij}=1$，$b_{ij}=\dfrac{1}{b_{ji}}$，i，$j=1$，2，…n

②求最大特征根及特征向量。根据判断矩阵，求出最大特征根及其对应的正规化特征向量，该向量的各分量就是判断矩阵各要素相对于上一层次某要素的相对权重。一般采用和积法或方根法求解，本教程采用方根法，求解过程如下：

第一步，计算判断矩阵每一行元素的乘积 M_i

$$M_i = \prod_{j=1}^{n} b_{ij}, \ i = 1, 2, \cdots, n$$

第二步，计算 M_i 的 n 次方根 $\overline{W}_i$

$$\overline{W}_i = \sqrt[n]{M_i}$$

第三步，对向量 $\overline{w} = [\overline{W}_1, \overline{W}_2, \cdots, \overline{W}_n]^T$ 正规化，即

$$W_i = \frac{\overline{w}_i}{\sum_{i=1}^{n} \overline{w}_i}$$

则 $w = [W_1, W_2, \cdots W_n]^T$ 为所求的特征向量，w 的分量 w_i 即是相应因素的相对权重。

第四步，计算判断矩阵的最大特征根 λ_{max}

$$\lambda_{max} = \sum_{i=1}^{n} \frac{(Aw)_i}{nw_i}$$

式中，$(Aw)_i$ 为 Aw 的第 i 个分量。

为了检验判断矩阵的一致性，即检验决策者判断思维的一致性。需要计算判断矩阵的一致性指标 CI

$$CI = \frac{\lambda_{max} - n}{n-1}$$

显然，当 $CI = 0$ 时，表明判断矩阵具有完全一致性；当 CI 越大，判断矩阵的一致性越差。为了检验判断矩阵是否具有满意的一致性，还需要将 CI 与平均随机一致性指标 RI 进行比较。对于 1~10 阶矩阵，RI 值分别如表 7–4

表 7–4　　1~10 阶矩阵的平均随机一致性指标（RI 值）

1	2	3	4	5	6	7	8	9	10
0.00	0.00	0.58	0.90	1.12	1.24	1.32	1.41	1.45	1.48

所示。

对于1阶、2阶判断矩阵我们总是认为完全一致的。当阶数大于2时，判断矩阵的一致性指标 CI，与同阶平均随机一致性的指标 RI 之比称为判断矩阵的随机一致性比例，记为 CR，即 $CR=\dfrac{CI}{RI}$。当 $CR<0.10$ 时，可认为判断矩阵具有满意的一致性。否则就需要调整判断矩阵，使之具有满意的一致性。

③层次总排序及一致性检验。当各层次的诸因素的相对权重都得到后，进行目标层 A 与方案层 C_{ij} 的相对权重计算，即层次总排序。假定上一层次所有因素 A_1，A_2，…，A_m 的相对权重分别为 a_1，a_2，…，a_m，与 a_i 对应的本层次因素 B_1，B_2，…，B_n 的相对权重为 $b^i{}_1$，$b^i{}_2$，…，$b^i{}_n$

这里，若 B_j 与 A_i 无关，则 $b^i{}_j=0$。显然 $\sum\limits_{j=1}^{n}\sum\limits_{i=1}^{m}a_ib^i{}_j=1$，即层次总排序仍然是归一化正规向量。层次总排序计算见表7–5。

表7–5　　层次总排序

层次	A_1	A_2	…	A_m	B层次的总排序
	a_1	a_2	…	a_m	
B_1	$b^1{}_1$	$b^2{}_1$	…	$b^m{}_1$	$\sum\limits_{i=1}^{m}a_ib^i{}_1$
B_2	$b^1{}_2$	$b^2{}_2$	…	$b^m{}_2$	$\sum\limits_{i=1}^{m}a_ib^i{}_2$
…	…	…	…	…	…
B_n	$b^1{}_n$	$b^2{}_n$	…	$b^m{}_n$	$\sum\limits_{i=1}^{m}a_ib^i{}_n$

评价层次总排序的计算结果是否一致性，应对其进行一致性检验。需计算层次总排序的一致性指标 CI、平均随机一致性指标 RI 及随机一致性比例 CR。公式为：

$$CI=\sum_{i=1}^{m}a_iCI_i$$

式中，CI_i 为与 a_i 对应的 B 层次中判断矩阵的一致性指标。

$$RI=\sum_{i=1}^{m}a_iRI_i$$

式中，RI_i 为与 a_i 对应的 B 层次中判断矩阵的平均随机一致性指标。

$$CR = \frac{CI}{RI}$$

同样当 $CR \leqslant 0.10$ 时，可认为层次总排序的计算结果具有满意的一致性。[12]

(3) 层次分析法的应用。层次分析法在体育管理中有多种用途，这里我们运用 AHP 法对运动训练管理绩效进行综合评价。

①建立层次结构模型。采用发放调查问卷和专家咨询的方式，对运动训练管理中的绩效工作问题进行分析，建立如图 7–4 所示的层次结构模型。

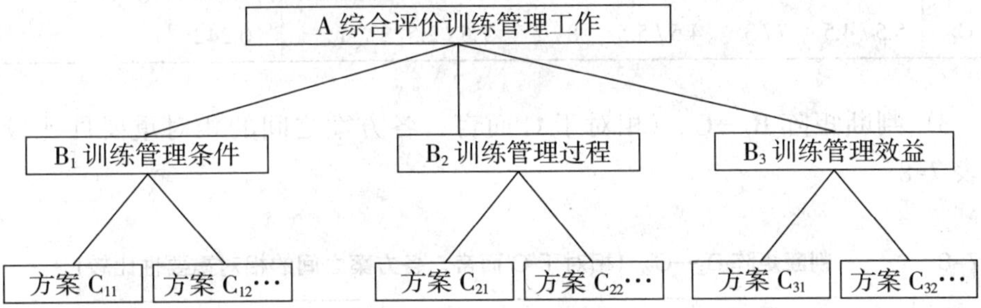

图 7–4　运动训练管理工作的层次结构模型

②计算权重指标。由体育部门的人员对发放的调查问卷进行汇总，统计出平均分值，根据各因素的重要性比较构建判断矩阵，并计算出各判断矩阵的最大特征根及其对应的特征向量，即可得出上一层某因素对本层次与这有联系的因素的重要性次序的指标权重。

1）判断矩阵 A—B（相对于 A 而言，各准则之间的相对重要性比较），见表 7–6。

表7–6　　判断矩阵 A—B（相对于 A 而言，各准则之间的相对重要性比较）

A	B_1	B_2	B_3	W	一致性检验
B_1	1	4 / 6	3 / 7	0.207	$\lambda = 3.000$
B_2	6 / 4	1	4 / 6	0.315	CI = 0.0001
B_3	7 / 3	6 / 4	1	0.478	CR = 0.0001 < 0.10

可见判断矩阵具有满意的一致性。

2）判断矩阵 B_1—C_{1i}（相对于 C 而言，各方案之间的相对重要性比较），见表 7–7。

表 7–7　　　判断矩阵 B_1—C_{1i}（相对于 C 而言，各方案之间的相对重要性比较）

B_1	C_{11}	C_{12}	C_{13}	C_{14}	C_{15}	C_{16}	W	一致性检验
C_{11}	1	6 / 4	4 / 6	7 / 3	6.5 / 3.5	4.5 / 5.5	0.172	
C_{12}	4 / 6	1	2.5 / 7.5	6.5 / 3.5	6 / 4	3 / 7	0.112	λ = 6.068
C_{13}	6 / 4	2.5 / 7.5	1	9 / 1	8 / 2	5.5 / 4.5	0.336	CI = 0.014
C_{14}	3 / 7	3.5 / 6.5	1 / 9	1	4.5 / 5.5	2 / 8	0.058	CR = 0.011 < 0.10
C_{15}	3.5 / 6.5	4 / 6	2 / 8	5.5 / 4.5	1	2.5 / 7.5	0.080	10
C_{16}	5.5 / 4.5	7 / 3	4.5 / 5.5	8 / 2	7.5 / 2.5	1	0.242	

3）判断矩阵 B_2—C_{2i}（相对于 C 而言，各方案之间的相对重要性比较），见表 7–8。

表 7–8　　　判断矩阵 B_2—C_{2i}（相对于 C 而言，各方案之间的相对重要性比较）

B_2	C_{21}	C_{22}	C_{23}	C_{24}	W	一致性检验
C_{21}	1	8 / 2	5.5 / 4.5	7.5 / 2.5	0.420	λ = 4.0013
C_{22}	2 / 8	1	2.5 / 7.5	4.5 / 5.5	0.110	CI = 0.0004
C_{23}	4.5 / 5.5	7.5 / 2.5	1	7 / 3	0.332	CR = 0.0005 < 0.10
C_{24}	2.5 / 7.5	5.5 / 4.5	3 / 7	1	0.139	

4）判断矩阵 B_3—C_{3i}（相对于 C 而言，各方案之间的相对重要性比较），见表 7–9。

表 7–9　　　判断矩阵 B_3—C_{3i}（相对于 C 而言，各方案之间的相对重要性比较）

B_3	C_{31}	C_{32}	C_{33}	C_{34}	C_{35}	C_{36}	W	一致性检验
C_{31}	1	8 / 2	8 / 2	9 / 1	7.5 / 2.5	6 / 4	0.382	
C_{32}	2 / 8	1	5 / 5	7 / 3	4.5 / 5.5	2.5 / 7.5	0.096	
C_{33}	2 / 8	5 / 5	1	7 / 3	4.5 / 5.5	2.5 / 7.5	0.096	λ = 6.023
C_{34}	1 / 9	3 / 7	3 / 7	1	3.5 / 6.5	1.5 / 8.5	0.046	CI = 0.005
C_{35}	2.5 / 7.5	5.5 / 4.5	5.5 / 4.5	6.5 / 3.5	1	3 / 7	0.111	CR = 0.004 < 0.10
C_{36}	4 / 6	7.5 / 2.5	7.5 / 2.5	7 / 3	7 / 3	1	0.269	

5）层次总排序。层次总排序计算结果见表 7-10。

表 7-10　　层次总排序计算结果

层B \ 层C	B_1	B_2	B_3	指标最终权重	指标权重排序	一致性检验
	0.207	0.315	0.478			
C_{11}	0.172	0	0	0.036	11	CI = 0.005 RI = 1.133 CR = 0.005 < 0.10
C_{12}	0.112	0	0	0.023	13	
C_{13}	0.336	0	0	0.070	5	
C_{14}	0.058	0	0	0.012	16	
C_{15}	0.080	0	0	0.017	15	
C_{16}	0.242	0	0	0.050	7	
C_{21}	0	0.420	0	0.132	2	
C_{22}	0	0.110	0	0.035	12	
C_{23}	0	0.332	0	0.105	4	
C_{24}	0	0.139	0	0.044	10	
C_{31}	0	0	0.382	0.183	1	
C_{32}	0	0	0.096	0.046	8.5	
C_{33}	0	0	0.096	0.046	8.5	
C_{34}	0	0	0.046	0.022	14	
C_{35}	0	0	0.111	0.053	6	
C_{36}	0	0	0.269	0.129	3	

由层次总排序可见，效益指标在综合评价体系中占有重要地位，6 个指标中的 5 个均位于 16 个指标中的前十位。这也说明了效益在运动训练管理中的重要性，但由于效益指标中不光包含了成绩指标还有淘汰率及后备人才培养情况，这两个指标的排位也相当靠前，这体现了“综合评价”系统的综合性。此外，在条件及过程指标中，日常训练工作的管理、硬件设施管理、教练员水平、经费投入和科研与信息交流这几个指标的排位也在指标权重排序的前十位，说明了这几个指标也很重要。

（三）“综合评价”系统的实施办法

依照所建立的“综合评价”指标体系以及指标权值的分布情况，确定了各指标的评分标准，最终构建了运动训练管理综合评价指标评分表。表 7-11 可作为运动训练管理工作的评价表。

1. 评价指标的计算方法

表 7–11　　指标计分方法表

指标编号及名称	分值	评价标准与折分	分值
C_{11} 机构的领导班子	5	①领导小组文化程度均达到大专以上 A.达到（3 分）；B.达到 80%（2 分）；C.未达到（1 分） ②领导小组年龄结构合理程度 A.老中青均有（2 分）；B.只有中老年（1 分）	
C_{12} 机构管理制度	5	各项制度健全、具备可操作性 A.完全符合标准（5 分）；B.基本符合标准（3 分）；C.不符合标准（0 分）	
C_{13} 教练员水平	7	①教练员的年龄 30~45 岁的人数占全体人数的 50%以上 A.完全达到要求（1 分）；B.每低于标准的 5%扣 0.5 分 ②教练员的学历 80%达到大专以上 A.完全达到要求（3 分）；B.每低于标准 10%扣 1 分 ③教练员专业职称结构：中级 50%、高级 20% A.完全符合标准（3 分）；B.中级 40%以上、高级 15%以上（2 分）；C.中级 30%以上、高级 10%以上（1 分）；D.完全不达标（0 分）	
C_{14} 行政、后勤管理人员	5	各岗位人员齐备 A.完全符合要求（5 分）；B.人员不全（3 分）	
C_{15} 文化、生活、训练设施	5	各项基本设施完备、条件好 A.完全符合标准（5 分）；B.各项设施完备、部分条件不好（4 分）；C.缺少部分设施（3 分）；D.缺少部分设施、设施条件不好（2 分）	
C_{16} 经费投入情况	7	本周期经费投入与上一周期经费投入的比例 A.超过120%（7 分）；B.119%~100%（5 分）；C.低于 100%（3 分）	
C_{21} 日常训练工作的管理情况	9	具有规范、操作性强的训练计划、教案、总结及检查制度，并认真执行 A.完全符合标准（9 分）；B.有制度（欠规范）能认真执行（6 分）；C.有制度且能执行但执行程度不够（3 分）；D.无制度（0 分）	
C_{22} 行政管理和后勤管理评价	7	具有规范、操作性强的工作计划、总结及检查制度，并认真执行 A.完全符合标准（7 分）；B.有制度（欠规范）能认真执行（5 分）；C.有制度且能执行但执行程度不够（3 分）；D.无制度（0 分）	
C_{23} 硬件设施管理情况	7	各项设施日常维护良好、有损坏能及时修复、有完善的使用记录 A.完全符合标准（7 分）；B.维护良好、无记录（4 分）；C.无维护、无记录、损坏严重（0 分）	
C_{24} 科研与信息交流情况	5	①各项目设立教研组，每周开展教研活动及业务学习 A.完全符合标准（3 分）；B.有教研组但活动不定期（1 分） ②教练员每年撰写一篇专业文章 A.完全达标（2 分）；B.70%人员达标（1 分）	

（续表）

指标编号及名称	分值	评价标准与折分	分值
C_{31} 金牌数	9	实得数量与预期数量的比例 A.超过 100%时，每多 50 个百分点就在 9 分的基础上加 1 分；B.100%（9 分）；C.80%~99%（7 分）；D.低于 80%时，每低 10 个百分点就在 5 分的基础上扣 1 分	
C_{32} 奖牌数（银、铜牌）	5	实得数量与预期数量的比例 A.超过 100%时，每多 30 个百分点就在 5 分的基础上加 1 分；B.100%（5 分）；C.80%~99%（3 分）；D.低于 80%时，每低 10 个百分点就在 3 分的基础上扣 1 分	
C_{33} 总分	5	实得数量与预期数量的比例 A.超过 100%时，每多 20 个百分点就在 5 分的基础上加 1 分；B.100%（5 分）；C.80%~99%（3 分）；D.低于 80%时，每低 10 个百分点就在 3 分的基础上扣 1 分	
C_{34} 名次增长幅度	5	名次增长幅度指标 =（本次运动会名次指标—上次运动会名次指标）/ 上次运动会名次指标 A.100%的项目为正值（5 分）；B.80%~99%的项目为正值（4 分）；C.60%~79%的项目为正值（3 分）；D.低于 60%的项目为正值（0 分）	
C_{35} 成才率	7	向国家队输送人才与全体运动员的比例 A.15%以上（7 分）；B.10%~15%（5 分）；C.5%~10%（3 分）；D.5%以下（1 分）	
C_{36} 后备力量培养情况	7	某一竞赛周期后留队人数与参赛人数的比例（如“全运会”） A.90%~100%（7 分）；B.80%~89%（5 分）；C.70%~79%（3 分）；D.60%~69%（1 分）；E.60%以下（0 分）	
合　计			

2. 评价实施步骤

(1) 下达评价通知书，组织成立评价工作组和专家咨询组。评价通知书是指评价组织机构（委托人）出具的行政文书，也是运动队接受评价的依据。评价通知书应说明评价任务、评价目的、评价依据、评价人员、评价时间和有关要求等事项。

(2) 拟定评价工作方案，搜集基础资料。评价工作方案是评价工作组进行某项评估活动的工作安排，其主要内容如下：

①评价对象　根据评价目标与要求，其评价对象可确定为正备战（“全运

会”“省运会”等）的各运动队或训练机构（单位），等等。

②评价目的　通过建立一个多指标的综合评价体系，来考核各个训练机构在备战期间训练管理工作的绩效。其目的在于克服以成绩作为唯一评判标准的旧有评价模式存在的弊端，建立一个综合的评价体系，以利于更全面地反映训练管理工作中取得的成绩和存在的问题。

③评价项目负责人　由评价主体——政府体育行政部门指定。

④评价工作人员　由政府体育行政部门选派的专家及工作人员组成。

⑤工作时间安排　某一周期性（如“全运会”）竞赛结束后。

⑥拟用评价方法　综合评价法为主，DEA 相对有效性评价法为辅。

⑦选用评价标准　具体标准见表 7-11。

(3) 评价结果的分析。综合评价法的评价结果主要是衡量各训练机构（单位）训练管理绩效情况，其评价记分以百分制计，当评价结果尚不能单纯地比较各单位间总分的高低时，还必须进一步比较各评价对象二级指标的得分情况。

三、运动训练管理绩效综合评价的意义

运动训练工作是一项系统工程，是各运动队竞技体育工作的重要内容。在竞技体育实践中，如何评价一个基本训练单位、主要管理机构的工作业绩，既是一个理论问题，又是一个实践问题。长期以来，在计划经济条件下，我国竞技体育主管部门，对各运动（项目）运动队、项目管理机构的工作业绩的评价普遍以大型运动会（比如“全运会”“城运会”“省运会”）上的金牌数、奖牌数或团体总分作为唯一评价标准，很难提及其他如成才率、项目收获率等综合评价类指标。将金牌、奖牌等单一指标作为训练工作的唯一目标，在竞技体育“唯一性、排他性”[13]掩护下，无可非议，也是不争的事实。但是，在实践中我们看到，这一评价导向很容易忽视除金牌、奖牌以外的其他因素，以及育人、队伍管理等工作环节的重要性，其结果只会导致不惜血本、重金奖励、不讲综合效益的弊端。因此，科学的构建合理的训练管理工作综合评价体系也是有力遏制单一“金牌论”、全面评价一个单位、机构训练管理工作业绩的重要手段。

现代运动训练管理绩效的综合评价，作为各政府体育行政部门训练管理的宏观指导、信息反馈、综合评价、有效调整工作中的一个重要环节，使训练管

理工作步入规范化、科学化、信息化的轨道。

第四节　运动训练管理绩效的 DEA 评价法

一、DEA 评价法及特点

DEA（Data Envelopment Analysis，数据包络分析）是一种应用线性规划来评价具有相同目标和相同资源投入和产出的基础单位工作效率的相对有效性分析。其适应范围非常广泛，大到世界范围的各国劳动生产率，小到生产车间班组中的个人生产效率的评比。在体育领域，只要是涉及多投入和多产出一类的比较，DEA 将是一种最有效的评价方法，它不仅可以评价体育机关事业单位和训练管理系统的工作效率，而且还能评价运动员的发展潜能等。因此，将它作为综合评价法的辅助评价法在运动训练管理中加以应用。[14] DEA 相对有效性评价模式的主要特点有：

1. 可以同时对多个对象进行评价，区别于传统评价方法评价对象的单一性。

2. 可以有效地评价多个具有相同性质的单元的相对有效性，但不能对评价对象进行绝对性评价。

3. 适用范围广，在各个领域中，只要具备相同性质的几个单元，要对它们评出高低，DEA 评价法都是一种行之有效的方法。

但是，可以看到，DEA 相对有效性评价模式也存在着其评价范围的局限性，主要是它只能体现若干个同质单位的相对有效性，若对单一个体进行评估时，它的评价结果缺乏绝对性和纵深性。因此，在本教程中，把它作为多指标综合评价模式的辅助评价模式，可以有效地填补综合评价模式在相对有效性评价方面的缺陷。

二、DEA 评价法的基本原理

（一）评价原则

为评价效率，先假设一个单位做标准，该单位由各待评价单位组合而成，如果待评价单位的各项指标不低于该组合单位，则该单位是有效的，反之，效率不高。用所有待评价单位投入产出指标的加权平均值确定组合单位的指标：

$$加权平均值 = \frac{\sum w_i \cdot 指标_i}{\sum w_i}$$

在线性规划的约束中要求组合单位的所有产出大于或等于待评价的单位，然后通过比较两者的投入判断相对有效性。如果待评价单位的投入大于组合单位，则该单位是非有效的（其使用更多的投入得到较少或至多相同的产出）；如果待评价单位的投入小于组合单位，则该单位是非有效的（其使用更多的投入得到较多或至少相同的产出）。

（二）评价内容及步骤

1. 划分决策单元

利用 DEA 模型评价运动训练管理工作，首先必须明确模型的决策单元，也就是评价对象。该模型最大的功能就是可以分析不同的决策单元之间的相对有效性，多个决策单元的确定必须满足以下三个要求：具有相同的目标和任务；具有相同的投入和产出指标；具有相同的工作环境等。依据上述要求，可将每一个训练机构（单位）定为一个决策单元。

2. 确定评价指标

DEA 模型是利用决策单元的投入和产出指标数据对评价单元的有效性进行评价，因此，指标的科学确定是运用该模型的基本前提。在确定指标时，应充分考虑决策单元间的一致性，充分反映评价目的，投入和产出的指标数量要达到一定的规模，而且应充分避免输入和输出指标体系内部的强线性关系。指标之间的交叉、重复、冲突将会影响到评价结果的科学性。指标的确定还要考虑到指标的重要性、可获得性、可操作性和针对性。每个决策单元都有 m 种类型的“输入”和 s 种类型的“输出”指标，分别对应决策单元的“耗费资源”和“工作绩效”，如表 7-12、7-13 所示。

其中，$X_j = [x_{1j},\ x_{2j},\ \cdots x_{mj}]^T$（$j=1,\ 2,\ \cdots,\ n$），$Y_j = [y_{1j},\ y_{2j},\ \cdots x_{sj}]^T$（$j=1,\ 2,\ \cdots,\ n$），则可以用（$x_j,\ y_j$）表示 j 个决策单元 DMU_j（$j=1,\ 2,\ \cdots,\ n$）。

表 7-12　　输入指标

输入指标	DMU_1	DMU_2	…	DMU_j	…	DMU_n
v_1	x_{11}	x_{12}	…	x_{1j}	…	x_{1n}
v_2	x_{21}	x_{22}	…	x_{2j}	…	x_{2n}
…	…	…	…	…	…	…
v_m	x_{m1}	x_{m2}	…	x_{mj}	…	x_{mn}

表 7-13　　输出指标

输出指标	DMU_1	DMU_2	…	DMU_j	…	DMU_n
u_1	y_{11}	y_{12}	…	y_{1j}	…	y_{1n}
u_2	y_{21}	y_{22}	…	y_{2j}	…	t_{2n}
…	…	…	…	…	…	…
u_s	y_{s1}	y_{s2}	…	y_{sj}	…	y_{sn}

3. 构建评价模型

现在对第 j_0 个决策单元进行评价。简记为 DMU_0，［X_0，Y_0］，h_0，$1\leqslant j_0 \leqslant n_0$。构建最优化模型如下：

$$(p)\begin{cases} \max_{h0}=u^TY_0\,/\,V^TX_0=V_p \\ s.t._{hj}=u^TY_0\,/\,V^TX_0\leqslant 1(j=1,\ 2,\cdots,n) \\ v\geqslant 0,\ u\geqslant 0 \end{cases}$$

其中，x_{mj} 为第 j 个决策单元对第 m 种输入类型的投入量，$x_{mj}>0$；y_{sj} 为第 j 个决策单元对第 s 种类型输出的产出量，$y_{sj}>0$。对应权系数，

$$v=\ [v_1,\ v_2,\cdots v_m]^T,\ u=\ [u_1,\ u_2,\cdots v_s]^T$$

其中 v_i 表示第 i 种类型输入的权重，$v_i\geqslant 0$（$i=1,\ 2,\cdots,m$）；u_r 表示第 r 种类型输出的权重，$u_r\geqslant 0$（$r=1,\ 2,\cdots s$）。

x_{ij} 和 y_{rj} 可以根据历史资料或现实预测而得知，是已知数据。v_i（$i=1,\ 2,\ \cdots,\ m$）及 u_r（$r=1,\ 2,\cdots,\ s$）为权系数，是不确定的。这个规划模型是一个分时模型，可以经 Charnes—Cooper 变换，将其转化成一个等价的线性规划模

型再进行具体运算。

令 $t=\frac{1}{V^{T}X_{0}}$，$w=tv$，$k=tu$，可以得到与原线性规划等价的线性规划模型 (P^{I})。

$$
(p^{I})\begin{cases}\max{}^{T}{}_{k}Y_{0}=V^{I}{}_{p}\\ w^{T}X_{j}-k^{T}Y_{j}\geqslant 0(j=1,2,\cdots,n)\\ w^{T}X_{0}=1\\ w\geqslant 0,\ k\geqslant 0\end{cases}
$$

4. 计算数据及评价结果的分析方法

(1) 指标体系数据的采集途径和方法是多种多样的，可以通过查阅文献资料、实地考察、公众投票等方式解决。

(2) 对评价结果的分析方法　①若线性规划问题 (P^{I}) 存在某一最优解 w_0 与 k_0 满足 $v_{p1}=k^{T}{}_{0}Y_{0}=1$，且 $w_0>0$，$k_0>0$，则称 DMU_{j0} 为 DEA 有效。②若线性规划问题的最优解不满足，则称为弱 DEA 有效。

(三) DEA 评价法的运用

1. DEA 评价体系的设计

DEA 评价法的关键在于同类决策单元（DMU）的确立，被评价对象必须具有相同的性质才能成为同类决策单元（DMU）。若以一个省级高水平运动队训练系统为目标，评价对象就包括了具有相同任务和运行方式各下属项目（队）管理单位（1、2、3、4、5、……）。因此，拟将运动训练管理 DEA 相对有效性评价模式设定为“DMU_1：DMU_2：DMU_3：DMU_4：DMU_5：…。”

根据实际需要，反映一个训练单位的运动训练管理投入的指标构成一般是：后勤及管理人员人数、固定资产的资金投入量、流动资金的投入量。而反映输出的指标构成是：全运会获得的分数、向国家队输送人数、达标指数。若以全运会（4 年）周期为准进行指标数据的采集，即得出决策单元投入产出数据（表 7-14）。

表 7-14　　训练管理系统决策单元投入产出数据表

序号	指标／部门	投入指标			产出指标		
		后勤及管理人员人数（人）	固定资产的资金投入量（万元）	流动资金的投入量（万元）	全运会获得的分数（分）	向国家队输送人数（人）	达标指数（全运会实得分/预计得分）（%）
DMU_1	A	46	25.2	2.82	41	4	100
DMU_2	B	17	14.5	2.22	40	1	100
DMU_3	C	28	6.3	1.83	35	2	100
DMU_4	D	30	12.7	2.2	34	2	87
DMU_5	E	30	22	3.75	36	2	85

2. 运用举例

因 DEA 评价法的计算和结果分析较为复杂，在此通过假设五个训练单位（部门）的投入和产出数据来演示评价的运算和分析过程，为投入实践提供帮助。

依据线性规划方程，对于决策单元 DMU_1 的计算过程如下：

$$
\text{s.t.}\begin{cases}
46\lambda_1+17\lambda_2+28\lambda_3+30\lambda_4+30\lambda_5+s-1=46\theta\\
25.2\lambda_1+14.5\lambda_2+6.3\lambda_3+12.7\lambda_4+22\lambda_5+s-2=25.2\theta\\
2.82\lambda_1+2.22\lambda_2+1.83\lambda_3+2.2\lambda_4+3.75\lambda_5+s-3=2.82\theta\\
41\lambda_1+40\lambda_2+35\lambda_3+34\lambda_4+36\lambda_5-s+1=41\theta\\
4\lambda_1+1\lambda_2+2\lambda_3+2\lambda_4+2\lambda_5-s+2=4\theta\\
100\lambda_1+100\lambda_2+100\lambda_3+87\lambda_4+85\lambda_5-s+3=100\theta\\
\lambda_j\geqslant 0,\ s-k\geqslant 0,\ s+l\geqslant 0\\
k=1,2,3;\ l=1,2,3.
\end{cases}
$$

解得最优解为：$\theta_1=1$，故 DMU_1 为 DEA 有效。同理，可以计算出其他四个基地训练管理工作的相对有效性，结果如表 7-15。

表 7-15　　DEA 模型计算结果

决策单元		最优解	评价结果
DMU_1	A	$\theta_1=1.000$	DEA 有效
DMU_2	B	$\theta_2=1.000$	DEA 有效
DMU_3	C	$\theta_3=1.000$	DEA 有效
DMU_4	D	$\theta_4=0.913$	非 DEA 有效
DMU_5	E	$\theta_5=0.690$	非 DEA 有效

由以上的结果可以看出，θ_1、θ_2 和 θ_3 的值等于 1，说明该决策单元不能通过改变投入流向和投入结构来增加总产出，如果一定要增加总产出，就必须增加投入量。因此，可以得出结论，A、B、C 三个训练管理单位的训练管理绩效最优。θ_4、θ_5 的值小于 1，说明这些决策单元可以通过改变投入结构或流向来增加总产出，或者说在不低于现有总产出水平下可减少投入量。也就是说 D、E 基地训练管理的效果不好，产出不足，其工作有待进一步提高。其中，E 基地的规模收益呈现递减的态势，尤其要引起重视，应找出原因改进工作。

3. 运用步骤

（1）数据采集，按照指标含义的要求对各训练单位进行数据采集。

（2）数据计算，按照上文给出的计算方法进行计算。

（3）结果分析，计算结果等于 1 的单位相比其他单位其管理效率要好，反之，结果小于 1 的话证明其效率不佳，有需改进的地方。因该计算结果是多个单位的数据同时参与计算，所以准确率和客观性较高，但由于指标的覆盖面不够广，对于评价结果不好单位的问题所在无法直观地表达出来，因此，在进行问题诊断时还必须借助综合评价法的评分结果来分析。

三、“综合评价”与“DEA 评价”的比较

在实现竞技体育可持续发展的思想指导下，选择一种好的运动训练管理评价模式可以为最终评价体系的建立打下良好的基础。为此，必须通过对“综合评价”与“DEA 评价”两种模式的比较，来确立一种更合理的评价模式。

由表 7–16 可以看出，综合评价模式与 DEA 相对有效性评价模式都是当今

表 7–16　　综合评价模式与 DEA 评价模式的比较

模式类型	优　点	缺　点
综合评价模式	①评价覆盖范围广 ②具备对管理工作过程的监控能力 ③评价指标针对性强，易于分清责任	①指标权重的确定，评价过程受人为因素影响较大 ②评价结果不利于同性质单位间的比较
DEA 评价模式	①评价过程完全是以精确的数据为基础，不存在人为赋值，加权，不受人为因素影响 ②评价结果客观真实，易于分析，容易比较	①评价范围仅限于投入和产出指标，无法进行过程监控 ②指标过于简单，针对性不强，覆盖面不够

比较流行和通用的针对复杂管理系统的评价模式，各有优缺点。综合评价模式具有评价范围广、评价点细密、易于在评价过程中发现问题的优点。这些优点都是为克服“唯金牌论”所必需的。但由于所使用的评价原理及运算方法上的局限，使得指标的赋值和计算以及评价过程中人为因素影响较大，导致评价结果的客观性不够。

DEA 评价模式在指标的选取和评价结果的计算上不受人为因素的控制，因此，所得结果也比较客观，而且它还具备可同时对多家同性质的单位进行比较，并可通过一次运算就分出优劣的优点。但 DEA 评价法在运用中也存在很大的局限性，主要是其选取的指标只涉及投入及产出指标，无法达到综合评价的目的，因此，评价实践中拟作为辅助方法来使用。

经过上述利弊分析，采用以综合评价模式为主，DEA 相对有效性评价模式为辅，两者相结合的评价方式，可以有效地评价训练管理系统，既具有绝对性又具有相对性，作为运动训练管理绩效的评价模式，是竞技体育科学管理和可持续发展的一种必然选择。

【思考题】

1. 你认为目前我国竞技体育体制实行的“金牌战略”对我国体育事业发展有何利弊?

2. 作为一名体育管理工作者，你会怎样对运动队的训练管理成绩进行评价，并且如何控制达到预定的目标?

3. 你是如何认识运动训练管理绩效的综合评价与成绩评价两种方式的?试比较与分析运动训练管理绩效评价的其他有效方法。

【参考文献】

[1] 顾琴轩. 绩效管理 [M]. 上海：上海交通大学出版社，2006：3–8.
[2][3] 陈新汉. 关于评价活动的认识论机制 [J]. 哲学研究，1999（2）.
[4] 宋二斌，张淑臣. 略谈竞技体育的“金牌战略” [J]. 探索与求是，2001（5）.
[5] 王虹，赵刚，等. 金牌真的那么重要吗 [J]. 教书与育人，2004（8）.
[6] 辞海（缩印本）[M]. 上海：上海辞书出版社，1979：1184.
[7] 邱东所. 多指标综合评价方法的系统分析 [M]. 北京：中国统计出版

社，1991：8.

[8] 丛湖平，邵珑珑. 对运动训练效益评价研究中若干问题的探讨 [J]. 上海体育学院学报，1996 (3).

[9] 陈晓剑，梁梁. 系统评价方法及应用 [M]. 北京：中国科学技术出版社，1993：4–6.

[10] 曹利军. 可持续发展评价理论和方法 [M]. 北京：科学出版社，1999：23.

[11] [14] 刘青，等. 四川省 2005 年“十运会”备战队伍训练管理工作综合评价体系的研究 [R]. 四川省科技项目（批准号 03SG023-005-04)，2006.

[12] 谭跃进. 定量分析方法 [M]. 北京：中国人民大学出版社，2002：142–148.

[13] 肖天. 对竞技体育特殊性的认识 [J]. 国家体育总局：体育工作通讯，2004 (3).

第八章
基层业余体育训练的管理与改革

【学习目标】

- 了解和认识基层业余体育训练的发展阶段及其特征
- 熟悉基层业余体育训练的基本组织形式及其特点
- 理解和掌握我国基层业余体育训练的特点、目前存在的主要问题及其改革的基本趋势

第一节　基层业余体育训练概述

竞技体育的竞争不仅是科学技术、政治、经济体制和实力的竞争，关键是竞技人才的竞争，归根到底还是竞技后备人才的竞争。纵观国际竞技体育发展史，以后备人才培养作为竞技体育发展的根本保证，已是各国共同的历史经验、现实选择和发展趋势。

基层业余训练是竞技体育后备人才培养的基本形式，是落实《奥运争光计划纲要》的基础工程，如果将体育后备人才比作竞技体育人才之流，基层业余训练就是竞技体育发展之源。源流俱在，竞技体育才可确保持续发展。同时，从学校体育整体观来看，青少年业余体育训练又是学校体育的组成部分，是提高学校体育运动技术水平、推动学生开展课外体育活动的重要形式或途径。由于学校体育是全民健身战略和奥运争光战略协调发展的结合部，因而基层业余训练的意义不仅表现在为竞技体育提供后备人才，还通过培养大批体育骨干而推动社会体育的发展促进全民健身事业的发展。[1]

自新中国成立以来，经历几十年的发展，我国的基层业余训练已形成庞大的体系。总体来看，可分为体委和教委两条基本体系和途径，并有齐头并进之势。但由于体制与社会发展的不适应等矛盾，整个青少年业余训练体系也暴露出一些明显的不足。

根据新中国成立以来我国基层业余训练的发展特征和体育事业的发展历史，我们可将基层业余训练的发展划分为以下几个阶段：

第一阶段　基层业余体育训练的初建阶段（1954—1965 年）

新中国成立后，为扩大国际影响，提高国际地位，满足人民的文化和体育需要，竞技体育充当着时代的先锋。1955 年，国家体委决定在北京、天津、上海各试办 3 所青少年业余体校。在总结 9 校办学经验的基础上，国家体委要求各省、市、自治区体委从 1956 年起建立业余体校，并颁布了《青年业余体育学校章程（草案）》《少年业余体育学校章程（草案)》，为我国青少年业余体育训练提供了法规依据。

最初的青少年业余体育训练是由体育运动委员会、体育协会或其他有关机构举办，因而，国家体委，特别是省、市、自治区体委，在坚持业余的原则下，根据各地人力、物力、场地、器材等情况确定规模。在项目设置上，以国家重点开展的项目为主，兼顾本地区的传统。1958 年，出现过到处大办业余体育训练的做法，使我国业余体育训练学校在 1960 年过分膨胀至 8607 所。在国民经济暂时困难时期（1960—1963 年），为了使业余体育训练工作适应新形势的需要，体育战线坚决贯彻党中央“调整、巩固、充实、提高”的方针，采取缩短战线、确保重点的正确方针，整顿了业余体育训练。

第二阶段　基层业余体育训练受冲击阶段（1966—1971 年）

受“文革”冲击，经过十几年建立起来的已初具规模的基层业余训练体系受到一定程度的破坏，整个体育战线陷于瘫痪状态。我国运动员的体育训练与体育事业一样，在混乱的局势下基本停顿，经过十年建立起来的已初具规模的业余体育训练体系遭到严重破坏。

第三阶段　基层业余体育训练的恢复发展阶段（1972—1978 年）

此阶段以 1972 年全国青少年业余体育学校工作会议的召开为标志。此次会议重新明确了业余训练的任务、原则，强调“重视青少年业余体校的组织建设，将原有的青少年业余体校尽快恢复起来，同时逐步新建一批”。经过几年的恢复和发展，到 1978 年时，我国业余体校达到 2458 所，在校学生有 225977 名，专职教练员为 2487 人。在 1972—1979 年间共向国家、省、市、自治区代表队输送两万多名运动员，不少学生还考入了体育学院（系），更多的业余体校学生成了群众体育工作骨干。

随着 1976 年我国在国际奥委会合法地位的恢复，提高竞技水平成为我国体育事业的主要任务之一。1978 年全国体育工作会议要求“各地首先在大中城市建成从基层运动队（中、小学）—普通业余体校—重点业余体校（体育运动学校）—优秀运动队层层衔接的训练网，并认真做好四级训练网的连续性和互相衔接工作”。这标志着我国运动员的体育训练体系的进一步完善。1978 年 10 月在烟台召开的全国业余体育训练会议，具体落实了国家体委的上述精神，使我国业余体育训练开始进入新的发展阶段。

第四阶段　基层业余体育训练的多元化阶段（1979 年至今）

随着十一届三中全会的召开，经过拨乱反正，体育事业在调整和恢复的基础上有了新的发展和重大突破。1978 年的烟台全国业余体育训练工作会议后，业余训练工作进入了新的发展时期；1979 年恢复并创建了一大批体育传统学校；1987 年批准了一批试点校；近些年一些社会力量也通过举办各种项目俱乐部的形式开始介入业余训练领域。国家体育总局系统也分批命名、挂牌了一些重点体校为“体育后备人才培养基地”。目前基础业余体育训练呈多样化趋势。

第二节　基层业余体育训练的组织形式

经过四十多年的发展，我国的基层业余训练也由单一的少儿业余体校发展到多种业余训练形式并存的多样化现实状态，包括各类业余体校、传统体育项目学校和体育后备人才试点学校、竞技体校、各类运动项目俱乐部以及普通中、小学运动队。这些基本业余训练组织形式构成了我国现阶段体育后备人才培养的主体。

一、青少年业余体校

这是目前基层业余训练的主要形式，也是我国高水平运动员的主要培养基地。业余体校系统在培养竞技体育人才方面起着主渠道作用。

业余体校是利用业余时间，对少年儿童进行共产主义思想品德教育和体育技术教学、训练的学校。在行政上属各级体育局领导，在教学上接受当地教育行政部门的直接监督，是亦读亦训的学校。

确定业余体校的任务，必须考虑国家的需要、青少年儿童业余训练的基本规律和青少年身心发展规律。我国的国情决定了业余体校的教学特点既不能像高水平运动队那样以训练为中心，也不能像普通中小学那样以文化学习为主，而必须二者兼顾，完成业余训练和文化学习的双重任务。所以业余体校的任务就必须围绕这两方面进行合理安排。

我国少年儿童业余体校的主要任务：

1. 为国家培养德、智、体全面发展的具有良好身体素质和一定运动技术水平的体育运动后备人才。

2. 为开展群众体育活动培养技术骨干。

3. 辅导中、小学和幼儿园训练点的训练。

从业余体校的任务看，实际包括了两层含义，即培养德、智、体全面发展的人，这是业余体校的总任务，它与我国的教育方针是一致的；培养具有一定运动技术水平的体育后备人才和群众体育运动骨干是业余体校在体育教育方面的具体任务。它们相互联系，相互促进，体现了对业余体校组织形式的基本要求。

业余体校管理的内容很多，涉及面很广，但依据业余体校的任务，其基本内容是，如何有效地组织科学选材和训练，努力提高教学训练水平，以达到向上输送出高质量、全面发展的专门人才的目的。

业余体校的管理是一项系统工程，要发挥系统的整体功能，提高业余体校的办校效益，就必须从各方面的科学管理入手，根据业余体校的实际情况，有针对性地采取措施进行管理。

目前我国业余体校存在的主要问题：

1. 在规模方面，自20世纪90年代以来我国体校数量有所减少，在输送率上仍显不高，绝大多数业余体校学生面临升学或择业。青少年业余体校的发展，专职教练员是重要因素。据统计，业余体校教练员人数显示出30岁以下的教练员逐年减少，50岁以上富有经验的老一代教练员也有逐年减少趋势，而中年教练员居多。现有教练员的知识结构、文化素质也较低，表现在高学历和高级职称所占比例不高。

2. 在业余体校经费收支方面，体育系统业余体校的财政拨款具有不确定性，多以奥运会为基点周期性地增减。体育系统业余体校的收入虽逐年增加，但对国家投入具有较大依赖性。业余体校的经营创收是出于经费不足的无奈之举。

3. 从项目分布看，我国业余体校所设项目包括奥运和非奥运项目共64个，从事人数最多的是田径，最少的有定向越野、跳伞等，有待进一步优化。

总的来说，业余体校在优秀后备人才的培养中发挥了巨大的作用。随着社会经济的发展，现有的体制也暴露出一些问题，主要表现在训练与文化学习之间的冲突方面，这虽有客观原因，但主观认识上的影响仍是重要原因。体校毕业生文化水平偏低，出路狭窄等问题，导致了体校生源的萎缩。

二、体育传统项目学校与体育后备人才试点学校

我国自1979年实行体育传统项目学校制度以来，历经20余年，此类学校为推动我国青少年体育活动、培养竞技体育后备人才、开展课余体育训练做出了突出的贡献，并积累了一些宝贵的办学和管理的经验。据调研，截至2004年，我国拥有地市级以上体育传统项目学校共计11477所，其中国家级200所，省（自治区、直辖市）级4133所，地市级7144所。常年参加传统项目的运动训练队约有27545支，参加传统项目受训的运动员人数达到约2252350名。在1988—2004年间5届奥运会中，我国运动员共获奥运会冠军97个、前三名155个。其中接受体育传统项目学校启蒙训练的运动员，在奥运会获得冠军57个、前三名77个，分别占全部奥运冠军和前三名的58.76%和49.68%。[2]传统项目学校已成为我国体育后备人才培养的重要渠道，它的建立缓解了参加业余体育训练学生训练与学习的矛盾。

但是，体育传统项目学校在其发展过程中也存在着一些问题。从整体来看，训练的经费缺乏，交流渠道不畅通、参加活动较少，小学—初中—高中体育人才选拔与培养渠道不畅通，体育传统项目学校的发展与社会发展比较相对滞后，管理和监督体制不健全或落实不好，体育教师的训练水平低，这6个主要因素制约着我国体育传统项目学校的发展。从项目布局的整体上看，我国体育传统项目学校开展的运动项目的配置，自由发展的成分较多，整体布局的要素较为单薄，缺乏创新性。在项目的布局上，田径、篮球、足球（共占69.23%）比重显得过高，而我国奥运会的优势项目如体操、游泳、羽毛球、射击、举重、摔跤、跆拳道等项目（共占8%），所占比重相对较小；我国经济欠发达的西部地区的体育传统项目学校的运动项目多以田径、足球为主，经济发达的东部地区学校开展的运动项目种类相对多样。[3]另外，也存在如目前命名的学校绝对数偏多，对其评估重点不突出，缺乏完整、统一的训练大纲等问题。

试点校是在传统项目学校基础上发展起来的，是传统校的发展和提高。由于时间不长，其培养目标、训练大纲、年龄衔接、评估指标、输送和竞赛体制等都还难以适应培养优秀运动员后备人才的需要。由于试点校有良好的学习和升学条件，吸纳了一批有天赋的体育苗子，一定程度上可能影响体校的生源。总体情况看，试点校离最初的预期目标尚有较大距离。

三、竞技体校

竞技体校是1979年经国务院批准，为国家备战奥运会，培养“奥运”优秀后备人才而提出的，在全国六所体育学院正式创办了“亦训亦读”的中等体育专业学校。创办的目的是为了充分利用体育学院人才、技术、科研、信息等方面的优势及现有的物质条件（场地、器材、生活设施等），把体育学院建成为教学、训练、科研三结合的基地，以适应未来竞技体育发展的需求，使我国竞技体育的发展逐步转移到依靠科学管理的轨道上来。同时，这也是我国竞技体育走向学校化的一个有益尝试。竞技体校的主要任务是：

1. 培养既有较高运动技术水平，又有科学文化知识的优秀运动员。
2. 为体育学院本科培养后备力量。
3. 培养中等体育专业人才，满足社会对体育人才的需要。

在这几项任务中，培养优秀运动员，既是竞技体校的主要任务也是竞技体校教学、训练、科研的中心。因此，竞技体校应围绕这个中心加强科学训练和科学管理，认真研究和合理布局运动项目，制定学校的发展规划，突出重点项目、重点队员，形成办学优势。

尽管竞技体校主要目的是为了培养优秀运动员，但是它与各项目专业队是有根本区别的，由于它是“亦训亦读”的中等专业学校，因此，目前它仍划归我国业余训练组织体系。

竞技体校作为“亦训亦读”的中等专业性质的学校，已成为培养奥运会后备力量的重要基地，它在把教育与体育相结合、培养高水平体育人才、探索优秀运动队向学校过渡方面走出了一条新路子。它既是教学、训练、科研三结合基地的一个起点，又能直接为国家培养尖子运动员，有利于竞技体系和教育体系相结合，充分体现了体育的发展应以教育为依托，以科技为先导的新思路。探索竞技体校的教学、训练、管理方面的经验，总结它们的发展优势，有利于提高竞技体校的办校水平和竞技人才的培养质量，加速我国优秀运动队管理体制的改革，对实现奥运会战略等都具有重要的意义。从竞技体校建校二十多年来的办学效益分析，我们认为竞技体校主要有以下四个优势，即文化课教学的优势、教练员科学训练的优势、训练与科研相结合的优势和科学管理的优势。

文化教学、科学训练、科研和管理等方面的特点，充分反映了我国竞技体校办学的优势。正是由于竞技体校具有自身体制上的优势，才取得了令人瞩目的成就，在历届奥运会和亚运会上取得了令人瞩目的成绩。

四、俱乐部

总体来说，我国目前的基层业余训练模式是计划经济与市场经济模式的“混合式”，既带有计划经济的余热又蕴藏着市场经济的潜能，是一种转轨时期的特殊的模式。这种模式还将会存在一个时期。从后备人才培养的总体来看，主要是“以政府为主，市场为辅”的模式。这与市场经济发达的国家相比还有较大的差距，但可喜的是，这种局面开始打破，有些地区或项目已经开始尝试“以市场为主，政府为辅”的培养模式。如足球、篮球、武术、摔跤、乒乓球、排球等项目。这种模式仍处在探索和起步阶段，还没有形成后备人才培养的主流。并且，由于项目的不同特点及地域经济发展的不平衡，竞技体育后备人才的培养还没有完全走出计划经济时代的模式，绝大部分的基层业余训练仍由国家负担，供求机制、价格机制、竞争机制、调控机制难于适应市场经济发展的需要，因此必须建立和市场经济相吻合的竞技体育后备人才培养模式和运行机制。从市场经济起步较早的美国、日本等国家来看，后备人才的培养主要以市场为中心，通过各种不同形式的项目俱乐部或实业团体来发掘优秀的运动员。[4]

目前，我国的竞技体育后备人才培养模式，具体形式如下：

1. 个人与公司合作

国君银泰（李国君和银泰公司合办）青少年女排俱乐部于 1993 年创办，教练与运动员均为全国招募，实行有偿训练、有偿转让的市场模式，运动员学习与训练并重，经常有国内外的交流比赛，毕业的运动员 90%以上进入高等院校，10%的运动员进入上海市少体校或高水平运动队。经费主要来自银泰公司，每年出资投入训练和服装、器材添置、教练收入等费用约 30 万元，运动员的有偿训练费 5 元 / 天。对于运动员招生实行一定的优惠政策。

2. 股份制管理，市场化运营

沈阳篮球学校是在沈阳体育运动学校的基础上重新组建的一所特色学校，以培养高水平篮球后备人才为主，实行股份制管理，市场化运营。篮球协会以管理技能、技术力量等无形资产入股，占学校股份 30%。沈阳体育运动学校以场地器材、教学设备、校舍、管理人员等有形资产入股，占有 70%的股份。招生范围将从东北三省逐渐推向全国。在校学生除进入高水平体育俱乐部、优秀运动队外，还可以进入高等院校的运动队。

3. 独立培养，自成体系

清华大学利用高等学校的优势，尝试着自己培养高水平运动员的新模式，目标是培养出真正意义上的国家级学生运动员。小运动员们来自清华附小、附中，形成了自己的竞技体育后备人才梯队，既可以进行“一条龙”式的训练，又可以让学生运动员完成小学—中学—大学的学业。目前已经初见成效，有的运动员开始在比赛中崭露头角。在跳水队取得一定经验之后，清华大学已开始组建其他项目的高水平运动队，如射击、田径等。

4. 实施有偿训练，增加社会投入

南京市体育局在 17 个项目的业余训练中试行有偿训练，取得了较好的效果。通过对青少年运动员的有偿训练实践，不仅增加了训练的社会投入，而且调动了社会的积极性，促进了竞技体育后备人才的成长。该市参加江苏省第 13 届运动会的 502 名运动员中有近 200 人经过有偿训练，他们获金牌数占全市总金牌数的 48%。这表明青少年业余训练走向市场在一定地区的可行性。

以上实例只是全国范围内的一小部分，据有关研究统计，目前我国培养竞技体育后备人才的青少年俱乐部约有 122 个。从发展情况看，有的青少年体育俱乐部及一定的地区已经具备了“以市场为主，政府为辅”的条件。这为竞技体育后备人才培养的市场化提供了一定基础，加之国家的大政方针支持社会办体育，人才走市场，因而从总体上看，我国的竞技体育后备人才进入市场运作在一定地区是可行的，但在法规的保障及市场运行机制上还显得比较薄弱。[5]

我国社会力量参与基层业余训练虽已起步，但目前规模很小，并且存在运作不规范、质量难以保证的问题。主要原因在于国家有关法规的不合理以及市场经济还不成熟。资本具有趋利避害的特性，如果投资得不到回报，就会转向其他领域。

各种俱乐部不仅可以在原有系统外形成另一条生产后备人才的流水线，增加后备人才总量，而且与体校办学形成竞争，使市场机制起到重要的资源配置作用。国家应制定并完善相关法规，对社会办俱乐部进行规范管理，防止没有资质的单位扰乱市场秩序，导致后备人才市场失范；建立与完善后备人才交流的相关制度，使各培养主体在同等的条件下进行竞争，保证培养单位合理的利

益回报；明晰后备人才产权，遵循“谁投资、谁受益”的原则，形成有偿培养、有偿输送制度。

五、普通中小学运动队

普通中小学运动队是在教师或教练员指导下，利用课余时间对部分体育基础较好的学生，进行科学、系统训练的一种组织形式。在我国业余运动训练体系中，中小学运动队属于初级训练形式。由于中小学运动队训练工作具有基础性和业余性的特点，学生参加运动队训练主要是在保证学习的前提下进行的，学校对运动队的人、财、物等各方面条件的投入都非常有限，因此，对中小学运动队的管理就显得尤为重要。

目前，我国各类学校运动队的教练员大多数是由本校体育教师担任，因此，教师的数量、训练水平及专长对学校运动队的组队和训练工作有着十分重要的影响。

各校在选择项目时，要考虑体育和教育部门对本地区运动项目的布局以及本校各项运动发展的基础，尽可能使本校训练项目与本地区的重点项目布局相一致。这样不仅有利于争取训练经费，也有利于人才的培养和输送。

中小学运动队所确定运动项目宜精不宜多，一般应抓好 1~2 个项目，这样不仅便于集中学校的人力、物力、财力，也可以充分发挥教师的特长和积极性，合理安排教研室的各项体育工作任务，并使个别项目逐步形成传统。对于已经形成传统项目的学校，则应以发展传统项目为主；同时，根据需要与可能，考虑是否增加其他项目。除此之外，在选择项目时，还应考虑基础项目、锻炼身体价值较大、实用性强、易于开展以及学生的兴趣爱好等因素。

在项目确定后，就要建立运动队。学校运动队的数量和形式，应根据实际情况，确定成立单一运动队或混合运动队，或成立多层次的相互衔接的多级队，如按性别组成男、女运动队；按年龄组成青年队、少年队、儿童队；按水平组成一队、二队、三队等等。开展传统项目的学校，应建立包括班、年级、学校的三级运动队。有的地区和学校还把同年级代表队集中到一个教学班，以便于训练、学习和管理，这种形式的代表队可称为“体育班”。

中小学运动队必须坚持一定的入队条件，才能得到广大师生、家长和社会的支持，才能保证学校运动队训练工作的顺利进行。

运动员的选拔要遵循德、智、体全面发展的原则，特别要注意选拔那些思想进步、学习努力而又有运动专长的学生参加。选拔代表队员，一般可以采用自愿报名、班级推荐、学校选拔的程序。而运动员的选材途径是多种多样的，归纳起来主要有两种：一是层层推荐，班级筛选；二是通过比赛进行选拔。此外，还可把上述两种途径结合起来进行。无论采用什么样的选材途径，都应从长远考虑，要有全局观点，把学校最优秀、有培养前途的学生送到代表队来。

学校运动队的组织管理主要是由学校体育教研组具体负责。就训练而言，中小学运动员在训练时间里是由体育教师负责，而在平时的文化课学习及其他课外活动则由班主任负责。有条件的学校可成立专门的体育班，将运动员集中在一个或几个班里，这种类型的班级管理多数由体育教研组负责管理。

学校运动队训练课应特别强调业余性和基础性。学校的运动训练一定要处理好文化学习和运动训练的关系。在中小学运动训练中最突出的矛盾是时间问题。一般因运动训练占用文化课学习时间，因短期集训或参赛占用了学生上课时间，要及时补课。要求运动员在训练、比赛之余，要抓紧时间完成学习功课，力争做到文化课学习与运动训练两不误，否则运动队训练工作难以得到家长和任课老师及领导的支持。没有各方面的支持，学校体育工作，尤其是运动队的课余训练就难以维持，更谈不上取得良好运动成绩。

同时，在中小学运动训练中要注意打好基础，搞好身体全面训练，使运动员在训练中掌握好基本的技术、技能，练好各项基本功，反对不顾学生的身心特点，盲目追求运动成绩的成人化训练。

中小学运动队通过一定时间训练后，要及时将确有培养前途的运动员输送到业余体校、体育运动学校或优秀运动队去深造。为此，学校运动队要建立必要的运动员档案，掌握每个运动员的身体条件和运动员成绩的发展情况以及参加各种比赛的表现，为高层次训练组织选材提供参考。

第三节　我国基层业余体育训练的特点与改革

一、我国基层业余体育训练的特点

（一）特殊的办学形式缓解了学训矛盾

我国基层业余训练经过几十年的发展，逐步形成了以各级各类学校为基础，以各级业余体校为重点的层层衔接的相对稳定的网络。业余训练的目标趋于明确、合理，输送竞技体育后备人才、培养社会体育骨干和提高社会体育水平三位一体，比较合理地处理了基层业余训练发展过程中普及与提高的关系。

（二）"举国体制"保证了重点项目的发展

在原国家体委及现体育总局和教育部门的宏观调控、分级分类指导下，我国的基层业余体育训练取得巨大成就，走出了一条自我发展并富有特色的道路。多层次、多形式的业余训练体制，较充分地利用了体制自身的优势和各方面的有利条件，发挥了社会主义国家"举国体制"的优越性，充分调动了有限的体育资源，使人力、物力和财力发挥了较大的效用。

（三）体教结合使业余体育训练充满生机

体育系统与教育系统的联合，使业余训练的吸引力增强，在生源总量及人、财、物的投入总量上得到加强。在市场经济条件下，教委系统积极参与业余训练，使我国业余训练体系趋于完善，显示出发展的生机。因为体教结合，可以发挥两家的优势，有助于形成规模效益，拓宽人才培养渠道，有利于潜在体育人才向现实体育人才的转化。

（四）项多面广的业余体育训练有利于发掘人才

我国业余体育训练项目设置较广，从总体看较为合理，在训人数绝对量较大，能为高水平运动员的选拔提供较大余地。

二、我国基层业余体育训练存在的主要问题

尽管我国基层业余体育训练面广人多，发展也较为稳健，但仍然存在一些不可回避的问题。

（一）业余体育训练体制需要改革

现行的以各类体校为主体的业余训练体制源自苏联，虽为我国竞技体育的崛起起到过巨大作用，但由于计划经济体制的痕迹明显，在当前时期表现出一些体制上的不适应。现行业余体育训练体制具有较大的内向性和封闭性，缺乏

横向竞争和纵向衔接，缺乏整个社会的协同配合，整体功能尚未发挥。业余训练的相关政策不健全，人才培养的主渠道仍显单一、狭窄。稳定的方向及训练网络虽然层层衔接，但结构并不严密，约束力较差。[6]

（二）业余体育训练的目标需要调整

我国现行基层业余体育训练的形式或途径较广，但由于形式和隶属关系的不同，在培养目标上也存有差异。总体上看，仍主要强调竞技体育人才的培养，忽视为社会体育培养骨干的价值追求，整体培养目标仍显过窄，这也是导致忽视文化学习以及影响生源的原因之一。

（三）参训学生的读训关系需要协调

基层业余训练的特点在于其“业余”性和“基础”性。把握业余训练的特点是搞好业训工作的关键。除少数进入高一级训练形式继续训练外，绝大多数学生将面临升学就业问题。对大多数学生来说，其文化素质的高低是其就业的筹码。业余训练阶段既是开发青少年体力的关键时期，也是开发其智力的重要阶段。因此，青少年的业余体育训练必须处理好文化学习与训练的关系。而解决这一问题的有效途径就是走体教结合的发展之路。

（四）业余体育训练的项目布局需要优化

我国业余体育训练虽已具一定规模，但各地设置雷同，项目设置超越经济发展水平的现象普遍存在，导致效益难以提高。脱离实际的攀比，效仿现象不少。项目设置仍有较大的随意性，导致战线过长、财力分散、重点不突出。因此，需深入调查研究，重视宏观上调控项目布局。

（五）业余体育训练的心理学问题需要重视

长期以来，业余训练中的心理学问题没有受到应有的重视，青少年业余体育训练的效率与质量在很大程度上取决于青少年学生训练的积极性，调动学生的训练积极性，不仅只是一个训练方法问题，而且是一个业余训练指导思想问题。因为这不仅关系到技术、技能的提高，而且关系到学生个性的和谐健康发展。因此，重视并加强业余训练中的心理学问题，不仅有助于训练效益的提高，更重要的是事关青少年学生的身心健康发展。

三、我国基层业余体育训练改革的趋势

社会主义市场经济体制的建立，为我国业余体育训练的进一步发展提供了机会。在新的历史条件下，我国基层业余训练的改革有如下基本趋势。

（一）改革现行业余体育训练管理体制和运行机制

主要体现在，职能部门要加大宏观调控能力，正确处理好“管”与“办”的关系。体育局、教育局齐抓共管，打破管理体制上的一味强调以体育部门或教育部门为主的管理模式的禁锢，充分利用并发展以社会组织为主管理业余训练的新体制。

（二）加快业余体育训练的社会化步伐

市场经济体制下，业余体育训练的社会化和产业化是一种发展趋势，推进其转化有助于提高业余训练自身的活力。应注意业余训练价值的两重性，即既为竞技体育培养后备人才，又为社会培养体育骨干。如此，才能有效促进业余训练的社会化。

（三）重新布局业余体育训练项目

在强调市场对体育资源的基础性配置作用的同时，应加强业余训练的宏观调控。首先要对目前的项目布局结构进行调整，其次应制定并推行新的培养经费分配方案。强调按效益决定投入，缩减规模、编制等。

（四）扩大基层业余体育训练对社会的服务

应加强业余训练机构与社会组织的联系，在为竞技体育培养后备人才的同时，为社会主义精神文明服务，以求得整体效益的更大发挥，从而求得自身更好的生存和发展环境。

（五）重视基层业余体育训练制度的创新

业余训练体制本身的缺陷所带来的问题和受其他难以消除的社会因素、社会制度的影响带来的问题，迫使我们应着重于对业余训练制度本身进行改革，这种改革也就是进行制度创新。从制度层面上讲，业余体育训练在我国仍属于

政府行为，现行的体育、教育系统业余训练体系虽然在目标上具有一定的一致性，但利益归属分途，各自的需求也不尽一致，二者之间由于利益和需求的冲突而造成的多方矛盾必然存在。因此，业余训练组织结构的“双轨制”有待调整。

制度改革很大程度上是制度内部利益的调整。处理好体育与教育两个系统以及各系统内部各群体间的利益关系，是业余训练制度改革的重要课题。[7]建立于计划经济体制下的业余训练制度在市场经济条件下的今天，已暴露出很多问题，进行业余训练制度的创新已势在必行。制度创新、体制改革不仅涉及组织、法规方面，更重要的涉及有关各方的利益和需求。因此，调整业余训练体系各方面的利益关系，是今后需要重点做好的工作。

附

国外竞技体育后备人才培养模式简介

美国的体育主要由专门的社会组织和私人企业，依照 1978 年颁布的《美国业余体育法》协调业余体育运动工作。竞技体育运动以学校为中心，依靠学校的业余训练来培养后备人才。中学是培养青少年运动员的摇篮，大学则是培养优秀运动员的高级阶段。在各自的体育项目管理上，享有最高的管理权限。其特点是强化了教育和体育结合，突出了青少年体育的业余性质。

英国、日本有共同之处，政府把竞技体育建立在社会体育的基础上。为青少年提供更多的体育参与机会，培养他们终身体育的习惯，同时，发掘和培养体育后备人才。

德国体育的基本组织形式是体育俱乐部，它是德国公民从事体育活动的主要载体。德国的宪法允许俱乐部和体育联合会有组织上的自治，确定了“独立”和“自我负责”的基本原则。政府把体育管理的任务交给了社会体育组织来完成，政府最重要的体育政策是经济资助，为优秀的青少年运动员提供优惠条件进入高等学校学习。

韩国的竞技体育后备人才由政府（教育和体育部门）、财团、企业联合培养，国民体育振兴公团为优秀的青少年后备人才支付特别奖学金。为促进竞技体育的发展，鼓励运动员训练的积极性，韩国的有关法律规定，为优秀运动员提供免试上大学和免服兵役制。这一制度对培养体育后备人才起到了积极的作用。

从以上几个国家的竞技体育后备人才培养模式来看，各自均有其特点，但共同之处是“以市场为主，政府为辅”，并且有比较健全的法规和良好的运行机制做保证。我国在计划经济时期实施的竞技体育“举国体制”，对竞技体育后备人才的培养起到了积极的推动作用。体育的发展是和社会、经济的发展密切相关的，当竞技体育从计划经济向市场经济迈进时，与竞技体育相连的一些体制也必须进行调整，以尽快地适应社会发展的需要。因此根据中国的国情，借鉴发达国家的做法也是一种捷径。[8]

【思考题】

1. 怎样理解基层业余训练的发展阶段及其特征？
2. 基层业余训练的基本组织形式及其特点是什么？
3. 怎样理解基层业余训练的特点及其目前存在的主要问题？
4. 怎样理解我国基层业余训练改革的基本趋势？

【参考文献】

[1] 卢元镇. 体育的社会文化审视［M］. 北京：北京体育大学出版社，1998：4.

[2]［3］课题组. 全国体育传统项目学校现状调查与研究［R］. 国家体育总局群众体育司委托项目. 2005.

[4] 谭华. 关于实现体育可持续发展的若干理论问题［J］. 体育学刊，2000（5）.

[5] 鲍明晓. 竞技体育在两种经济体制下运行特点的分析［J］. 体育科学，1998（1）.

[6] 宋继新. 论中国体育管理体制组织结构的改革与发展［J］. 体育科学，1998（1）.

[7] 孙洪涛. 我国体育管理体制改革研究［J］. 体育科学，1997（3）.

[8] 戴文忠. 中国与英国、瑞典体育管理体制比较［J］. 体育文史，1999（1）.

第九章
现代竞技备战与管理

【学习目标】

- 学习和理解项目规则的变化对于竞技备战、提高训练管理成效的意义
- 认识训练管理中整体与细节的关系
- 了解后勤保障体系在现代竞技备战中的作用及“训、科、医、赛”一体化备战保障体系的内容和措施

第一节　项目规则变化与竞技备战

在日常生活中，人们把法律和道德作为判断是非曲直的标准和尺度。同样，运动场上，要判定体育行为与技术的正确与否也需要一个尺度，那就是体育项目规则，它是体育运动存在和发展的基础，是体育竞赛顺利进行的前提和保证。

一、引起项目规则变化的内外因素分析

内因是事物发展、变化的根本原因，外因是事物发展、变化的条件，外因必须通过内因才能起作用。项目规则的变化是因为项目自身不断发展的结果，外部因素对项目规则的变化有着推动作用。因此，我们要重视和分析促使项目规则变化的内外因素。

(一) 引起项目规则变化的内因分析

1. 规则与项目发展的互动是规则变化的基本特征

竞赛规则是运动竞赛得以开展的前提和保证。竞赛规则有其自身产生、发展、完善的过程，其内容和侧重点在各个时期的发展也有所不同。竞赛规则与竞技体育的发展是相辅相成的，一方面，当规则不能适应比赛要求时，就会对规则进行必要的修改，消除比赛中的消极成分，以保证运动项目的活力，推动新的技战术的发展。另一方面，新的技战术的出现，反过来又促进规则的变革。例如，篮球规则从最初的 13 条发展到现在的 58 条，篮球技战术从原来的简单、低级发展到现在的高水平，都是它们许多年来相互制约、相互促进的结果。[1]

2. 规则变化的原则是为了追求项目发展效益的最大化

在竞赛规则变化的过程中，技术创新、项目规模、赛事经济、媒体传播、

奥林匹克教育和项目资本积累被广泛看做是规则变化的源泉。这些引起规则变化的诸要素，尽管在不同项目有着不同的权重，但是其核心都是力图通过竞赛规则变化而促使和推动竞技项目发展效益最大化。当然，不同的项目推动竞赛规则变迁的动机、行为方式以及产生的结果可能不同，但都要服从竞赛规则变化这种最一般性原则。例如，排球规则实施每球得分制后，促使世界排坛技战术向简单、实用和实效性方向发展。新规则的运用，使比赛的来回球多了，这样不仅有利于转播，而且使比赛更精彩了，有了焕然一新的感觉。

3. 规则对项目发展的相对效应和技术的自身强化是规则变化的内在诱因

所谓规则的相对效应是指规则在建立之初，它对推动项目的技战术发展是有效的，但是随着竞技项目的发展和竞技环境的变化，现有的规则可能对继续促进项目发展逐渐失去效力。规则相对效应的出现会影响人们行为的利益关系，进而会诱发人们重新制定规则的动机和努力。

所谓技术的自身强化是指某一种技术一旦发展起来，并投入比赛中应用，它就会以一种良性循环效应而使其在比赛场上的地位不断强化，直至统治整个比赛。因为新技术的采用往往有一种递增效应的性质，即效应随着其应用范围的扩大而提高。正是因为技术的这种自身强化，才使得规则不断地产生变化，而这种变化是一种社会效益更高的规则对低效益规则的替代过程。技术的自身强化往往是通过某些看上去很偶然的事件而最终导致规则发生变化的。

规则的相对效应和技术的自身强化是引起竞赛规则变化内在的隐性因素，而其他因素如项目发展规模、运动器械改进、单项赛事经济、电视媒体传播和奥林匹克文化拓展等则更多地体现在显性因素上。无论引起规则变化的隐性因素还是显性因素，都可以看成是竞技项目一种良性发展的诱因。

4. 规则变化与项目制胜要素构成的变异

项目制胜要素为了适应规则变化的“约束”，通过“创新”“发明”的连锁扩散，以“抵制”规则变化的影响。在“创新”“发明”的连锁扩散中，制胜要素的构成与原要素的排列组合相比，实际上是发生了“变异”。制胜要素的变异依据规则变化程度，在形式上可以表现出多种形态。制胜要素的变异是项目自主发展的重要方式。比如，中国乒乓球队针对规则的变化，在对原五大制胜因素“快、准、狠、变、转”充分研究的基础上，在新的层次上又提出了“凶、拼、抢、搏”和“技术精练、全面，没有盲区”的制胜要点。

（二）引起项目规则变化的外因分析

1. 项目的竞技性与观赏性的冲突

竞技性与观赏性的冲突，主要表现在项目比赛时间的长短和精彩、激烈程度的关系上，竞赛规则虽然没有直接涉及这方面的内容，但是它规定的技术规范和准则，将直接影响比赛的精彩、激烈程度，从而决定比赛时间的长短和观众情绪。项目的竞技性与观赏性的矛盾冲突，特别是是否会影响比赛的观赏性程度，直接决定着修改竞赛规则期望的强弱。如第 10 届世界乒乓球比赛，由于当时的比赛规则，使乒乓球比赛的竞技性与观赏性的矛盾十分突出，出现了马拉松式的比赛。一场球打了 2 小时 20 分钟。这种来回球过多的比赛，与观众对激烈精彩的比赛的要求和欣赏比赛、体会快乐的需求发生了尖锐的冲突，也抑制了乒乓球技战术的发展，导致了乒乓球新规则的出现。在隔网对抗类项目的竞赛规则的变化中，有许多这方面的实例。[2] 新规则的修改主要是为了增加比赛的观赏性，使比赛更加紧张激烈，以满足观众的需求。

2. 竞技项目满足市场化的要求

竞技项目市场化，是竞技体育项目发展的经济源泉。处于商品社会的当代竞技体育运动，不可避免地带有市场的基本特征。许多国际体育组织对市场化的态度是现实的，也是积极的和灵活的。萨马兰奇多次明确表示：商品化是必需的，理所当然的。由此可见他承认和接受了商业化对竞技体育的促进作用。体育与经济的结合，早就使西方人像发现新大陆那样，一面高声赞叹这种融合产生的巨大魅力，一面极力把握由此产生的巨大机遇。许多国家也竞相角逐体育大赛特别是奥运会的主办权。

随着体育比赛的广泛开展，竞技水平的不断提高，传播媒体的广泛介入，特别是电视转播的普及和商品广告的大量介入，对竞技体育比赛的宣传起到了巨大的推动作用，也对现行的体育比赛方法提出了挑战，使比赛的竞技性与商品性发生激烈的矛盾与冲突。如果一场比赛的时间过长或电视转播的效果不好，都会产生修改竞赛规则的愿望。在促进竞赛规则发展变化的外部动因中，体育比赛的竞技性与商业化的矛盾，是现阶段促进竞赛规则发展变化的主要因素。在商业化的影响下，许多单项的竞赛规则都进行了必要的修改。如，近年来的羽毛球、乒乓球、排球规则的修改表现最为明显。

3. 项目参与者对规则的解读变异

规则在制定过程中不可能是完善的，在竞赛过程中，时常出现一些对规则的解读变异行为，钻项目规则的漏洞。主要表现在运动员和裁判员两个方面。运动员在竞赛过程中的主要表现为：用相当危险的动作故意伤害对方；报复性攻击性动作；故意输给对方；不认真比赛以及一些违背社会公德的言行举止等。对于运动员在竞赛过程中的行为，竞赛规则作了一些明确的规定，通常有警告、判对方得分、取消录取资格和比赛资格等。裁判员在运动竞赛过程中的主要表现为：利用职权干扰比赛结果；故意错判、漏判、反判等。对于裁判员在竞赛过程中的行为，规则中无具体的条文，而只允许受损运动员（队）进行申诉和抗议。

我们在分析竞赛中的不道德行为时，发现了一个值得思考的现象。社会上的许多人都把体育竞赛中的不道德行为和合理的利用规则混为一谈。明明是拖延时间，还美谈为利用规则；明明是消极比赛，还解释为疲劳积累；明明是假球，还解释成心理负担过重，发挥失常。对于裁判员在执法过程中出现的不公正、不准确的判罚，常常以裁判水平不高，简而代之；对于裁判出现错判、漏判、反判，甚至是故意的错判、漏判、反判，则以经验不足，站位不好，一推了之。受这些因素的影响，也迫使项目协会对该项目规则进行修改。

二、项目规则变化对竞技备战的警示

从竞赛项目看，规则是确定的。往往就是因为这样才会使教练员忽略了对规则细节的详细解读，忽略对一些旧规则所做的改动或补充，教练员仅凭经验办事，以致造成不利的影响。例如，中国男子足球队在冲击2006年德国世界杯小组赛最后一场与香港队的比赛，就是缺乏对规则细则的透彻理解，本应出线却失去了资格。从电视台解说到场内相关人员，只计算净胜球，而没有计算总进球数，以至于比赛结束时，我们还以为和另一场胜者（净胜球相同）等待附加赛。其实对手总进球数多于我们，按规则我们最终无缘最后的决赛。[3]

项目规则的变化是不以意志为转移的，只有充分理解规则、吃透规则，才能在竞技比赛备战中取得好的成绩。理解规则、吃透规则对一名优秀的教练员来说是十分重要的，教练员只有在理解规则、吃透规则情况下，才能对运动员进行指导，使运动员在比赛中不因为没有理解规则而失败。同时，也可能在完全理解规则的条件下取得良好的成绩。因此，充分理解规则、吃透规则在竞技备战中发挥着重要作用。

（一）应主动适应规则变化，从整体上把握新规则

“高度决定态度——认识越透彻，站的高度越高。”在规则变化中，我们不仅应依据规则变化迅速调整观念、主动适应变化，而且要善于利用规则限定，变限定为继续创新的资源要素。我国乒乓球队以“追求高、精、尖，体现技术优势”的指导思想，与时俱进、置高统揽全局的做法，主动应对规则的变化，为我国优势项目续写了优势的希望。主动适应规则的难度变化，并不是技术上的修修补补，而是要从整体上加大对规则变化的研究，了解规则变化的难度，明白规则变化中的主要问题。突出自身在该项目的优势，弥补在该项目中的不足。并且还要从整体上加大技术创新的力度，分阶段、有步骤地实施。

新规则的变化，需要我们必须对原有规则制胜要素的构成进行调整。新规则的确会影响到项目制胜要素构成的变化，也可能会使我们原本就不明显的优势所剩无几，从而使形势严峻。但是，我们也应该看到，规则的修订不是针对某个人的，对大家来说都是公平的，规则不是为某个人的利益而制定的，我们不应该抱怨规则变化给我们带来各种不利。新规则对我们带来影响，但对其他选手也是同样有影响的。

规则的变化预示着新一轮循环的开始，只有未雨绸缪，积极应对规则的变化，从整体上分析规则的变化，才有可能在变化中适应规则，在规则变化中取得良好的成绩。

（二）应研究规则细节变化，在规则变化中寻找到技术创新和突破

每个项目规则的修改不可能进行全面的变化，一般情况下对规则的修改只是在某一条或某一款上进行改动。但是，问题就在某一条或某一款上，这直接关系到制胜要素的变异，制胜要素的变异是依据规则变化的程度，在形式上可以表现出多种形态。所以，当规则发生变化修改后，要仔细研究规则细节变化。以足球规则修改为例，国际足联推出“金球”制，到“银球”制，到现在的加时赛制，这个规则在足球规则中只是很小的一部分，但这个规则的变化对球队和教练员来说，在技战术安排上会发生质的变化。2005 年国际羽联对羽毛球赛制进行改革，第一，取消原来的发球得分制，改为每球得分制，每局 15 分改为 21 分；第二，双打不再有两次发球，取消后发球线；第三，增加一

次技术暂停。国家队教练陆亨文说："采用新规则，比赛变得紧凑了。双打取消后发球线后，对接发球这关要求更高了。另外，21分制对于球员的心态和他们精力的集中要求也很高，一旦失误，很可能丢掉全局。"对新规则的不适应，反映了原有制胜要素需要变异的要求。[4] 因此，需要教练员对新规则变化的研究，在规则变化中寻找新的制胜要素。

（三）应吃透新规则，善于利用新规则，寻找规则限定与创新最佳结合点

规则的变化对项目制胜因素的影响是均等的，但是，对于规则的限定能否充分理解，并结合自己的特点利用新规则的限定却各有不同。这是尽快摆脱迷茫、困惑的分水岭，也是制定新战略的支撑点。对新规则的限定的理解，在很大程度上取决于教练员的水平。比如，难度和稳定性是跳水制胜的重要因素，也是一对难以克服的矛盾。谁解决好这个问题，谁就能抓住制胜的主动权。中国跳水队2006年冬训目标就是通过狠抓动作的质量和稳定性来提高训练质量和比赛能力。再如，由于规则对花剑出手的标准要求越来越严，进一步突出和体现了动作的连续性和主动性，快速、简单的直接进攻已是一种有效的得分手段。因此，在花剑比赛中移动能力就显得非常重要。

每个项目规则的变化，客观上都存在突破空间，关键是如何利用新规则，在新规则中寻求发展特色。我们应依据项目、运动员个体的特点，结合新规则，多路径地探寻问题点与切入点，在反复实验的基础上创造自身的特色，拟定可行的制胜方案。

（四）应加强运动员对新规则的理解

运动员是规则的执行者，他们对规则的理解程度，直接影响他们竞技水平的发挥。2004年雅典奥运，中国体操队惨败而归，在很大程度上是运动员对规则理解不透。两年过后，在丹麦阿胡斯进行的2006世界体操锦标赛上，卧薪尝胆的中国体操队全神贯注于提高成绩，对于新规则的理解和把握已经做到了相对透彻到位，这使得中国运动员早于别队选手进入状态。这一点从该届比赛中的某些细节不难察觉，例如强大的美国女队在团体决赛中的表现，明显可以看出，正是选手因为在心理上尚未适应新规则导致了多次发挥失误。中国体操队总教练黄玉斌在总结此次大赛时说："雅典奥运会后，国际体联修改了比赛的计分规则，对此我们十分重视，进行了深入细致的研究，并相应地提高了

整体难度，为运动员编排新动作。对于新规则，我们的研究走在了别人前面，这是中国体操队此次取得成功的重要原因。”

第二节　训练管理中的整体与细节

目前在训练工作中，还存在着这样一些问题：重训练、轻教育；重技术、轻体能；重平时、轻赛时；重局部、轻系统；重数量、轻质量；重体能、轻恢复；重一般、轻特殊等等。上述问题从不同角度反映了训练过程中整体与细节的关系。整体与细节的问题贯穿运动训练活动的每一部分，对这一问题的理解可以帮助我们解决大量实践中难以解释的问题。[5]

一、关于整体与部分、整体与细节的问题

（一）对整体与部分的认识

从哲学上讲，整体是指构成事物的诸要素，按照一定的结构、形式结合而成的有机统一体。部分是整体中的某个或某些要素，是构成整体的一个环节、一个方面。整体由若干部分构成，但整体并不是部分的简单堆积，也不等同于其部分的总和。整体和部分是相互转换的。如备战计划的制定是一个整体，而人才的选拔、训练、竞赛、后勤保障、科技研究等，这些部分就是构成整体中的部分。像竞赛部分又包括理解竞赛规则、队员参赛报项等。整体问题实质上是认识问题，它决定着训练过程中处理问题的方向，实践中要从整体角度考虑问题，才能保证训练过程的科学性。整体的基本特征是：[6]

1. 多元性

多元性是指影响运动成绩的因素的多样性。显然运动成绩的取得不是一个单一因素决定的。如运动员取得成绩需要体能、技能、战术、心理等自身能力作保障，需要训练器材、恢复措施等训练条件作保障，也需要从体制上保证人力、物力、财力的有效使用，解决运动员、教练员的后顾之忧等。

2. 相关性

相关性是指各要素相互联系、相互作用，而非孤立。即在训练过程中，除

要考虑某一要素能力的提高外，还要考虑这一要素的变化对其他要素影响，如集体项目比赛场上某个位置的变化会对整体产生影响，会对其他队员产生影响，会对场下队员产生影响，以及对今后比赛产生影响。因此，需要有预案，要想到、练到。

3. 完整性

多元性加相关性构成完整性。凡系统都有整体的形态、整体的结构、整体的边界、整体的特性、整体的行为、整体的功能以及整体的空间占有和整体的时间展开。如“三从一大”原则的核心是从实战出发，这是因为它从整体的角度考虑问题，保证练的东西或做的东西要为比赛服务。

（二）对细节的认识

什么叫细节？细小和微小的过程谓细。节，过程告一段落叫节。小的告一段落的过程就是一个细节。先人说，多节者长行也。一个大的过程必然有很多细节。细节也就是细小的环节和情节。芸芸众生能做大事的实在太少，多数人的多数情况总还是只能做一些具体的事情。但是，大的事情通常是由许多细小的事情构成，把细小的事情做好便成了大事。这就要求我们要“关注细节，把小事做细”，正所谓细节决定成败。“细节”已经成为社会普遍关注的问题，社会各界热烈的反响以及众多有识之士对细节问题的重视，使我们体育世界也不得不重新审视细节问题。细节的基本属性是：

1. 决定性

决定性是指细节具有决定竞赛成败的属性。在很多运动项目上，我国的优秀运动员在运动技术方面不亚于国外运动员，但往往难以取胜。究其原因，是我们对比赛规则的细节方面掌握不够好。以中国体操队为例，2000 年悉尼奥运会上共摘得 3 枚金牌，然而四年之后，由于体操规则的修改，中国体操队对新规则的了解和熟悉远远不如美国、俄罗斯等对手，导致在雅典奥运会上空手而归。

2. 隐蔽性

隐蔽性是指细节通常很难被发现和注意。细节是一个很小的问题，也比较容易忽略。比如，通常我们教练员在训练工作中抓得比较多的是表面工作，只有训练工作计划，而训练的内容、训练的具体要求、训练的强度、练到什么样的程度等这些细节问题都未涉及。

3. 相对性

相对性是指在训练中对细节问题的重视程度。在训练过程中，如果对某一细节问题高度重视，那么在未来比赛中这个细节对比赛过程的制约力就小，运动员比较容易取得较好的成绩。相反，如果对某一细节问题重视不够，那么在未来比赛中这个细节对比赛过程的制约力就大，甚至决定比赛的成败。

（三）整体、部分与细节的关系

关于整体和部分的关系，部分不是孤立存在的，而是作为整体的一个环节而存在，它总是以某种方式与其他部分相联系，因而在整体中“分享”或带有整体性，并与其在相对独立时的性质相区别。这是从系统的角度研究整体与部分的关系，它所强调的是如何使整体的功能最大化的问题，即如何使 $1+1>2$ 的问题。

而细节研究的是如何使整体和部分的功能最大化的问题，细节回答的是操作层次、方法论的问题。部分与细节有本质的不同。部分是相对整体而言，部分可以转化为整体，而细节不能转化为整体。在实践中要避免将部分与细节混淆。

二、关注整体与细节在训练管理中的运用

整体的观点就是系统的观点，就是从整体上认识和处理问题，在运动训练中根据任务、工作范围不同，整体所涵盖的范围也不同。对教练员来说，整体就是如何最大限度地使运动员获得冠军，培养出优秀的运动员。

细节就是执行力，就是关注每个环节，训练、比赛中要考虑每个环节和每个因素的情况。实际上，细节的问题，其实就是一种态度，一种解决问题的精神，实践中，教练员要做到，运动员也要追求这个目标。

（一）竞技备战训练管理系统中整体与细节的构建

单纯建立系统并不困难，但要使建立的系统能够发挥最大功能，就要求在考虑整体的同时，着重考虑如何执行及执行过程中会出现哪些问题。要使这个整体功能发挥最大化，必须注意考虑具体的细节问题。

如针对 2008 年奥运会所构建的训练比赛系统（图 9-1），竞技备战及训练管理系统中所应涉及细节问题主要包括：高水平竞争对手的比较与分析，成绩目标预测，物质、科研、医疗等保障系统，运动员的训练、比赛与恢复系统，还有如如何利用规则、场地、器材及主场等非训练因素，应激系统即处理突发事件的系统（包括建立训练监控体系与危难支持体系）。

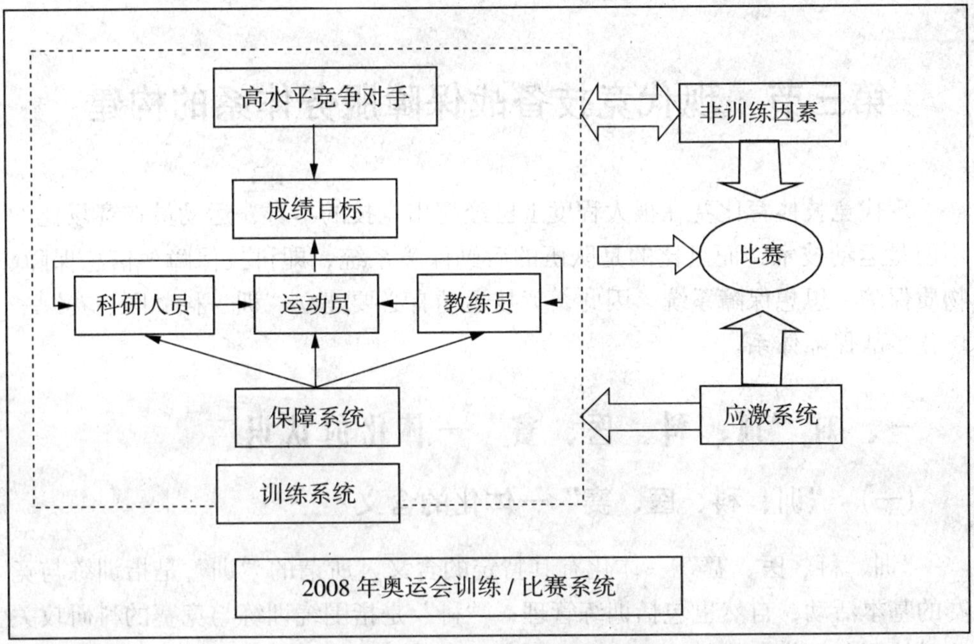

图 9-1 2008 年奥运会训练 / 比赛系统（据刘大庆，2006）

（二）提高整体认识水平与解决训练细节能力是训练水平提高的关键

不难发现，提高对运动训练的整体认识水平的关键在于能否统筹地、系统地分析问题和解决问题，能否从全局的角度去思考运动训练的发展方向及其有可能出现的问题。然而，这种整体认识的实施通过的却是一个个细微的环节来实现的。

因此，对于从事运动训练的管理者、实践者而言，在运动训练工作中是否具备整体统筹的观念，当个人利益与整体利益相冲突时能否服从全局利益，从根本上决定了其事业发展的成败。同时，还要树立“大处着眼，小事着手”的观念，认真地、努力地、踏实地去对待运动训练过程中的每一个细节问题，从日常运动训练到正式比赛、从运动员的日常生活到学习教育，通过每一个细小环节的进步和积累，去实现整体认识水平的提高。只有将这两方面有机地结合起来，才能确保训练水平的提升。

第三节　现代竞技备战保障服务体系的构建

现代竞技体育比赛在很大程度上已经超出竞技的本身，运动员在赛场比的不但是运动技术，而且比的是队伍的后勤保障系统，即科技保障、信息保障、物质保障、思想保障系统。因此，竞技运动有必要建立“训、科、医、赛”一体化备战保障体系。

一、对“训、科、医、赛”一体化的认识

（一）“训、科、医、赛”一体化的含义

“训、科、医、赛”一体化有其特定的含义，所谓的“训”是指训练与竞赛的基本活动，自然也包括训练管理；“科”是指围绕训练与竞赛的科研攻关与科技服务工作，既包括自然科学范畴的运动技术的生物力学分析、诊断，机能诊断、营养补充，也包括社会科学中的信息研究及数据库的建立；“医”是指运动伤病的预防、治疗与恢复的医务工作。[8] “赛”是指教练员带领运动员参加的各种级别的比赛。从单项运动比赛，到大型综合比赛；从地方级别的比赛，到国家、国际级别的比赛。

“训、科、医、赛”一体化是在以科研促进竞技体育与以医疗保障竞技体育发展的同时，建立和完善体育训练、科研、医疗等服务体系，避免原先“训、科、医、赛”分离的现象，从体制、机制、组织形式、管理方式上加强训练、科研、医务三方面结合，做到目标一致，利益共享，加强交流，促进知识结构优化、实践能力相互补充，从而实现科研与训练结合效益的提高（图 9-2）。

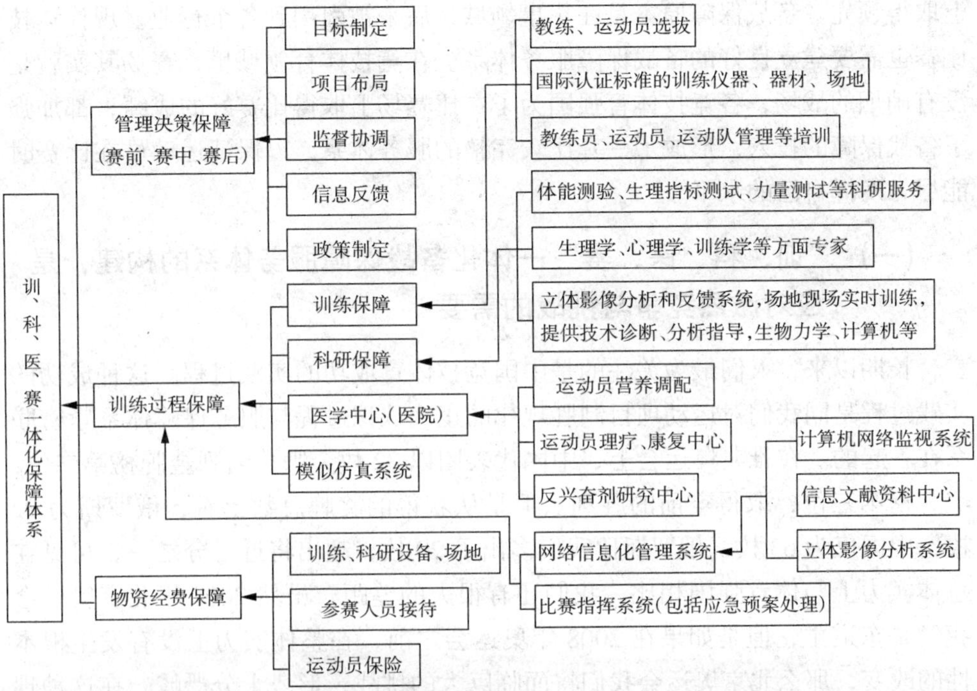

图 9-2　备战 2008 年北京奥运会中国国家队“一体化”服务保障系统
(据蔡有志、熊开宇，2006)

(二) 对“训、科、医、赛”之间关系的认识

实现“训、科、医、赛”一体化，要摆正四者之间的关系。训练是主体，教练员是主导这一点不能动摇。这是因为，训练本身就是探索性的研究，是一项广义的科研课题，教练员必须全身心地投入训练。科、医的保障服务只有通过训练才能体现其作用、价值与效果。另一方面，科研与医务的任务是在制定计划、发现和解决问题、确定方向、落实措施、预测未来等方面主动参与，积极提出建议，发挥先导与引导的作用。“赛”是最终的目的，“训、科、医”一切工作都应该围绕“赛”。

二、建立“训、科、医、赛”一体化备战保障服务体系的意义

“兵马未动，粮草先行”，谁在后勤保障工作上做得充分，谁就可能在战场

上取得领先。备战保障原本是在军事领域，后来被引用到各个行业。现代竞技比赛也需要建立良好的备战保障服务体系。在竞技体育领域里，赛场其实就是没有硝烟的战场，各竞技体育强国为了在比赛场上取得比赛好的成绩，都加强了备战保障的投入，形成了一套比较完整的服务体系，以保证运动员在比赛时能尽力发挥自己的水平。

（一）“训、科、医、赛”一体化备战保障服务体系的构建，是应对激烈竞争与挑战的需要

长期以来，人们最为关注的是中国竞技体育成功的实践过程。这种成功的实践过程是同我们对运动项目制胜规律的正确认识过程与服务保障体系紧密联系在一起的。在雅典奥运会上，中国代表团以 32 枚金牌，名列金牌榜第二位，奖牌榜第三位，取得空前的胜利。但是从获得的奖牌总数上看，俄罗斯为 92 枚，中国仅为 63 枚，俄罗斯比我们多出了 29 枚，超出将近三分之一，可见在总体实力上与体育强国相比，我们还有很大的差距。虽然 2008 年北京奥运会我们是东道主，但是如果在 2008 年奥运会之前，在整体实力上没有发生根本性的改变，那么北京奥运会我们将面临巨大的挑战，形势十分严峻。在这种现实挑战面前，建立“训、科、医、赛”一体化备战保障服务体系显得尤为重要和紧迫。

（二）“训、科、医、赛”一体化备战保障服务体系的构建，是适应体育科学技术发展的需要

随着现代科学技术的不断发展，科学技术正逐步向政治、经济、文化、体育以及人类各项活动广泛渗透，现代科学技术越来越成为现代竞技体育发展的巨大驱动力。以奥运会为代表的现代竞技体育水平的提升，竞技运动成绩提高的难度越来越大。因此，各竞技体育强国都十分重视开展体育科学技术的研究，不断提高体育运动训练的科学化程度，不断探索体育科研与训练结合的体制与机制，以科技作为新的“金牌增长点”来推动竞技体育水平全面提高。

三、构建“训、科、医、赛”一体化备战保障服务体系的具体措施

有专家指出，“任何个人都是复杂的社会关系的总和，又是生理的、心理

的异质性因素的集合，而所有这些又构成了不可分割的统一整体——人，具有整体性的结构和功能。一个运动队又是由许多具有多质特征的‘人’构成的更为复杂的集合，对于这样一个复杂系统，提高和发挥其整体功能，在比赛中表现出良好的综合制胜力，仅靠教练员 1 人的经验和知识来调控系统是相当困难的，对此，必须以系统对系统。所谓‘以系统对系统’，就是组成一个以主教练为中心的多学科人员参加的教练组，集主教练、助理教练、领队、科研人员、运动医生、营养师等人员为一体，形成具有针对性的知识结构、能力结构，从而实现对综合制胜力各个方面的有效调控。”[9] 这段话已经明确指出，竞技备战是一个多学科人员组成的集体，组织结构上的多元化是为了适应训练与竞赛活动这一复杂系统，是提高运动员竞技能力和比赛发挥能力的需要。影响运动竞赛活动因素的增加及竞争程度的加剧，对运动员参赛提出越来越高和越来越多的要求。实现竞技优胜的目标，已经不是单一学科所能胜任的，必须把它当做一个系统工程来对待。

（一）加大科技攻关与服务水平，提高训练的科技含量

科学训练的核心是遵循人体和运动训练规律，以最小的消耗取得最大的训练效果的创造性活动。随着对科学训练认识能力的不断提高和多学科的综合介入，金牌的科技含量越来越高，借助高科技手段来提高训练的质量和比赛成绩是世界各国关心和实践的重要课题。长期以来，我国教练员对科技认识程度不够，片面地理解“三从一大”。在训练中，依靠平时和过去的经验，形成师傅带徒弟的训练格局，经验主义在我国教练员身上仍然比较严重，依靠科技、利用科技为训练服务的思想观念还未完全形成。因此，急需建立自己的科研队伍。这支科研队伍中应有生物力学、营养学、心理学、生理学、训练学、计算机等方面的专家，以及热衷于体育运动研究的社会各界人士。

（二）加强对运动员的运动医疗监督

在训练中，运动员出现伤病是常有的事情，特别是在对抗性比较强的项目，出现受伤的情况比较多。然而，不问情况如何，“轻伤不下火线”的人还是不少。事实上，这样比较容易延误病情治疗的时间，导致小病不及时治疗，拖成大病，甚至造成运动员提前结束运动生涯。

为加强对运动伤病的控制，应成立医疗专家组，发挥体制优势，聘请包括

体育系统以外的专家，定期对重点项目、重点运动员进行伤病的检查、防治和跟踪治疗，及时反映运动员的伤病情况，为教练员合理地安排训练量和强度提供依据。也应要求和督促运动队重视安全工作，采取措施，避免非战斗减员。同时，在备战过程中，要坚持反兴奋剂工作的一贯立场，坚决贯彻落实国务院颁布《反兴奋剂条例》和国家体育总局的“三严”方针，加大反兴奋剂工作力度，增加检查次数。

（三）加强运动员的后勤管理工作

运动员后勤管理工作是一项比较复杂的工作，它主要是为运动员提供后勤服务，职责是向高水平运动员提供高水平的营养、心理和生理等服务。

营养方面：由营养学专家向运动员提供营养和饮食安排内容，并开设营养课进行营养知识普及教育。同时也开展运动员饮食成分、某一运动项目特殊营养需要，特殊补品的研制。当运动员在异地比赛时，提前为运动员配备好食物，防止运动员不适应异地生活饮食问题的出现，保障运动员能正常参加比赛。

心理方面：竞技体育比赛在某些方面需要比较强的心理素质，良好的心态才能使运动员发挥出平时训练的水平，许多运动员就是因为心理素质差，导致最后比赛的失利。配备心理专家能为运动员提供心理技能训练、个人咨询和生活技能教育、心理危机调停、倾听和诊治等服务。

理疗与按摩服务：主要是为运动员运动疲劳的消除和伤病的治疗提供服务。运动员运动量较大，容易造成运动疲劳，但又必须马上投入第二天的训练。为了保证运动员能够尽快进入状态，完成训练目标和备战任务，需要采取科学的运动恢复手段，配备按摩专家，目的是帮助运动员大运动量训练后尽快恢复体力。

（四）建立和完善体育信息系统

建立和完善信息化的管理系统，能最快速地将信息转化到备战训练当中去。体育相关信息的收集、储备和提供，在整个设施内部实现网络服务，可以方便运动员、教练员及相关管理人员查阅各种项目有关的资料、训练知识、各种文献资料。训练基地的各运动场馆配备立体影像监控分析系统，通过该系统能观看到诸如射击、射箭等各项目场地实时训练的全部情况，并可实时分析和发出指令，进行指导。体育信息系统的职能主要是提供快速准确的运动员技术和技能分析。

（五）在备战中加强对对手情报的分析

运动竞技是运动员与对手之间的抗衡与博弈。运动员提高自身竞技能力和参赛能力只是取得优异成绩的一个方面，加强对竞争对手的研究也是能帮助运动员在比赛中获取胜利不可缺少的环节。完善的情报信息的收集能够为教练员发现敌我双方的问题和制定下一步的战术行动服务。

我国优势项目在备战过程中已经初步形成了一套行之有效的信息收集和对手分析手段和手法，但是显然还没达到相对成熟的水平。雅典奥运会女子举重李卓的意外失手，体操男子团体遭遇滑铁卢即是情报工作失误，导致了赛前实力分析失真和最终失利。[10]

（六）建立运动成绩监督体系

建立运动成绩监督体系是非常必要的，这样可以对竞技运动水平、运动队在国际比赛中的排名和成绩提供年度评估。对那些未达到预期结果的运动项目提供必要的帮助和技术咨询，确保教练员能为运动员提供适合的改进计划。

（七）社会力量是对竞技备战保障服务体系的必要补充

全面联合为目标，构建一体化训练环境，实现各种力量的聚合，走自我保障和社会保障并举的路子。邀请地方科研单位、院校、企业，与运动队的保障部门一起参与一体化训练保障，建造一个纵向贯通，横向连接、相互依托，既跨各个运动项目又跨地方各专业多学科的网状训练保障体系。集全社会各个领域、各个层次的力量为备战提供保障，共同推进运动队作战能力的提升，构成以运动队为主、社会合作的保障体制。[11]

【思考题】

1. 规则变化对于竞技备战有何意义？如何认识规则变化与项目特征的关系？

2. 解释运动训练管理中整体、部分、细节，如何理解“细节决定成败”？试举例说明。

3. 为什么说现代竞技体育把构建一体化的备战服务体系提高到了非常重要的位置上？请你谈谈对此的认识。

【参考文献】

[1] [4] [5] [7] [10] [11] 杨桦，等. 竞技体育与奥运备战重要问题的研究 [M]. 北京：北京体育大学出版社，2006：69-83，98-112，158-178，262-276.

[2] 刘建. 竞赛规则演变的外部动因与发展趋势 [J]. 成都体育学院学报，2002 (2).

[3] 杨先军，等. 教练员在比赛中的指挥艺术 [J]. 辽宁体育科技，2006 (2).

[6] 苗东升. 系统科学精要 [M]. 北京：中国人民大学出版社，1998：26.

[8] 陈森兴. 竞技体育“训科医”一体化的理论与实践探索 [J]. 中国体育科技，2004 (5).

[9] 刘一民，等. 论集体项目运动队综合制胜力 [J]. 中国体育科技，1999 (2)：21.

附录：

《运动训练管理教程》各教学对象内容选择与学时分配建议表

章序＼对象	运动训练专业			非学历教育培训		各章学时分配建议
	全日制本科	函授本科	函授专科	中高级教练员	运动队管理干部	
绪　论	★	★	★	★	★	2~3
第一章	★	★	★			4~5
第二章	★	★	★		★	3~4
第三章	★	★	★	★	★	3~4
第四章	★	★	★	★	★	3~4
第五章	★	★			★	2
第六章	★	★	★		★	2~3
第七章	★	★			★	3
第八章	★	★	★	★		2~3
第九章	★	★	★	★	★	2~3
合　计						26~34